IERMOLA

HISTOIRE POLONAISE

CHATILLON-SUR-SEINE. — IMPRIMERIE E. CORNILLAC.

BIBLIOTHÈQUE SAINT-GERMAIN

LECTURES MORALES ET LITTÉRAIRES

IERMOLA

HISTOIRE POLONAISE

TRADUITE PAR

ÉTIENNE MARCEL

PARIS

LIBRAIRIE SAINT-GERMAIN-DES-PRÉS

PUTOIS-CRETTÉ, LIBRAIRE-ÉDITEUR

Rue de l'Abbaye-Saint-Germain, 13

I.-J. Kraszewski, auteur de la curieuse étude de mœurs polonaise que nous offrons aujourd'hui à nos lecteurs, appartient à cette nombreuse et brillante phalange d'écrivains nationaux qui, vers 1828, à la suite de Mickiewiez, de Slowacki, de Sigismond Krasinski entreprirent cette sainte tâche de faire connaître et aimer la patrie. Ce que ceux-ci achevèrent par leurs drames, par leurs poëmes, I.-J. Krazewski le fit par ses romans, qui ne tardèrent pas à lui mériter, à l'orient de l'Europe, le succès le plus brillant et la popularité la plus étendue. De beaux poëmes historiques et d'intéressantes études sur les mœurs lithuaniennes antérieures au christianisme, révélèrent en outre la variété de ses connaissances et la ferveur de son patriotisme ardent.

Après l'avénement du czar Alexandre II, Kraszewski dirigea, pendant quelques années, un journal quotidien à Varsovie ; il poursuit maintenant ses études et ses travaux dans l'exil, affirmant, attestant, malgré tout, de toute la puissance de sa parole, de toute l'autorité de sa pensée, l'existence de son noble pays.

Tous les ouvrages de Kraszewski sont inspirés de cet amour du beau et du vrai, de ce profond sentiment chrétien et catholique qui est l'âme de la Pologne elle-même, et pénètre, par conséquent, tous ceux qui l'aiment, la défendent et la pleurent. Le simple et émouvant récit d'*Iermola*, que nous donnons aujourd'hui, nous paraît, en outre de l'originalité des descriptions et des mœurs, offrir un intérêt particulier en ce qu'il ouvre comme de nouveaux aspects, vrais, éloquents et profonds, sur un côté du cœur humain, peu étudié par les romanciers modernes : celui où se cache, où s'abrite et survit, en s'ignorant, ce doux, cet immense, et tendre amour de l'enfance, qui est, après l'amour de Dieu, le plus vaste, le plus pur et le plus consolant de tous les amours.

Étienne Marcel.

IERMOLA

I.

LA TERRE ET LES HOMMES

Amor omnia vincit.

Ceci s'est passé dans la Polésie-wolhynienne, dans ce petit coin de terre heureusement oublié où, jusqu'à présent, ne se voient ni grandes routes, ni chemins fréquentés par les voitures ; dans une contrée reculée, presque perdue, où se conservent à peu près les mœurs des anciens âges, la probité et la simplicité antiques, l'innocence et la pauvreté. Je ne veux point dire pour cela que l'on voie nécessairement s'avancer par les grands chemins, sur les pas de la civilisation, tous les vices humains avec un fardeau de péchés sur leurs épaules ; mais, par malheur, il y a toujours, entre un état social qui finit et celui qui commence, un moment de transition pendant lequel l'ancienne vie s'éteint, la nouvelle n'existe pas encore, et d'où résultent une indécision et une confusion fâcheuses. Cette heure, qui a déjà sonné pour d'autres nations et pour d'autres provinces, n'est pas venue encore pour ce tout petit coin de notre contrée. On y vit, surtout dans les *dwor* (1) des petits gentilshommes, selon les traditions du seizième et du dix-septième siècle, qui y ont laissé leur esprit, leur foi, leurs mœurs.

Il est vrai que, dans les dwors peints en jaune des seigneurs plus opulents, se montrent certaines nouveautés, certaines réformes; mais la petite noblesse, en masse, s'étonne et se scandalise de ces singularités. Peut-il en être autrement dans cet honnête petit coin de terre où les journaux arrivent par paquets une fois le mois; où l'envoi et la réception des lettres ne se font que par l'entremise des juifs qui vont passer le jour du sabbat à la ville voisine; où tout le commerce ne consiste que dans la vente et l'exploitation du bétail et des chaussures d'écorces (à l'exception du trafic des bois de construction, dont nous parlerons plus loin)? Quelques personnes croiront peut-être difficilement qu'il existe encore au monde un coin si loin perdu et si arriéré; mais la vérité est que, dans le district de Zarzecze, aux environs des marais de Pinsk, existaient, il y a peu de temps encore, des dwors de gentilshommes, dont les habitants demandaient par-

(1) Nom donné à l'habitation du seigneur.

fois aux voyageurs des nouvelles de la santé du roi Stanislas-Auguste, et étaient restés dans l'ignorance la plus complète de tous les événements écoulés depuis les jours de Kosciusko.

On n'y voit jamais de soldats, on n'y connaît point les fonctionnaires ; les habitants même, qui vont à Pinsk s'acquitter de l'impôt, ne demandent pas les noms de ceux auxquels ils le payent, et, enveloppant bien soigneusement le reçu dans leur mouchoir, ne se hasardent pas même à y jeter un coup d'œil hardi, qui pourrait leur coûter cher.

La contrée qui sera le théâtre de notre histoire n'était pourtant pas si reculée, ni si sauvage. L'almanach de Berdyczew s'y introduisait régulièrement dans les derniers jours de décembre, apportant un lointain reflet de la civilisation étrangère, et un recueil des renseignements les plus nécessaires pour les habitants du lieu, tels que : le nom de la planète qui devait dominer, pendant le courant de l'année ; la date des fêtes de Pâques, les heures du lever et du coucher du soleil, et la recette pour la destruction des punaises, importée d'Angleterre. La station de poste n'était située qu'à dix milles de là, et les plus riches gentilshommes y envoyaient un messager chercher leurs journaux tous les mois ou toutes les six semaines au plus ; quelques-uns même recevaient des lettres par cette voie encore peu usitée.

La grande majorité des habitants préféraient en effet charger de leurs commissions un messager marchant à pied, même lorsqu'il s'agissait de parcourir une distance de cinquante milles. C'est que, dans l'univers entier, il n'y a pas de messager qui égale le Polésien. Personne ne marche aussi vite que lui, n'est aussi discret, aussi fidèle, ne tourmente moins les gens pour avoir une réponse, et n'échappe aussi sûrement, aussi tranquillement, à toutes sortes de périls. Au premier coup d'œil, vous prendriez pour un vagabond ou pour un mendiant ce paysan porteur d'une vieille souquenille grise déchirée, et d'un bissac renfermant quelques croûtes de pain et une provision de chaussures; mais en réalité, dans les plis de sa ceinture ou la doublure de son bonnet, dans un vieux mouchoir en lambeaux ou un chiffon de papier, il porte des titres, des documents, des valeurs, représentant des centaines de milliers de francs, ou des intérêts de la plus haute portée. Dieu, en créant le Polésien, en a fait un messager; il trouve toujours d'instinct la route la plus courte, il ne manque jamais son but et se glisse dans les endroits les plus difficiles avec une merveilleuse dextérité. Aussi l'emploi du messager reste comme une tradition dans les habitudes des gentilshommes; il leur semble que les postes les plus promptes et les plus sûres ne pourront jamais le remplacer. Chaque village possède donc un certain nombre de ces piétons attitrés qui parcourent, par *pedes apostolorum*, l'espace d'une centaine de milles, et qui, pourvu qu'on leur donne un salaire convenable, sont tout à fait disposés à aller porter une lettre à Calcutta. On se raconte encore l'histoire de ce Polésien qu'un comte Oginski envoya à son cousin à Paris, et qui, quelques mois après, lui rapporta la réponse avec les salutations du voyageur. Remarquons en passant que, même si le messager polésien avait un cheval, il ne s'en servirait pas, le considérant plutôt comme un embarras sérieux que comme un utile auxiliaire.

Il est temps, du reste, d'abréger cette digression; revenons à notre sujet. La contrée dont nous parlons et dont nous ne croyons pas nécessaire de déterminer plus exactement la position géographique, n'est pas aussi reculée que le Zarzecze de Pinsk, pas aussi rapprochée de nous que la Wolhynie septentrionale, mais elle touche à l'une et à l'autre, et occupe ainsi une position intermédiaire.

C'est une longue bande de pays, encore couverte en grande partie de bois de pins et de chênes, au milieu desquels se trouvent des champs récemment défrichés à grand'peine, et où s'élèvent de pauvres villages, enfumés et noircis par les vapeurs résineuses des forêts.

La rivière Horyn traverse les bois, leur donnant ainsi une grande valeur commerciale, car le revenu principal de la contrée consiste dans le produit des poutres et des planches transportées à Dantzick par la flottaison. Grâce à la simplicité des mœurs, presque tous les habitants prospèrent et deviennent riches dans leurs vieux jours. La viande se vend, au plus trois gros (1) la livre, et les Juifs la distribuent de porte en porte ; un mouton couvert de sa laine se paye trois florins environ ; le pain ne manque guère, le travail non plus ; en réalité, le Polésien, malgré son extérieur chétif et misérable, malgré les inconvénients de la plique, qui l'afflige souvent, ne changerait pas son sort contre celui de son voisin le Wolhynien, en apparence beaucoup plus robuste et plus prospère.

Dans cette contrée, le paysan ne s'en remet pas exclusivement à la terre du soin de le nourrir ; il a différents moyens d'existence lui permettant de ne point trop redouter les années stériles qui se font si cruellement sentir dans d'autres parties du pays, surtout lorsqu'il survient, non point sept mauvaises récoltes comme au temps de Joseph, mais deux ou trois. Les bois et la rivière, dont les seigneurs lui permettent l'accès, sont pour lui une source inépuisable de revenus certains et de petites industries. Les forêts surtout, dont le propriétaire ne tire nul profit une fois que les arbres destinés à la vente sont abattus, fournissent de véritables richesses aux paysans : des écorces de chênes et de tilleuls, des cercles de tonneaux, des chaussures d'écorce, des osiers et des joncs pour la confection des corbeilles, des morceaux de hêtre et de buis pour la fabrication des ustensiles domestiques, des torches résineuses, des lattes et des copeaux. Les

---

(1) Monnaie du pays, un gros vaut environ 3 centimes.

gens du *dwor* ne se d.nnent pas la peine de ramasser tous ces objets de rebut : les paysans les recueillent et en tirent profit et plaisir ; il arrive même parfois à la jeunesse du hameau d'endommager les plus beaux arbres.

Les champignons séchés, les fraises, les mûres, les poires et les pommes sauvages, les baies d'obier et d'aubépine, sont encore pour lui autant de petites récoltes qui lui fournissent un gain modeste, mais assuré.

Sur les bords de la rivière, les travailleurs s'assemblent ; les jeunes gens des villages s'engagent comme mariniers pour faire flotter les radeaux sur la rivière ; on tend des filets et des nasses, on jette l'épervier et l'épieu ; en un mot, personne ne meurt de faim, et quoique la misère parfois tourmente un peu les pauvres gens des villages (en quel lieu cette austère bienfaitrice ne se montre-t-elle pas) ? pourvu qu'on arrive à l'époque de la moisson, on est sûr de vivoter tout doucement pendant une année encore. Il y a bien, à la vérité, des jours mauvais, des *temps noirs*, comme le peuple les appelle ; parfois il faut bien faire du pain d'écorce, d'avoine, de sarrasin : mais le monde ne serait pas le monde, si l'on y vivait toujours dans la paix et dans joie du ciel.

Les seigneurs, habitants des *dwors*, mènent une vie patriarcale, à l'entretien de laquelle les relations commerciales avec les pays lointains contribuent pour si peu, qu'on pourrait, sans beaucoup de peine, les supprimer complétement. Tout se trouve, tout se fabrique dans le village ; on n'achète que le sucre, le café, quelques bouteilles de vin de Franconie, qu'on appelle ici du vin de France; quelques livres de thé, un peu de poivre, c'est tout. Dans bien des cas encore, le sucre se remplace par le miel, qui ne coûte rien ; le café, par la chicorée ; le thé, par la camomille ou par les fleurs de mélisse ou de tilleul, infiniment plus saines ; le vin, par l'eau-de-vie mêlée de miel ; le poivre, par le raifort. La viande nécessaire à la consommation du ménage est souvent abattue à la maison ; d'autres fois, les Juifs l'apportent au prix de six à sept gros la livre, ajoutant par-dessus le marché, des langues et des tripes ; la basse-cour fournit la volaille et les œufs ; les chandelles sont fondues selon la recette domestique ; le drap se fabrique sur le métier antique, admirable par sa simplicité ; la toile se file également et se tisse dans le village, et il n'est pas d'industries d'un usage journalier, qui ne soient pratiquées dans les bourgs un peu considérables : partout vous rencontrerez le maréchal-ferrant, le charron, le charpentier, le tonnelier, le maçon, très-laborieux d'ordinaire, quoique à la vérité peu habiles. Et puis, dans les cas urgents ou difficiles, lorsque vous êtes pressé, par exemple, et qu'il n'y a pas d'ouvriers sous la main, il se trouve toujours quelque Polésien, lequel se rappelle avoir vu quelque part que l'on fabriquait quelque chose, et qui entreprend la besogne demandée. Il s'en acquitte plus ou moins bien. Mais, d'ordinaire, après quelques essais plus fructueux, il devient un ouvrier passable.

Je ne veux pas dire qu'en Polésie l'on voie fleurir brillamment l'industrie et les arts ; mais dans ce simple pays l'on exige bien peu de l'artiste. Lorsque le cordonnier vous apporte une paire de bottes, il est certain qu'au premier coup d'œil ces bottes ne paraissent point faites pour un pied humain, tant elles paraissent gauches, dures, larges, arrondies, et comme forgées dans un bloc de fer. Mais essayez-les, usez-en durant deux années dans l'eau, dans la boue, et pas une fente ne s'ouvrira dans le cuir, pas une cheville ne se détachera, tant elles sont solides, fortes et consciencieusement bâties. Personne ne se demande, il est vrai, si les pieds s'y trouveront plus ou moins à l'aise ; mais n'a-t-on pas de quoi remercier Dieu lorsqu'une bonne peau de bœuf les couvre, et qu'une épaisse semelle en protége la plante ? On considère du reste les cors et les durillons comme une conséquence naturelle des ans et du travail, et non point comme un effet produit par les vices de la chaussure.

C'est ainsi que tout se fait là : fortement, solidement, grossièrement ; si l'épiderme en souffre, si la peau s'en offense, tant pis pour la peau qui s'est amollie à force de petits soins, et pour l'œil qui est devenu exigeant et délicat à force de luxe et de recherches. J'ajouterai seulement que, dans cet heureux pays, chaque artisan, qui est le plus souvent amateur et qui, dans sa profession, n'a que fort peu de rivaux, se figure être un artiste, un être d'une nature supérieure, incomprise et inappréciée par ses concitoyens, ayant le droit de faire trôner majestueusement au cabaret sa grandeur méconnue, selon lui digne de respect, et faite en réalité pour provoquer les plus francs éclats de rire. Les rapports fréquents qu'il a avec le *dwor*, les efforts d'esprit qu'il fait pour s'approprier les secrets de son métier, la conscience qu'il a d'être un homme nécessaire et comme une sorte d'essieu dans le mécanisme social qui l'entoure, contribuent à faire naître en lui ce sentiment, qui se manifeste aussi bien, du reste, dans d'autres sphères et sous d'autres cieux que dans notre Polésie. Sous ce rapport, plus d'un artiste parisien se rencontre avec le chétif cordonnier de notre bourg. J'ai, en particulier, connu un savetier...

Mais nous introduisons ici, de nouveau, un épisode inutile; continuons donc notre exposition et ne nous écartons plus de notre route.

Les vertes forêts, les grands bois, forment ici le cadre et l'horizon de chaque paysage. Çà et là, en les parcourant, vous rencontrez une clairière; ici miroite un étang, coule une rivière profonde et lente; là fermentent des marais éternellement humides, et verdissent les prairies à demi envahies par les joncs. Plus loin, s'élèvent les toits des cabanes noircis par une fumée éternelle. L'Horyn, aux eaux scintillantes, entoure, comme d'une ceinture d'argent, cette contrée endormie, qu'elle enrichit et fertilise; presque tous les petits bourgs de ce district viennent se grouper sur les bords.

Dans d'autres pays, on ne donnerait pas le nom de bourgs à d'aussi chétives bourgades, mais en Polésie, on appelle bourg tout assemblage de maisons, au milieu duquel se trouve un grand cabaret, une chapelle catholique, une *cerkiew* (église russe), une place du marché, et surtout deux ou trois Juifs.

Le nombre d'Israélites habitant une petite ville en constitue la richesse ; plus le bourg en contient, plus il se dit opulent. Dans chacune de ces petites capitales, se rencontrent un *Boruch*, un *Zelman*, un *Abram*, ou un *Majorko*, qui fait commerce de tout, qui fournit à chacun ce qu'il lui plaît, depuis la pelisse de peau de mouton jusqu'à la montre d'or à cylindre ; qui achète le blé et les moutures, tient un cabaret, débite du rhum, du tabac, des pipes et du sucre, et connaît à fond les histoires et la position de tous les gentilshommes du voisinage, dont il a en portefeuille, par masses, les billets et les reçus. Le grand magasin, situé sur la place du marché, fournit en général à tous les besoins du villageois pauvre, qui y trouve des pots, des ceintures, des bonnets, du fer, du sel, du goudron, etc. ; de plus deux ou trois petites boutiques d'étoffes et de mercerie, quelques-unes d'épiceries, et c'est tout. La petite ville entière se nourrit, s'habille et subsiste, grâce à l'activité des Juifs, qui en sont l'âme.

La culture des champs, il est vrai, pratiquée

par les habitants des bourgs, selon l'ancienne coutume slave, fournit encore à leurs besoins.

Quelques gentilshommes pauvres, un ou deux fonctionnaires plus pauvres encore, le curé, le pope russe et les employés du *dwor* composent à peu près toute la population. Dans la semaine, le bourg paraît désert; les enfants juifs seuls courent dans la rue, jouant au palet et aux quilles; les poules, les chèvres et les vaches circulent paisiblement sur la place du marché. Le dimanche, par contre, il est presque impossible de passer sur cette place, tant on y voit de charrettes, de montures, de bois et de fourrages, tant il s'y fait un échange animé de produits de toutes sortes. Mais lorsque survient, une fois par an, le jour de la fête du lieu, c'est alors un bruit, une foule, une foire, dans toute l'acception du mot. Alors les marchands ambulants arrivent avec leurs petits chariots et étalent leurs provisions de bottes sur la place; le Juif chapelier suspend, à de longues perches dressées le long du mur, les bonnets et les chapeaux, produits de son industrie; le Bohémien vétérinaire apparaît, les orgues des Barbarie affluent, et la foule grossit à chaque instant. On voit arriver les propriétaires des paroisses voisines avec leurs femmes; les régisseurs et économes, les petits gentilshommes qui ne possèdent qu'un champ, les villageois qui veulent se débarrasser de quelque denrée de surcroît ou provision inutile: cuirs, laines, drap ou toile.

C'est un plaisir de voir, c'est une joie d'entendre, la

confusion et le tumulte qui se produisent en cet endroit. Sur la place, à toute minute, des gens concluent un marché et s'en vont au cabaret terminer les accords en vidant une pinte ; les vieilles vendeuses d'oignons, d'ail, de tabac, de ceintures et de rubans rouges, ramassent des gros à faire plaisir. Le lendemain de la foire, et même les jours suivants, jusqu'à ce qu'une bonne pluie d'orage vienne en enlever les traces nombreuses, vous devinerez, du premier coup d'œil jeté sur le sol, ce qui s'est passé en cet endroit ; parfois même les mares du sang des chevreaux et des moutons égorgés qui noircit et se dessèche à terre, peuvent faire croire qu'en ce lieu se sont déroulés de noirs événements.

Mais, à l'exception de ce jour de tumulte et de folie, la contrée tout entière repose, durant l'année entière, dans un état de douce torpeur et de silence mélancolique, qui est le fond de l'existence quotidienne. L'homme finit toujours par se pénétrer, plus ou moins volontairement, des influences extérieures auxquelles il est exposé ; nous sommes dans l'échelle de l'ordre universel, comme la chenille qui se revêt d'une robe verte en vivant sur une feuille d'arbre, et d'une parure éclatante au cœur d'un fruit empourpré.

Dans une contrée assoupie, comme l'est la Polésie, où le murmure des arbres séculaires berce l'herbe rare et les joncs des marais, où la paix et la torpeur se respirent avec l'air pesant, humide et pénétré de vapeurs résineuses, les habitants en viennent à sentir le sang circuler de plus en plus lentement dans leurs veines ; les pensées s'éveiller de plus en plus lentement dans leur esprit ; l'homme ainsi apaisé, ainsi adouci, ne demande plus que le repos, frémit à l'idée d'une destinée plus active et plus forte, et s'attache comme un champignon à la terre humide et moussue.

Les paysans, à quarante et quelques années, se laissent pousser une barbe semblable à celle des vieillards ; les seigneurs, arrivés à cet âge, abandonnent pour toujours l'habit, endossent la robe de chambre, laissent prendre à leurs moustaches la direction qui leur convient, et jusqu'à leur mort ne sortent plus de leurs maisons, s'ils ont enfants et femmes. Quant aux vieux garçons du même âge, ils commencent à faire réflexion que le mariage ne conduit à rien, si ce n'est à des embarras et à une sujétion inutile.

Les visites sont très-rares, quoiqu'il y ait en général beaucoup de cordialité dans les rapports entre les propriétaires : en été, il fait trop chaud ; on a trop froid en hiver ; en automne, la boue et le vent sont désagréables, au printemps, il y a des moucherons. Si l'on se décide enfin à vaincre sa paresse, ce n'est qu'à l'occasion de la fête d'un voisin justement estimé, ou dans un cas de nécessité inévitable. Comme il n'est pas possible, du reste, de vivre sans nouvelles et sans rapports intellectuels, c'est le Juif, possesseur du cabaret du lieu, qui se charge d'entretenir les uns et de fournir les autres. Il arrive au moindre appel, ou, tout simplement, en vertu de ses occupations ordinaires ; il s'arrête sur le seuil et commence à rendre compte de ce qu'il a entendu dire pendant la semaine, soit dans ses excursions aux environs, soit aux paysans qui venaient au moulin ou à la forge. En général, la somme de ses connaissances se borne à pouvoir dire qui a semé, qui a récolté, qui a vendu, qui s'est mis en voyage, combien un tel a reçu d'argent et pour quel motif cet autre a voyagé. Mais cette modeste provision de nouvelles nourrit pour quelque temps la curiosité du gentilhomme, l'amuse ou l'ennuie, l'assombrit et l'irrite, et quelquefois même a le pouvoir de l'entraîner hors de chez lui.

Ne cherchons donc point, dans cette contrée, d'innovations modernes, ou d'élan quelconque, les inventions du jour; l'incrédulité la méfiance et le dégoût les accueilleraient au contraire. Tout se fait à la manière antique, et si vous cherchez quelque part la tradition active, intègre et vivante, de la vie du passé, vous ne la trouverez nulle part au même degré qu'ici. Le seigneur a le même respect que le paysan pour la coutume antique, et s'il s'en moque extérieurement, il lui rend encore hommage au fond du cœur, parce qu'avec le sang et le lait, avec les regards et par les discours, il s'en est pénétré dès l'enfance.

Ainsi, il arrive que dans les endroits où s'élevait jadis un château et où un dwor tout neuf se dresse maintenant à sa place, le nom antique est resté à l'emplacement de l'édifice, et les paysans qui conduisent du bois pour les propriétaires disent encore qu'ils le portent au château. A la place d'une ancienne *cerkiew* se trouve peut-être aujourd'hui un champ de pommes de terre, et les jardins du seigneur, qui n'en portent pas moins le nom de *monastère*. Au carrefour de la forêt, où les sentiers se rencontrent, un tombeau creusé depuis des siècles a disparu sous l'herbe, sans laisser de traces ; la croix de bois est tombée et pourrit dans l'herbe, et l'on en reconnaît la trace, marquée par l'herbe épaisse et verte croissant sur le sol que le cadavre a fertilisé ; et cependant, pas un paysan ne passera en ce lieu sans y jeter, selon l'usage païen, une pierre ou une branche rompue. Tout ce qui a vécu sur cette terre y vit encore : et la légende de la fondation d'une colonie, dont les limites furent tracées par une paire de taureaux noirs, ayant le privilége de préserver la ville future de la peste et des maladies du bétail ; et l'histoire d'un prince qui se noya dans un étang ; et le récit de l'invasion tartare ; et la catastrophe des deux frères épris de la même jeune fille, pour laquelle ils se tuèrent en combat singulier, et qui se pendit ensuite de désespoir sur leur tombeau.

Les mêmes chants se répètent depuis un millier d'années ; les mêmes coutumes régissent constamment cette terre, et tous leur sont fidèles comme à un engagement sacré contracté envers leurs aïeux.

II

FOND DE TABLEAU

Transportons-nous maintenant sur les bords de l'Horyn.

Sur ces bords se voyait près du rivage, une jolie *petite skarbowka* (1), peinte d'un jaune clair. Les planches amoncelées, serrées les unes contre les autres, s'étendaient si loin sur l'eau que, non-seulement on pouvait arriver à pied-sec jusqu'à la petite maison, mais encore se promener jusqu'au milieu de la rivière. Tout était préparé pour le voyage; on n'attendait plus que le signal pour partir: les hommes seuls manquaient encore. On rassemblait, en ce moment, les mariniers, on faisait les provisions, on remettait, de jour en jour, l'instant du départ, car aucune expédition n'avait encore dévancé, sur les eaux de la rivière Horyn, celle de la ville d'Ostrog.

(1) Sorte de barque ou de radeau.

La contrée que l'on apercevait du rivage, quoiqu'elle fût encore stérile et dépouillée, ne manquait pas d'un certain attrait mélancolique et doux. En deçà de la nappe d'eau largement étendue, un peu à l'écart, à droite des champs sillonnés, se voyait un grand village polésien avec ses chaumières grises et ses grands bouquets d'arbres, qui le couronnaient de verdure en été, avec sa *cerkiew* antique, entourée de murs crénelés, et surmontée d'une tour pour la cloche; avec son cimetière situé au milieu d'un bois de pins où blanchissait çà et là l'écorce argentée des bouleaux. Au delà de la rivière, noircissait un grand mur de forêts, aussi loin que le regard pouvait s'étendre; sur la plaine envahie par les eaux, les longues files d'osiers humides indiquaient l'endroit où les étangs et les mares se terminaient d'ordinaire. Le village, occupant en longueur une vaste étendue de terrain, devait être d'ancienne fondation et de grandeur considérable, ainsi qu'on pouvait le voir à la hauteur et au nombre des arbres dont il était entouré.

Le regard cherchant, parmi les chaumières du village, les toits et les murs du *dwor*, qui en devait être le complément et le couronnement, s'attendait à le rencontrer au sommet de la colline qui dominait la rivière; mais, en s'approchant de cet endroit, on ne découvrait, au milieu du verger abandonné et des broussailles parsemées de décombres et de vieux troncs abattus, que les ruines sombres d'un bâtiment de bois, qui donnaient à ce lieu un aspect sauvage et triste. La maison d'habitation était aux trois quarts écroulée; une de ses cheminées même, en s'effondrant, ouvrait au regard ses noires profondeurs ; non loin de là, la ferme, bien vieille et d'aspect misérable, mais encore habitée, laissait échapper un peu de fumée grise au-dessus du toit. Il était aisé de voir que, depuis longtemps, le propriétaire ne séjournait plus dans ce lieu ; la croix de bois elle-même, qui se dressait jadis au-dessus de la porte de la cour, était renversée et pourrissait à terre ; les haies arrachées donnaient accès dans le verger, aux passants et aux troupeaux, tandis que tout auprès, la grande porte, comme par une singulière ironie du destin, se tenait encore debout comme pour en défendre l'approche.

Le grand chemin qui s'étendait jadis entre le *dwor* et le village, était maintenant désert et envahi par les hautes herbes ; à peine pouvait-on y distinguer quelques sentiers étroits, foulé par les pieds des bestiaux que les villageois y menaient paître.

Le même abandon se faisait remarquer, au village, dans ces divers bâtiments dont l'entretien dépend uniquement du propriétaire ; mais malgré cet état de misère apparente, la flottaison des bois, le travail dans la forêt, et les divers petits métiers des habitants y répandaient un peu d'activité et d'aisance.

Au moment où commence notre récit, il ne restait presque plus personne sur les radeaux préparés pour partir ; le crépuscule tombait lentement ; la fraîcheur de l'eau devenait plus pénétrante et plus vive. Sur un tronc d'arbre renversé, était assis, au bord de la rivière, un vieillard déjà courbé par l'âge, tenant entre ses lèvres une petite pipe de bois; auprès de lui allait et venait un jeune garçon qui, par son extérieur et ses vêtements, paraissait tenir le milieu enre le paysan et le domestique de bonne famille. Il aurait été difficile de discerner exactement l'âge précis du vieillard; n'y a-t-il pas des physionomies, en effet, qui, parvenues à un certain âge, changent à un tel point et si rapidement, que les années qui passent ensuite, ne parviennent pas à y laisser de traces?

Il était de petite taille, fort incliné, la tête presque chauve et grisonnante, la barbe et les moustaches aessz courtes encore, quoique croissant en toute liberté. Les joues ridées comme une pomme flétrie par l'hiver, mais conservant une couleur fraîche et saine, car il coulait encore un peu de sang sous sa peau. Ses yeux avaient gardé beaucoup de vivacité et un peu d'éclat, et ses traits réguliers étaient remarquables encore, sous la peau sillonnée et jaunie, dont ils étaient recouverts. Son visage, à la fois tranquille et un peu triste, avait une expression remarquable de paix et de liberté d'esprit, qu'il est rare de rencontrer au même degré sur le visage des pauvres; on eût dit, en le voyant, qu'il avait paisiblement réglé ses comptes avec ce monde, et que désormais il attendait avec tranquillité le payement qui allait suivre dans un monde meilleur. Il eût été difficile également de se faire une idée positive de son état et de sa position, par la seule inspection de son costume. Selon toute apparence, ce n'était pas un simple paysan, bien qu'il en portât l'habit. La souquenille qui le couvrait était plus courte que les sukmanes des Polésiens, et elle était serrée autour de son corps par une ceinture de cuir à agrafe de métal; il avait en outre des pantalons de drap de couleur sombre, un vieux mouchoir au cou et sur la tête, une casquette à visière passablement déteinte et usée.

Et cependant dans cet habillement, si modeste et si pauvre, quelque chose annonçait que le vieillard avait conservé un certain soin de lui-même; la grosse chemise qui laissait voir sa cravate, était très-blanche; la *sukmane*, sans taches et sans trous; les chaussures d'écorce de tilleul qui recouvraient ses pieds, étaient soigneusement attachées par d'étroites bandelettes de toiles.

Le jeune garçon qui se tenait debout à côté de lui, et qui n'était ni paysan, ni domestique, mais avait tout l'air d'un apprenti batelier enrôlé nouvellement, avait les traits de la race polésienne, de petits yeux bruns fort vifs, de longs cheveux bruns tombant sur son cou, un visage presque carré, une bouche un peu grande, un nez retroussé mais assez bien fait; un front bas mais intelligent.

Sur toute sa physionomie régnait une grande expression de vivacité et de bonne humeur, augmentée encore par la gaieté de la jeunesse et par son insouciance du lendemain.

— Nous sommes trois frères à la maison, disait-il au vieillard. Le seigneur m'a permis de me louer comme batelier sur les radeaux, et je vous assure qu'une pareille vie me plaît bien mieux que celle que j'aurais chez nous, en faisant la corvée et en moisissant derrière le poêle.

Le vieillard secoua doucement la tête.

— Je vois bien, répondit-il, que tu ne m'écouteras plus du moment où l'envie de voyager t'est venue en tête. Quand la jeunesse veut quelque chose, il n'y a rien qui puisse l'en détourner si ce n'est la misère... Allons, que Dieu te conduise; cela ne m'empêchera pas de te dire....

Le jeune homme se mit à rire aux éclats.

— Laissez-moi donc d'abord vous dire ce que je pense, reprit-il, j'écouterai ensuite ce que vous me direz. D'abord, il n'est pas mauvais pour un jeune homme comme moi de voir un plus grand morceau du monde que celui que l'on découvre par sa fenêtre; ensuite, je serai certainement bien plus à mon aise ici avec ce Juif qui, sans qu'il sache pourquoi, a toujours peur, qu'avec notre seigneur et monsieur l'économe; enfin, et ce n'est pas là, assurément, la chose la plus mauvaise, je ramasserai dans mon voyage un peu d'argent pour payer les impôts.

— Tout cela est vrai, répliqua l'autre, et on pourrait y trouver d'autres profits encore, mais les yeux d'un vieillard voient tout différemment. Dans ces voyages, ou plutôt vagabondages continuels, on se déshabitue d'un travail régulier et de son ancienne cabane; on s'accoutume à errer de tous côtés, et rien n'est aussi fâcheux au monde que d'en venir à se dégoûter de son nid. Lorsque ensuite on se retrouve chez soi, tout paraît étrange et désagreable ; vous semble le pain amer, la soupe maigre, les voisins ennuyeux, la corvée pesante. On commence par aller au cabaret causer avec le Juif pour se désennuyer un peu; puis on s'accoutume à l'eau-de-vie, et alors la ruine est certaine. Si j'avais un fils, certes, je ne le laisserais point aller aux mains d'un Juif, s'égarer dans le vaste monde. Que celui auquel Dieu a ordonné de vivre en paix dans sa cabane, prenne bien garde à ne jamais s'écarter trop du seuil.

Le jeune batelier était devenu pensif. Mais, reprit-il au bout d'un moment, croyez-vous donc qu'on oublie si aisément toutes les choses qu'on a eues près de soi, dès son enfance, et toute sa vie ? Non ; non, certes, vieux père ! Est-ce que cela peut nuire d'aller voir le monde pour avoir, dans sa vieillesse, quelque chose à raconter à ses enfants ? Est-ce qu'on ne regrette pas toujours la maison et les bonnes gens qu'on a quittées, bien loin de les oublier et d'en rire ? Est-ce que le pain de chez soi ne semble pas meilleur quand on a mangé le pain d'autrui ?

— Tout cela peut être vrai, si l'on reste honnête et sage ; si l'on conserve la crainte de Dieu, et alors les voyages sur les radeaux peuvent servir à quelque chose, répondit le vieillard. Mais il est si facile de se débaucher, de s'habituer à vouloir et à voir chaque jour des choses nouvelles, et puis de se lasser ensuite, de flâner et de croiser les bras ? Sur le radeau, on a toujours l'occasion de boire ; le Juif mécréant n'épargne pas l'eau-de-vie à chaque moulin, à chaque écluse, et les hommes, à force d'en goûter, s'en vont au diable. Que lui importe, au marchand, l'âme de ses bateliers, pourvu que son bois arrive en Allemagne, et que les thalers pleuvent dans sa bourse ! Pour moi, je suis vieux aujourd'hui, comme tu le vois, et pourtant dans ma vie, jamais l'idée ne m'est venue de voir ce qui se fait au loin dans le monde. Je n'ai presque jamais franchi le seuil de la maison où j'ai vécu, et je ne fais encore maintenant à Dieu qu'une prière, c'est que je puisse ici laisser mes os en paix.

— Dame : puisque vous vous y trouvez bien !

— Bien ? bien ?... Oui, je dois me trouver bien, puisque le monde n'est plus fait pour moi, et que je dois être content d'avoir, dans mes vieux jours, tout ce qu'il faut à l'homme pour vivre : un petit coin et une cuillerée de soupe. Mais j'ai eu de mauvais moments à passer aussi, et je suis d'avis qu'il est plus facile de supporter la misère, les ennuis et l'infortune quand on est dans son propre nid.

— C'est donc ici votre pays ? fit le jeune homme.

— Oui, c'est ici que je suis né, que j'ai traîné ma pauvre existence et que je l'achèverai en paix, — répliqua le vieillard un peu tristement. Ce n'est pas au champignon de grandir comme font les chênes.

— Ça doit être une histoire curieuse. Laquelle donc ?

Eh vraiment, la vôtre !

— La mienne ? Est-ce que j'ai une histoire ? La misère est née, et la misère est morte.

— Oh ! je vous en prie, nous n'avons rien à faire ce soir ; je n'ose pas aller au cabaret. Si vous me racontiez quelque chose de ce qui vous est arrivé, bon père ? C'est si triste de rester là tout seul sur ce radeau ! comme cela une ou deux heures passeraient, et j'aurais appris de vous quelque chose.

Le vieillard sourit doucement.

— Eh ! qu'aurais-je donc à te dire ? Ma destinée n'a rien eu d'extraordinaire ; il y en a une foule de semblables ici-bas. Je suis resté tout seul, sans amis, sans frères, dans ce monde ; pas même une voix qui me dît : Cousin ; pas une âme vivante qui portât mon nom... Pourtant, vois-tu, mon enfant, voilà ce qui plaît au vieillard, c'est de lui faire conter les choses de sa jeunesse ; si tu es prudent, n'appelle pas le loup hors du bois, car tu ne t'en débarrasseras plus.

— Cela ne fait rien ; parlez, parlez seulement ; cela me fait toujours plaisir d'écouter.

— Eh bien, commença le vieillard, je me souviens d'abord que, dans mes premières années, je courais à cette même place, sur les bords de la rivière Horyn, avec d'autres petits villageois de mon âge. Ah ! j'avais beau avoir la tête nue et la chemise déchirée ; aucun temps, lorsque je me le rappelle, ne m'a jamais été aussi joyeux, aussi doux que celui-là !

— Et vos parents ?

— Je ne me les rappelle pas ; j'avais six ans quand ils moururent tous deux, emportés par une mauvaise fièvre, et comme ils étaient venus de Wolhynie, je n'avais ici personne de ma famille, et j'étais complétement abandonné. Je vois encore, comme à travers un brouillard, le garde du village me conduire, au sortir du cimetière, dans une chaumière voisine, où une vieille femme, que je nommais ma marraine, me donna une grande assiettée de soupe chaude, qui fut dévorée avidement. Depuis deux jours je n'avais rien mangé, sauf une croûte de pain sec que j'avais cachée dans le devant de ma chemise. Le lendemain on m'envoya aux champs conduire les oies ; plus tard on me prit pour garder les cochons, et enfin, lorsqu'on vit que je n'étais pas maladroit et que je savais prendre soin des bêtes, je fus chargé de mener dans les prés le bétail du village. Oh ! comme c'était une douce vie que cette vie du pasteur ! Il est vrai que dès le point du jour, nous devions nous en aller, avec les vaches, dans les grandes herbes pleines de rosée ; mais, en revanche, comme nous faisions un bon somme au milieu du jour, sous les arbres, quand les bestiaux étaient loin des blés, et comme notre joyeuse bande de bergers s'ébattait dans les sillons ou dans les grandes clairières ! on n'a pas beaucoup de peine avec les bestiaux, les bêtes sont tranquilles et intelligentes ; une fois accoutumées à leurs pâturages, qu'on les cogne même avec un bâton, elles ne s'en écarteront plus. Si vous les éloignez une ou deux fois du champ de blé ou d'avoine, elles n'y retourneront plus toutes seules ; le berger n'a qu'à les regarder de loin, qu'à crier de temps en temps ; et puis il peut s'arranger et s'amuser comme il lui plaît.

— Eh! quel plaisir peut-il y avoir, interrompit le jeune garçon, quand il n'a pas de camarades?

— Je t'ai déjà dit que nous allions par bandes. Et quand nous allumions du feu dans les joncs sur un tertre, ou dans la forêt, auprès d'un vieux tronc renversé ; quand nous faisions cuire des pommes de terre, frire des champignons et des morilles, ou rôtir un peu de lard que nous avions apporté, quel festin c'était, et aussi quelles réjouissances! Et puis nous nous mettions à chanter, et les bois nous accompagnaient; et le cœur nous battait et nous sautait de joie, tant la chanson nous semblait belle et allait loin. Aussi quand le propriétaire du village, notre ancien seigneur — que Dieu ait son âme, — m'ayant rencontré par hasard dans le bois, un jour qu'il allait à la chasse, me regarda, me prit en amitié, et ordonna qu'on m'amenât au *dwor*, où je le servirais en qualité de cosaque, Dieu seul sait combien je devins triste, et combien j'aurais voulu être libre pour ne pas y aller.

— Ah! vous avez donc servi au *dwor*?

— Toute ma vie, mon enfant, toute ma vie.

— Et vous n'y avez donc rien gagné pour vos vieux jours?

— Attends un peu, mon enfant. Assurément je ne me plains pas, quoique le travail ne m'ait pas profité

2.

autant qu'il profite à d'autres. Mais si j'avais plus que je n'ai, à quoi cela me servirait-il ? Je n'en mangerais pas de meilleur appétit ; je n'en aurais pas un sommeil plus paisible... Ecoute donc, et tu verras ce que j'ai gagné en servant ainsi. On me conduisit donc de force au dwor ; je fus lavé, tondu, habillé, bon gré malgré ; il me fallait rester où l'on m'avait mis, quoique mon cœur fût tout près de se fendre. Mais trois ou quatre jours plus tard, je commençai à prendre du goût à l'ouvrage.

Pour tout dire aussi, le métier n'était pas trop rude ; on m'occupait à l'office, en attendant que je fusse assez décrassé pour aller servir au salon. Le seigneur, à cette époque, n'était pas encore vieux ; c'était un grand et bel homme, qui avait une excellente tête, et, ce qui vaut mieux, le meilleur cœur du monde. A peine avait-il dit quelques mots, que l'on sentait tout de suite qu'il fallait le respecter et le chérir ; dans sa mine, dans ses gestes, dans sa voix, on reconnaissait aussitôt le seigneur et le maître. S'il s'était vêtu d'une casaque et d'une *suckmane*, on aurait bien vu, même en le rencontrant au milieu de la nuit, que Dieu l'avait créé pour qu'il commandât à d'autres. Mais ses commandements n'étaient ni durs, ni offensants à personne ; jamais il n'adressait une parole de courroux à ses gens lorsqu'il était en colère ; il se taisait alors, et c'était pour ses serviteurs la peine la plus cruelle, de le voir refuser de leur parler, et détourner d'eux son visage. Tel maître, telle maison ;

aussi le vieux cosaque qui était chargé de m'instruire, ainsi que les autres gens du dwor étaient tranquilles, affables et bons, et je ne tardai pas à m'habituer à eux.

Ils tâchaient de me dégourdir ; ils se déchargeaient sur moi, à la vérité, d'une bonne partie de leur besogne, mais c'étaient mes jambes seules qui avaient à souffrir un peu des commissions qu'on me faisait faire, et je ne me rappelle pas avoir jamais été injurié ou maltraité. Le vieux cosaque disait entre ses dents, d'ordinaire : C'est un pauvre garçon, un orphelin ; ce serait mal de le faire souffrir. Ainsi, peu à peu, j'oubliai la vie des champs, et quelques semaines plus tard, ayant rencontré sur la digue le vieux berger Hrinda et tous mes anciens compagnons, je me contentai de leur sourire de loin, en leur montrant mes larges pantalons à bandes rouges, mais je ne me sentis pas la moindre envie d'aller les rejoindre au bois. Ma besogne n'était pas du tout pénible ; le seigneur voulait m'avoir pour ranger l'appartement, et c'est à ce travail-là qu'on me dressa d'abord. Quant à ce qui le concernait, il ne donnait guère d'embarras à personne ; d'ordinaire il se servait lui-même et témoignait la bonté d'un père à ceux qui étaient appelés à le servir. Son vieux cosaque était comme un frère pour lui, et le grondait souvent, tantôt pour une chose, tantôt pour l'autre.

— Ma foi, ce devait être un bon seigneur, alors ?

— Oui, certes ; avec la sainte permission de Dieu,

— répliqua le vieillard essuyant ses yeux mouillés de pleurs, — il n'y en a plus de pareils au monde. C'était un frère, un père ; en un mot, c'était tout pour moi... Il demeurait là-bas, vois-tu, dans cet endroit où se dresse encore cette grande cheminée grise ; mais, de son temps, les choses n'étaient pas comme cela... Chez lui, il y avait tant d'ordre et de propreté jusque dans les plus petits coins, que dans la grande cour, on n'aurait pas trouvé un seul brin de paille inutile... et aujourd'hui il n'y a plus que des broussailles, des ronces et des débris.

Ici, le vieillard poussa un profond soupir, puis reprit :

— Il quittait rarement le logis, et ne recevait pas souvent de visites. Pourtant, de temps à autre, un hôte nous arrivait, et, quoique la maison fût d'ordinaire silencieuse et tranquille comme un cloître, elle n'était pas triste pourtant ; car nous tous, et le maître surtout, nous soignions la culture des champs, l'entretien du jardin ; nous allions à la chasse ; il n'y avait pas un moment d'oisiveté ou d'ennui. Le seigneur aimait les chevaux, les chiens, la chasse, les arbres ; quelquefois même, il avait grand plaisir à pêcher, et les jours s'écoulaient ainsi si doucement, que nous ne nous apercevions presque pas du moment où une année chassait l'autre. Le maître ne s'était jamais marié, et nous pensions qu'il n'avait pas de parent. Il était venu de loin, disait-on, et il avait acheté cette terre ; mais quoiqu'il ne fût qu'un nouveau venu, les gens du pays s'étaient attachés à lui comme si, de père en fils, ils eussent obéi à ses ancêtres, et il était chéri comme un père dans tous les environs.

C'était en effet bien facile de s'attacher à lui, tant il était bon, franc, cordial et honnête, tant il avait d'égard pour la misère humaine, au point que le dernier des hommes, en se présentant chez lui, était sûr de recevoir des secours et s'en allait consolé ! Je me mis à l'aimer tout d'abord, et une année ne s'était pas encore écoulée que je remplaçai près de lui le vieux cosaque qui commençait à n'en pouvoir plus. Il avait envie de se reposer, car, de la bonté du maître, il tenait une chaumière, un champ et une rente viagère ; aussi, après m'avoir bien appris tout ce qui concernait le service, il demanda la permission d'aller prendre du repos chez lui. Mais, ce que c'est qu'une vieille habitude ! il croyait se trouver bien en se reposant au logis, et voilà qu'au bout de trois semaines, il commença à tant s'ennuyer qu'il s'en vint tous les jours au *dwor ;* là, s'appuyant à la haie du jardin, il fumait avec nous sa pipe, ou se tenait assis sous l'auvent, du matin jusqu'au soir. S'il lui arrivait d'être un jour sans voir son maître, cela lui faisait le même effet que s'il n'eût pas mangé, tant son cœur avait faim.

Quant à moi, je te l'ai déjà dit, on m'aurait battu à coups de fouet qu'on n'aurait pas pu me séparer de lui, car c'était vraiment un seigneur tel qu'on n'en voit point au monde. Pour preuve, je te dirai, —

quoique ce ne soit qu'une bagatelle après tout, — que lorsqu'on lui servait quelque chose de meilleur qu'à l'ordinaire, soit de bons fruits du jardin, soit un plat bien préparé, il ne manquait jamais d'en laisser un morceau pour en faire goûter à ses domestiques. A mesure que je le connus mieux, naturellement, je l'aimai davantage, et de même que tous ceux qui l'entouraient, j'aurais donné ma vie pour lui. Je l'approchais de plus près que tous les autres serviteurs ; nous allions ensemble à la chasse, qu'il aimait passionnément ; nous pêchions, nous ramions sur la rivière, nous cultivions le jardin. Souvent, dès le point du jour, nous nous levions tout joyeux, et le vieux *Bekas*, l'épagneul du seigneur, comme s'il eût deviné de quoi il était question, sautait, aboyait et frétillait de la queue. Pour nous, nous nous mettions la carnassière sur les épaules et nous nous en allions dans les marais, dans la boue, dans les broussailles, courant ainsi tout le jour, sans nous réconforter d'autre chose que d'un peu d'eau-de-vie, de fromage et de pain.

Je m'étonnais d'abord qu'un homme si excellent ne vécut pas avec les hommes ; mais, lorsque je le connus de plus près, je remarquai bien que, quoiqu'il fît de son mieux pour paraître tranquille et content et pour sourire aux autres, il y avait dans sa vie quelque chose que personne ne pouvait voir et qui l'avait empoisonnée. Parfois, dans le moment même où il était le plus joyeux, il s'arrêtait soudain, soupirait, pâlissait ; des larmes grosses comme des perles lui coulaient sur les joues ; mais à peine les avait-il senties, qu'il mettait bien vite son fusil sur l'épaule et s'en allait au bois, ou bien venait travailler au jardin ou s'occupait de quelque autre ouvrage, de façon que personne ne pouvait savoir qu'il venait de pleurer.

En vivant auprès d'un tel seigneur, je me trouvais si bien que j'oubliais de penser à moi-même. Je commençais à avancer en âge ; il m'engagea lui-même, plusieurs fois, à me marier et à m'établir au village, mais comment aurais-je pu me séparer de lui ? Outre cela, dans le *dwor*, nous étions si bien habitués à nous passer de femmes, que nous oubliions presque qu'il y en eût au monde. Nous savions par expérience qu'on peut fort bien s'en passer, et le vieux cosaque prétendait qu'elles ne sont bonnes qu'à faire du bruit, du désordre et des dégâts dans le ménage.

Et cependant, lui-même s'est marié plus tard !

Notre seigneur n'adressait jamais la parole à aucune femme, il ne regardait même pas celles qui se trouvaient sur son passage, et, quant à nous autres, il ne nous était jamais venu en tête que nous dussions nous marier. Et notre maître vieillissait, et nous aussi ; les uns moururent, les autres grisonnèrent, et moi plus tôt qu'un autre, car j'avais à peine trente ans lorsque ma tête, Dieu sait pourquoi, commença à blanchir. Notre vie, au *dwor*, n'était changée en rien ; le seigneur se tenait toujours ferme et droit, et continuait d'aller à la chasse, mais il y mettait moins de feu, moins d'ardeur, et il préférait s'occuper du jardin, car ses jambes commençaient à lui refuser service. Probablement, il les avait affaiblies à force de marcher dans l'eau et la neige l'hiver, car il marchait beaucoup et extraordinairement vite.

Lorsqu'il se sentit devenir faible et mal portant, il devint en même temps plus triste. Comme il lui était désormais difficile de travailler, il s'enfonçait dans les livres et soupirait souvent, il se plaignait tout bas, et, la nuit, il priait à haute voix, invoquant le nom de Dieu, d'une façon plaintive et tendre, qui m'arrachait des larmes. Nous aurions voulu l'amuser, tantôt d'une façon, tantôt d'une autre, mais cela nous devenait plus difficile de jour en jour. J'élevais des oiseaux pour lui, ce qui paraissait le distraire, mais toujours il se sentait plus faible et commençait à devenir indifférent à tout.

Aussitôt qu'il prit le lit, quelques beaux messieurs inconnus jusqu'alors commencèrent à nous arriver. D'abord se présenta une dame, et l'on nous dit que c'était la belle-sœur de notre maître; ensuite son mari, qui, à ce qu'il paraît, était le frère du seigneur, et puis, toute une bande de cousins, de neveux, de parents, qui, auparavant, ne le connaissaient pas, et qui, maintenant, sortaient comme de dessous terre.

Mais tous ces gens-là étaient si différents de lui qu'on eût dit qu'ils n'appartenaient pas à la même famille; ils étaient polis, doucereux, saluaient fort et parlaient bas; seulement, nous avions appris de leurs serviteurs, qu'ils prenaient ces airs-là; car, dans leur propre maison, ils étaient tout à fait autres. Je ne sais pas quelle bonne raison le seigneur trouva pour les renvoyer, mais nous les vîmes partir tout d'un coup fort en colère, et nous restâmes seuls désormais, grâces à Dieu !

Et nous continuâmes à mener une vie des plus en plus triste. Trente et quelques années s'étaient écoulées pour moi sans que j'eusse le temps de m'en apercevoir, et je passai les dernières sans cesse auprès du lit de mon bon seigneur. Il y avait pourtant des moments où il s'amusait encore, soit avec moi, soit avec le vieux Bekas ou quelques-uns de ses oiseaux apprivoisés; d'autres fois, un livre venait à lui plaire : alors il lisait jour et nuit, et paraissait plus tranquille. Il était aisé de voir que, pour lui, le terme était proche; mais nous l'aimions tant que nous ne pensions qu'à lui, et que nous ne nous demandions pas ce que nous deviendrions ensuite. Nous n'osions pas même penser au moment où il nous serait ôté. Je touchais à la quarantaine, quand mon brave maître mourut. J'avais passé ma vie auprès de lui, je m'étais attaché à lui comme si j'avais été son chien; aussi, lorsque nous l'eûmes placé sur son catafalque, je sentis qu'il me serait malaisé de lui survivre, tant je me trouvais triste, seul et découragé.

Je m'assis à ses pieds et je pleurai longtemps. Les hommes de loi arrivèrent, scellèrent, écrivirent; un voisin s'occupa de l'enterrement; je ne sais rien de ce qui se passa alors, car j'étais comme abasourdi. Le lendemain, je rentrai dans l'appartement, je balayai, je rangeai, comme s'il vivait encore, et je restai là tout égaré, à attendre, sans savoir quoi. Par moment, il me semblait que c'était un mauvais songe. Mais bientôt après arrivèrent en grande hâte, les parents, la belle-sœur, le frère, les cousins, toute la bande, et ils se mirent à déranger tout, à fouiller partout, pour trouver le testament. Ils mirent la maison sens dessus dessous, et comme ils ne trouvèrent rien, ce fut le frère et la belle-sœur qui prirent tout, renvoyant promptement le reste de la famille.

Ils se prirent alors à tout arranger à leur guise, à vendre, à louer, à ramasser de l'argent et à gouverner les gens du village. Moi, je les priai seulement de me laisser attaché au *dwor*, mais que leur importait le *dwor* qu'ils ne voulaient pas habiter ! Ils m'ordonnèrent d'aller occuper une cabane du village, mais il n'y en avait pas alors de vacante, et notre défunt maître n'avait fait aucunes dispositions ; peu s'en fallut alors que je ne redevinsse berger, à la place du vieux Hrynda. Mais lorsqu'ils se furent bien convaincus que je leur avais rendu fidèlement tout ce que le défunt seigneur m'avait laissé en garde, ils eurent assez de considération pour moi pour me permettre d'achever mes vieux jours ici. Comme je te l'ai dit, il n'y avait pas de chaumière vacante, et je n'avais pas de parents. Tu vois bien, là-bas, ce vieux cabaret en ruines, auprès du bouquet de chênes, par derrière le cimetière ? C'est là qu'ils me donnèrent un petit logis et un bout de jardin, moyennant une rente de trois roubles par an. Voilà vingt et quelques années que j'y demeure en rendant grâces à Dieu ; chaque jour, je vais à l'ancien dwor, je me rappelle le temps passé, je pleure, et puis je retourne à mon trou.

— Et vous êtes toujours seul ?

— Comme tu vois. C'est ma destinée, sans doute, de mourir seul aussi, sans avoir jamais eu personne auprès de moi. Depuis la mort de mon bon maître, je n'ai pu m'attacher à aucun homme, ni aucun homme n'a pu s'attacher à moi. Je ne me plains pas, car personne dans le village ne cherche à me nuire ; on m'aiderait plutôt, mais je suis seul, toujours seul...

— A votre âge c'est bien triste.

— Oh ! oui, c'est triste, soupira le vieillard, il n'y a pas à dire ; mais que peut-on y faire ? Quand on a des cheveux gris et qu'on marche avec un bâton, il n'est plus temps de se marier. D'ailleurs, aucune femme ne voudrait de moi, si ce n'est peut-être celle dont je ne voudrais pas. Dieu ne m'a pas donné de parents, d'amis, de frères. Que faire ? Il faut mourir seul, comme seul on a vécu.

— Et vous ne murmurez jamais ?

— A quoi cela me servirait-il ? — répliqua gravement le vieillard. — En offensant le Seigneur Dieu pourrais-je adoucir mon chagrin, ou changer ma destinée ? Et puis, l'homme ne peut-il pas s'habituer à tout, même à une pareille vie ?... Pourvu qu'on arrive au soir !... »

En parlant ainsi, il soupira, secoua sa pipe, et reprenant son bâton, se prépara à partir.

— Bonsoir, mon enfant — dit-il ; est-ce que tu passes la nuit ici ?

— Le Juif m'a prié de dormir dans la cabine, car il y a des sacs de farine et des tonneaux de lard, et il craint qu'on ne les lui vole.

— La pensée même du vol ne devrait pas être connue chez nous, — répliqua le vieillard ; — mais Dieu garde ce que garde le maître... Allons, mon fils, bonsoir.

— Bonsoir, bonsoir, vieux père.

III

CE QU'IL Y AVAIT AU PIED DES CHÊNES

Ainsi se séparèrent ces hommes, que le hasard avait réunis, qu'une heure de conversation avait rendus amis, et qui ne devaient plus se revoir de toute leur vie, peut-être. Chose étrange; plus les mœurs sont simples, plus l'état social est primitif, plus les rapports d'amitié et de sympathies communes sont faciles entre les hommes, plus ils sont prompts et fraternels. Au contraire, plus les hommes civilisés cherchent à faire preuve de bonne éducation et de culture polie, plus ils évitent soigneusement et poliment de se rapprocher les uns des autres, plus ils se craignent et se fuient. Le seul fait d'adresser la parole à un homme inconnu, qui ne nous a pas été présenté, constitue une grave infraction aux lois de la politesse; oser faire quelques questions à quelqu'un dans une première rencontre, serait commettre un impardonnable délit.

Mais dans le peuple il en est toujours autrement, et, je ne dirai pas que les choses en soient plus mal. Une heure suffit pour rapprocher et unir deux inconnus, qui deviennent presque frères ; une parole honnête ou un visage sympathique excite tout d'abord la confiance et un prompt épanchement ; l'amitié naît aisément, et devient vigoureuse, ardente comme la haine. C'est qu'ici, du moins, les hommes sont encore des hommes ; si vous montez plus haut, vous ne trouvez plus que des poupées, dont tous les mouvements uniformes et roides, sont réglés par les influences d'un fil.

Le bon Iermola s'en retournait donc chez lui, la tête encore toute pleine de ses vieux souvenirs, tandis que le jeune marinier, sifflottant une chansonnette et pensant au pauvre vieillard sans amis, étendait à terre la botte de paille sur laquelle il allait s'étendre devant la porte de la cabine, content de se reposer, car une fois le soleil couché, le paysan, à quelque heure que ce soit, est toujours prêt à s'endormir, pourvu qu'on l'en laisse libre.

Pendant ce temps, Iermola se traînait à pas lents vers son logis, qui n'était qu'à une fort petite distance. Entre le village et la rive, sur un plateau sablonneux parsemé çà et là de troncs de vieux pins et de chênes rongés de vieillesse, — mutilés en maint endroit par la main des villageois paresseux, qui ne voulaient pas prendre la peine d'aller faire leurs provisions dans la forêt, — se voyait un antique bâtiment de construction bizarre, qui servait de retraite à notre vieux serviteur. Ce n'était ni une chaumière ni un *dwor*, mais bien plutôt une ruine ; un vieux cabaret abandonné, auquel on avait donné jadis des proportions infiniment trop vastes, et qui s'était dégradé et éboulé on ne sait par quel accident ; dont le toit avait disparu, dont les poutres et les chevrons tout nus se croisaient çà et là, et dont quelques fragments de la couverture de paille étaient encore suspendus au-dessus des angles des vieux murs. L'un de ces angles surtout, quoique singulièrement incliné et sillonné de longues fentes, se tenait encore debout et entier ; on y voyait une fenêtre à moitié calfeutrée par un mortier d'argile, mais conservant quelques carreaux au sommet ; puis une porte qu'on avait rapiécée et reclouée nouvellement, et des murs qui, jadis peints et blanchis, ne se revêtaient plus aujourd'hui que d'une couleur grise et douteuse.

Le reste de l'édifice ne se composait guère que de hideux débris : des poutres et des planches pourries, des bois noircis, des monceaux de fumier, le tout enfoncé, fangeux, et envahi par les ronces et les hautes herbes.

Par quel miracle ce fragment de toit se tenait-il encore au-dessus de la chambre qu'il abritait ? Comment pouvait subsister ce reste d'édifice ? C'est ce qu'il eût été difficile de deviner.

Tout auprès du bâtiment, une haie de lattes à demi pourries entourait un petit jardin, ombragé à l'une de ses extrémités par un bouquet de pins et de grands chênes.

Au-dessus du toit, s'élevait la vieille cheminée toute noire, toute nue et fendillée, qui pourtant servait encore à l'unique habitant de ce pauvre logis. La moisissure des poutres qui pourrissaient à terre, se communiquait aux murs restés debout; on y voyait l'œuvre de destruction commencer, s'avancer, aboutir, et on pouvait prédire d'avance le moment où ces pauvres ruines ne seraient plus qu'un vaste amas de bois, d'argile et de broussailles inutiles. En regardant cette misérable demeure, il était cruel de penser qu'un homme dût y faire son séjour. Et cependant Iermola, accoutumé à son fumier, s'approcha sans répugnance de cette tanière; il en ouvrit la porte et pénétra dans sa chambre. Puis, comme l'obscurité y régnait, il s'empressa d'aviver le feu, et d'y allumer des éclats de bois de pin, qu'il tenait préparés à cet effet, dans le petit four du poêle.

Peu à peu, tous les recoins de cette pièce s'éclairèrent, et l'on pût la voir distinctement à la lueur du flambeau de bois sec. C'était une petite chambre située à l'angle du bâtiment, dont le toit et les murs se soutenaient encore, et qui avait dû servir autrefois de chambre à coucher et de bureau au cabaretier.

La porte qui donnait dans la grande salle de l'auberge, aujourd'hui complétement démolie et inhabitable, était barricadée par quelques planches, et calfeutrée par un mélange de paille hachée et d'argile;

le grand vieux poêle, raccommodé et recollé chaque année, avait perdu sa forme rectangulaire, et avait un extérieur informe, ventru, arrondi, bosselé, bossu ; les plaques de métal qui le fermaient jadis, étaient maintenant remplacées par quelques tuiles. La cheminée, placée non loin de là, était entièrement bouchée ; à l'intérieur, quelques planchettes faisaient l'office des rayons d'une armoire, et la planche qui en terminait le manteau, tenait lieu de table et d'étagère.

On peut facilement deviner que le mobilier n'était pas brillant ; il était, en partie, d'origine villageoise, et avait été grossièrement bâti avec la scie et la hache ; le reste se composait de quelques respectables vieilleries apportées des appartements du *dwor*. Lorsque les nouveaux possesseurs renvoyèrent Iermola les mains vides, après une trentaine d'années de services, il obtint, pour toute récompense, après une longue vie de labeur et de dévouement, la permission d'emporter quelques vieux meubles brisés et inutiles, que l'on voulait jeter aux ordures. La pauvreté industrieuse du brave homme vint à bout de transformer ces misérables débris en un mobilier presque commode. L'habile Iermola savait tirer parti de la moindre bagatelle ; aussi son unique chambre fut-elle bientôt toute parée des anciens souvenirs de sa jeunesse et de ses beaux jours. Il couchait sur un vieux canapé à pieds cassés et tordus, jadis de fin bois peint en blanc et glacé d'or. À son chevet, se trouvait un petit guéridon suppor-

3.

tant un échiquier tourné et incrusté par la main d'un ancien maître; deux ou trois chaises, sur le siége desquelles des planchettes clouées remplaçaient les coussins de velours, venaient évidemment des fabriques de Dantzick, mais ce n'était plus qu'à l'aide de nombreuses ligatures de ficelles et de clous, que les divers morceaux parvenaient à se tenir ensemble. Tout auprès, se trouvait un grand coffre de bois peint en vert, dont l'apparence grossière indiquait clairement qu'il avait été fait au village. Un banc à peine ébauché à coups de hache se voyait auprès de la porte; une seconde table, de planches pas même rabotées, servait à contenir tout un étalage de poteries communes, de cruches et de plats. Mais, en revanche, sur le manteau de la cheminée se voyait une petite cruche sans anse, de fine porcelaine de Sèvres; brillaient des coquetiers, des moutardiers aux fleurs délicates et éclatantes, une théière de porcelaine de Saxe, à pieds mignons, l'un desquels avait été brisé cinquante ans auparavant; une tasse en faïence *Wedgwood* et un beurrier de fabrique russe, en forme d'agneau pascal. Tel était le coup d'œil général qu'offrait la chambre du brave homme, pauvrette, proprette, mais triste, parce qu'elle n'était remplie que des souvenirs d'une opulence passée servant à dissimuler la misère présente. La draperie qui recouvrait le mur auprès du lit était un lambeau de tapis turc, déchiré et rapiécé, mais jurant encore avec la grosse et rude couverture; les cristaux ébréchés, les porcelaines, les faïences précieuses, brillaient à côté des pots d'argile ; l'acajou à côté du sapin. Sur le mur, non loin d'une informe représentation de Notre-Dame de Poczai, était suspendue une admirable gravure de Raphaël Morghen, horriblement moisie et vieillie, et à laquelle il manquait tout un coin ; c'était la sainte Cène, d'après le tableau de Léonard de Vinci. Un peu plus loin se voyaient un vieux tableau des douze Apôtres, par Hoffmann, de Prague, et une petite peinture sur bois de l'école allemande, horriblement mutilée, et représentant la Naissance du Sauveur.

Le seul ornement réel de cette chambre était donc la propreté et l'ordre exquis qui y régnaient ; nulle part on n'y aurait aperçu le moindre débris, la moindre miette, le moindre grain de poussière ; chaque chose était à sa place, et quoique dans ce pauvre appartement tout fût mêlé et réuni, les provisions, les aliments, la cuisine, la garde-robe de l'indigent et toutes ses modestes richesses, on n'y remarquait pourtant ni encombrement, ni confusion. Des armoires étaient pratiquées dans le mur ; des planches fixées au coin de la chambre, puis les grands coffres roulés sous les tables, la cachette ouverte derrière le poêle, l'ouverture de la cheminée voilée d'un morceau de drap, servaient à renfermer, à dissimuler tous les objets embarrassants. Les copeaux eux-mêmes, et les éclats de bois destinés à allumer le feu, étaient rangés avec une certaine symétrie dans le coin qui leur était assigné. Il est vrai que Iermola avait, tout auprès de lui, dans les ruines du cabaret, une sorte de cellier entouré de murs, où il déposait ses provisions les plus embarrassantes ; mais il ne pouvait laisser que peu de chose dans un endroit qui n'était point fermé, car la misère, méconnaissant les lois de la propriété, s'enhardit souvent à partager avec la misère.

En entrant, le vieillard se contenta d'allumer dans le poêle ses éclats de bois résineux, car la chandelle ou l'huile était pour lui des objets de luxe qu'il ne pouvait pas se permettre; puis il porta ses regards autour de lui pour voir si tout était bien en ordre dans sa demeure. Ensuite il alla prendre une de ses marmites, afin de faire réchauffer son souper, que la veuve du cosaque lui préparait d'ordinaire au village, ou bien qu'il faisait cuire lui-même en revenant au logis. Après quoi, il s'assit sur un escabeau au coin du feu et commença à réciter ses prières.

Le vent gémissait par moments dans les branches des pins et des chênes voisins de son petit enclos ; un profond silence régnait aux alentours, et Iermola, triste et immobile, commençait à rêver en priant, lorsqu'au milieu de ce grand silence le cri d'un enfant s'éleva tout à coup, d'abord faible et à peine distinct, puis pénétrant et plus sonore.

C'était comme le gémissement d'un nouveau-né, et il paraissait tout proche, comme s'il venait de l'autre côté du jardin, du bouquet de pins et de chênes.

— Qu'est-ce que ce peut être? dit le vieillard en

interrompant sa prière, et se levant de son banc. — Il est tard pourtant ; est-ce que quelque sotte femme aurait traversé la rivière avec un enfant pour venir me demander un remède ?

Il s'arrêta et prêta l'oreille ; mais le gémissement, tremblant et faible, ne paraissait point se rapprocher ni s'éloigner ; évidemment l'enfant restait toujours à la même place. Il était impossible de penser que quelque femme, travaillant aux champs, l'eût déposé là avec son berceau : la fraîcheur du soir, l'heure avancée, la solitude de ce lieu écarté, ne permettaient pas d'admettre une pareille supposition. Et la voix s'élevait et se plaignait toujours.

— Eh ! c'est une chouette sans doute, — pensa le vieillard en se rasseyant. — Elle s'est perchée sur quelque arbre au bout de l'enclos, et chante... Mais on jurerait vraiment que c'est un enfant. Comme elles savent contrefaire la voix humaine !...

Il continua d'écouter ; les gémissements devenaient de plus en plus distincts et plus tristes.

— Non, en vérité, ce n'est pas une chouette... Il faut pourtant que j'aille voir, il est peut-être arrivé un malheur. Mais qu'est-ce que cela pourrait être ?

En parlant ainsi, il se leva promptement, enfonça sa casquette, saisit son bâton et s'élança vers la porte, oubliant sa pipe que, pourtant, il ne quittait guère. Lorsqu'il fut arrivé au seuil, il se convainquit qu'il n'y avait pas le moindre doute, et que le cri qu'il entendait n'était pas celui d'une chouette ; mais bien la plainte d'un enfant. Ceci effraya le brave homme, qui, dirigé par les sons de la voix, se mit à chercher d'où elle pouvait venir. Il s'engagea aussitôt dans le jardin et découvrit de loin un objet qui paraissait blanc, au pied du plus voisin des chênes. Ses yeux de vieillard ne l'avaient point trompé ; sur les grosses racines noueuses, ouatées et veloutées de mousses, reposait et pleurait un petit enfant enveloppé de langes.

Un enfant! un enfant là! tout seul, abandonné, rejeté par ses parents! Cette idée avait peine à se faire jour dans l'esprit du brave homme. Il frémit de terreur, de surprise, de chagrin et de pitié, et s'élançant en avant sans trop savoir ce qu'il faisait, il saisit tendrement la pauvre petite créature, qui, sentant peut-être que quelqu'un s'approchait d'elle, cessa aussitôt de se plaindre et de s'agiter.

Alors, perdant la tête, et oubliant son bâton, le vieil Iermola s'enfuit, emportant l'enfant dans sa chambre, tremblant, criant, et se répétant sans cesse : « Un enfant! un enfant! comment cela peut-il être arrivé ? »

Tout à coup, il se dit que sans doute on n'avait laissé ce petit tout seul que pour un instant; que la mère serait grandement inquiète si elle ne le retrouvait plus à la place où elle venait de le déposer.

Il se mit donc à crier de toutes ses forces, répétant tous les appels en usage dans la langue polésienne, qui lui rappelèrent ses années de pasteur; mais personne ne lui répondit.

En tout cas, il est impossible de laisser ce pauvre enfant dehors, par une nuit si froide, dit-il avec émotion, je vais le porter dans ma chambre; on se doutera bien que c'est moi qui l'ai recueilli.

Il ouvrit la porte de son logis; le feu du poêle était éteint, l'obscurité était complète; il déposa son fardeau vivant sur le lit, et alluma de nouveau les copeaux et les brindilles, dont il fut prodigue cette fois.

Mais lorsque la lumière jaillit de nouveau dans la chambre, et lorsque le vieillard s'approcha de l'enfant qui gémissait toujours; son étonnement et sa terreur ne connurent plus de bornes. La petite créature n'appartenait évidemment pas à la classe des paysans, les langes qui l'enveloppaient suffisaient pour le dire. Et Iermola avait beau imaginer mille causes, admettre mille suppositions, il ne pouvait comprendre comment une mère ou un père avait pu se décider à abandonner ainsi cet innocent petit être, à la seule vue duquel il versait des larmes de tendresse et d'émotion. Depuis le moment, en effet, où les premiers pleurs de l'enfant étaient arrivés à son oreille et à son cœur, un sentiment inconnu avait envahi et dominé ce vieillard jusque-là si tranquille. Il se sentait ému, terrifié, mais en même temps réveillé, ranimé; c'était comme s'il eût rajeuni de vingt ans, en quelques minutes. Il s'approcha donc avec curiosité de ce petit être inconnu que la Providence, prenant peut-être en pitié son isolement amer, semblait lui adresser comme une consolation, au moment où il se prenait avec douleur à rechercher un lien, un seul lien qui le rattachât encore au monde.

L'enfant, emmaillotté avec soin, était cependant vêtu extérieurement de manière à ce qu'au premier coup d'œil, on ne pût aucunement distinguer son origine. La mère impitoyable, ou le père indifférent, animés d'un reste de sollicitude, avaient recouvert le maillot et l'enfant tout entier, d'un grand morceau de grosse percale blanche, qui ne laissait à découvert qu'une partie de la petite figure souffrante et éplorée.

Iermola considérait l'enfant avec des yeux tristes aussi, et en joignant les mains.

Il fut quelque temps avant de bien comprendre qu'il y avait autre chose à faire; que l'enfant qui pleurait ainsi avait peut-être faim; qu'il lui était tombé comme du ciel un fardeau inattendu, qu'il lui serait difficile de supporter, même en y employant toutes ses forces. Puis, passèrent et brillèrent comme un éclair, aux yeux de son esprit, ces images du berceau, de la nourrice, des sourires et des soins maternels, en même temps que celle de sa pauvreté, qui ne lui permettait pas de payer quelqu'un pour soigner le petit enfant.

Tout à coup il se dit que des mains mercenaires n'étaient pas dignes de toucher ce don de Dieu, ce frêle nouveau-né que la Providence lui confiait sans doute pour qu'il lui servît de nourrice et de père. Et puis, il frémit en se disant soudain qu'on pouvait lui reprendre cet enfant, et, à cette seule idée, il se sentit prêt à défaillir de terreur, quoiqu'il ne pût pas encore bien savoir ce qu'il allait en faire.

— Non, s'écria-t-il, je ne le rendrai à personne : c'est mon enfant, l'enfant que Dieu m'a envoyé ; je n'abandonnerai pas l'orphelin ! »

Mais il fallait se hâter ; l'enfant pleurait et gémissait toujours. Iermola le saisit de nouveau dans ses bras. Mais que faire ? Par quoi commencer ? A qui demander conseil ?

Tandis qu'il promenait ainsi l'enfant par la chambre, les bras chargés et l'esprit perdu à cette singulière aventure, un petit paquet assez pesant s'échappa des langes, et tomba à terre. Iermola, de plus en plus surpris, le ramassa, et aperçut une cinquantaine de pièces d'or environ, enveloppées dans un morceau de papier. Son étonnement fut si vif, qu'il faillit laisser échapper son doux fardeau.

— Ainsi ce sont des gens riches qui se sont débarrassés de leur enfant, en payant pour qu'on en prît soin !

Et le vieillard, saisi d'une stupéfaction naïve et profonde, s'arrêta un instant, cherchant à comprendre les noirceurs de ce monde qu'il connaissait si peu ; peut-être, en cet instant, devina-t-il, par intuition, toutes les misères et les douleurs de l'existence.

— Mon Dieu ! s'écria-t-il, il se trouverait pourtant des hommes qui raviraient cet or à l'orphelin ! Non, non ; personne ne saura rien ; je garderai l'argent pour le lui rendre lorsqu'il sera grand un jour, et moi, par mon travail, je viendrai à bout de l'élever.

Il se hâta de jeter les pièces d'or dans une vieille cassette placée auprès de son lit, et dans laquelle il serrait d'ordinaire les quelques gros qu'il pouvait avoir ; puis, ayant décroché son manteau, il résolut de s'en aller au village demander conseil à quelque voisin.

Ainsi, le pauvre vieillard, enveloppant chaudement son cher fardeau, troublé, surpris et heureux à la fois, se dirigea vers la chaumière la plus proche.

IV

PREMIERS SOINS ET PREMIERS BONHEURS

Dans cette chaumière habitait la veuve du vieux cosaque Harasym, avec sa fille unique et tendrement aimée, qui, cherchant un mari depuis plusieurs années déjà, n'avait pu encore en trouver un, quoiqu'elle fût belle, jeune, et, par conséquent fort digne d'attention.

La chaumière que le défunt propriétaire avait léguée à Harasym était située à l'extrémité du village, non loin des bords de la rivière, ce qui pouvait permettre au vieux serviteur du dwor de dire, en vertu de l'axiome national : « Ma chaumière est toute seule dans le pays; elle ne connaît pas de voisin ni de maître; » car, de sa fenêtre, on n'apercevait que les bois, les eaux et le plateau stérile sur lequel s'élevait la ruine habitée par Iermola. Mais de cordiales relations d'amitié s'étaient maintenues entre les deux cabanes, à la suite des rapports quotidiens qui avaient uni jadis les deux serviteurs. La veuve du cosaque ne refusait jamais à Iermola son appui et ses conseils; il prenait ses repas chez elle, et chez elle venait encore se consoler dans ses heures de tristesse, ou se distraire par quelques instants d'amicale causerie ou d'honnêtes épanchements. Mais dans le logis de la veuve régnait bien plus d'aisance que chez le pauvre Iermola. La cabane ne manquait de rien; la bonne femme était active, rangée et même un peu avare; jamais elle n'avait souffert de la gêne ni de la faim, même après le temps des semailles, et pendant les mauvais jours, il restait encore chez elle un peu d'argent ou une mesure de blé pour les gens qui avaient besoin.

La chaumière déjà antique était, à l'extérieur, noire et triste, quoique le vieux cosaque l'eût construite avec l'aide de son maître, et n'eût, par conséquent épargné ni dépenses ni soins. Elle était donc, au dehors, semblable à toutes les autres qui, à quelque distance de là, s'étendaient en longue file; seulement les planches qui en formaient le mur étaient plus épaisses, plus solides et mieux agencées, et l'intérieur plus commode aussi, parce qu'il s'y trouvait un bon poêle, une bonne cheminée, qu'il y faisait assez clair et qu'il n'y fumait point.

De cette cabane dépendait un petit jardin, laissé en prairie pour le foin, et un autre plus vaste que l'on semait ordinairement de seigle ou de légumes, et qui, non loin de là, se rapprochaient des champs. La veuve du cosaque possédait quatre vaches, du lait desquelles elle faisait du beurre et des fromages qu'elle vendait aux *dvors* les plus proches ou aux bourgeoises ; de plus, un attelage complet à deux bœufs pour sa charrue, qu'elle louait souvent à ses voisins ou qu'elle envoyait parfois labourer gratuitement en commun le champ des pauvres ; dix brebis, trois petits veaux et même un cheval qu'elle avait acheté pour le mettre à la herse, mais qui ne profitait point, car il avait l'éparvin. Avec elle et sa fille, habitaient encore dans la chaumière le vieux Chwédor, son valet, dont les cheveux avaient blanchi au service d'autrui, et qui était en outre un peu sourd et grand buveur ; puis un petit orphelin d'une dizaine d'années, qui faisait paître les bêtes, et enfin une jeune servante. C'était, en un mot, un ménage complet et tout à fait florissant, habilement dirigé par la veuve. Aussi sa douce aisance et son honnête réputation rendaient plus étrange encore l'indifférence des jeunes gens du village à l'égard de sa fille Horpyna, qui allait cependant atteindre ses vingt ans, et qui passait à bon droit pour la plus éclatante beauté du village.

Elle avait une taille droite et haute, qu'elle tenait vraisemblablement de son père ; une allure aisée, gracieuse et robuste, de beaux cheveux et de fins sourcils noirs. Lorsqu'elle se coiffait, le dimanche, de sa parure de rubans, mettait sa jaquette de drap gros-bleu et ses bottes jaunes de Wolhynie, à hauts talons, on l'aurait prise pour une grande dame déguisée. Les garçons du village la suivaient des yeux de loin ; ils soupiraient, tournaient leurs bonnets dans leurs mains et se grattaient la tête, mais aucun d'eux n'osait s'approcher d'elle ; car, d'abord, Horpyna était fière comme si elle eût été la fille d'un grand seigneur. Ensuite, on se disait à l'oreille que depuis deux ans déjà un gentilhomme de la petite noblesse, qui avait servi en qualité de comptable dans une grande exploitation, cherchait à obtenir sa main, et faisait, à sa mère et à elle, d'assez fréquentes visites. C'était là ce qui décourageait et effarouchait si fort les prétendants villageois, se plaisant à railler Horpyna en secret de sa vanité, de ses grands airs et de son penchant pour la noblesse.

Mais la vieille mère, comme si elle n'attendait nul résultat favorable de ce projet témérairement conçu, faisait tous ces efforts, d'autre part, pour marier sa fille. Elle se rendait avec elle à toutes les foires et à tous les pardons ; elle invitait les pères de famille et les jeunes gens à des soupers et à des veillées. On allait volontiers chez elle, on s'amusait, on mangeait bien, on buvait fort, mais les choses n'en allaient pas plus loin pour cela, et Horpyna n'avait encore jamais vu venir l'essuie-main et la bouteille (1).

Le hasard voulut justement que Iermola ne rencontrât personne en s'approchant de la chaumière de la veuve, lorsqu'il y arriva tout essoufflé, tenant dans ses bras l'enfant, qui pleurait toujours. Mais la lumière

(1) Cadeaux qu'un jeune paysan de ces contrées présente à une jeune fille en la demandant en mariage.

qui brillait par la fenêtre lui indiqua que la ménagère était à la maison. Il entra donc tout droit, toujours portant son fardeau, dans la chambre de sa vieille amie.

La veuve était assise sur un banc, près de la table; elle avait la tête appuyée sur sa main, et paraissait rêver profondément; pour Horpyna, elle se tenait à côté de la cheminée. Elles étaient sombres et silencieuses toutes deux; mais lorsqu'elles aperçurent Iermola portant son fardeau, elles se levèrent ensemble brusquement, en poussant un cri de surprise:

— Qu'as-tu donc, vieux?... Qu'est-ce que cela? s'écria d'abord la mère.

— Ce que c'est, ce que c'est, répondit-il en se laissant tomber sur un banc, et en posant sur ses genoux l'enfant dont il ne pouvait détacher ses regards — vous voyez bien... c'est un enfant... que Dieu m'a donné !

— Un enfant, à toi? Comment donc?

— C'est une merveille, un miracle; je ne sais que croire. Je venais des bords de la rivière, où j'avais été aider les mariniers à lier les bois; j'avais allumé mon feu et je m'étais mis à réciter mes prières, lorsque j'entends tout à coup quelque chose qui gémit sous les chênes. On aurait dit tantôt la voix d'une chouette, tantôt celle d'un enfant. Je pensai que c'était une chouette d'abord, parce que ces vilains oiseaux-là se nichent dans les vieux troncs, et je continuai ma prière mais voilà que la voix s'élève te pleure encore... Alors;

je n'y tiens plus, je commençais à être inquiet. J'accours, je m'avance, je regarde, et qu'est-ce que je trouve? C'est un enfant... que vais-je faire à présent? que vais-je faire?

Les deux femmes, balançant la tête dans leur extrême étonnement, avaient écouté Iermola en gardant un profond silence.

— C'est quelqu'un qui l'a apporté là — dit la veuve à la fin ; — mais qui cela peut-il être ?

— Et qui donc aurait pu abandonner un aussi joli enfant ? — reprit le vieillard avec indignation. — Est-ce que c'est là une chose possible ?

— Oh ! oh ! il y a bien des gens qui en seraient capables, — répondit la veuve en secouant la tête d'un air sentencieux. — Ce ne serait pas la première histoire qu'on aurait à raconter de la méchanceté humaine. N'avez-vous pas entendu dire qu'une mère dénaturée a eu l'atrocité de faire dévorer aux pourceaux son doux petit enfant ?

Le vieux Iermola, ne comprenant rien à ce qu'il entendait, gardait le silence, en ouvrant de grands yeux et en branlant la tête ; pendant ce temps, les deux femmes s'étaient agenouillées à terre pour voir l'enfant de plus près.

— Eh ! comme ses langes sont fins et blancs !

— Eh ! comme il est délicat !

— Ce doit être l'enfant d'un seigneur, car personne dans le village n'aurait osé faire une chose pareille.

— Et ils ont été le mettre tout près de votre cabane?

— Oui, oui ; mais conseillez-moi, dites-moi donc ce que je dois faire?

— Faites ce qui vous conviendra le mieux, — répliqua la veuve. — D'abord, vous pouvez le porter au régisseur, qui le fera remettre au chef de la police, et alors on le conduira à l'hôpital.

— On le prendra!... on le conduira!... à l'hôpital! — s'écria le vieillard d'une voix pleine de larmes. — Ah! vous me donnez là un bon conseil!... Est-ce qu'on en aura pitié, est-ce qu'on en aura soin? Qui me dit qu'on ne le laissera pas mourir?

— Bon ; mais qu'en ferez-vous donc? répliqua la vieille en haussant les épaules.

— Ah! je n'en sais rien ; conseillez-moi, commère.

— Mais à quoi donc songez-vous?

— Est-ce que je sais à quoi il faut songer! interrompit le vieillard. — La tête me tourne ni plus ni moins qu'une manivelle. Je ne voudrais, pour rien au monde, abandonner l'enfant que Dieu m'a confié ; et quant à l'élever moi-même, je ne sais pas si j'en viendrai à bout... Il me semble pourtant bien que oui ; pourquoi pas?

— Mais il vous faudra le mettre en nourrice ; vous pourriez le donner à la femme de Jurck.

— Non, non ; pour rien au monde, s'écria le vieillard. La femme de Jurck est trop méchante ; elle maltraiterait le pauvre enfant ; et puis elle me demanderait Dieu sait quelle somme pour en prendre soin ; et j'ai toujours bien du mal à mettre les deux bouts ensemble... Si vous lui donniez un peu de lait? Voyez comme il pleure ; il boirait peut-être... J'achèterai du lait chez vous, tous les jours.

A ces mots, la veuve du cosaque partit d'un grand éclat de rire.

— Eh! vraiment! c'est donc vous qui le bercerez et qui l'amuserez, qui lui ferez sa soupe? Mais, dans ce cas, vous ne devez plus penser à faire autre chose. Un petit enfant, c'est un ouvrage et un embarras sans fin ; je me rappelle bien, moi, ce que j'ai eu à souffrir avec mon petit Vymoszek, qui n'a pas vécu un an, et avec mon Horpyna ; pas un seul moment du jour, pas une nuit tranquille !

— Mais est-ce que je dors, moi? est-ce que j'ai beaucoup à faire ? répondit l'entêté vieillard, qui s'attachait de plus en plus au pauvre petit enfant trouvé. Trois ou quatre heures de sommeil sont suffisantes pour moi, et un petit enfant dort presque toujours, pourvu qu'il n'ait pas l'estomac vide... Je trouverai bien le temps de me reposer un peu, de soigner mon jardin, et de faire cuire mes pommes de terre.

— Mais de quoi le nourrirez-vous?

— Eh bien ! avec du lait.

— Mais pourra-t-il boire seulement ? il est si petit et si faible !

Ici Iermola poussa un profond soupir.

— Il ne le sait pas peut-être, dit-il ; mais il finira par s'accoutumer. Mais qu'y a-t-il d'abord à faire?

La veuve du cosaque lui prit alors l'enfant des

mains, pour mieux le regarder. Sa fille courut chercher du lait nouvellement tiré, et les voisins, attirés par la curiosité et par les paroles qu'avait laissé échapper Horpyna dans sa course, commencèrent à se rassembler, au nombre de deux ou trois d'abord, puis par grandes troupes.

Depuis que le village existait, dans la mémoire des plus vieilles gens, rien de pareil n'était jamais arrivé ; aussi ne pouvait-on s'arrêter sur la voie des observations, des exclamations, des conjectures.

L'*ancien* conseillait ; les conseillers conseillaient ; les jeunes et les vieux conseillaient, et aussi les femmes, les jeunes gens et les valets, mais personne ne parvenait encore à donner un bon conseil ; chacun à son tour répétait les mêmes choses, ne différant un peu de son voisin, dans les particularités, que pour aboutir aux mêmes conclusions, et recommandant toujours à Iermola la femme de Jurck pour nourrice.

Et combien de conjectures, de suppositions bizarres, de plaisanteries et d'accusations contre ces méchantes gens ! Personne cependant ne soupçonnait, le moins du monde, quels pouvaient être les auteurs de ce fait scandaleux. Vers le soir, on n'avait vu aucun étranger dans le village, ni même aux environs ; les routes et les sentiers étaient déserts ; au gué, au moulin, au cabaret, ne s'était montré aucun voyageur. Lorsque les villageois eurent longtemps discouru, ils commencèrent enfin à se disperser peu à peu, répandant partout sur leur route cette étrange nouvelle ; il ne resta plus que le vieux Chwedko, illustre propriétaire d'une jument grise, qui, appuyé sur un bâton, et ayant médité quelque temps en silence, s'adressa en ces termes à Iermola, son ami :

— Voici que je me rappelle à présent une chose qui est arrivée, il y a une vingtaine d'années. Un cultivateur de Malycki, qui était de mes amis, eut le malheur de devenir veuf ; sa femme lui laissait un pauvre petit orphelin, qui était à peine entré dans le monde.

Le pauvre homme, qui était borgne, impotent, misérable, n'avait pas de quoi payer une nourrice ; il s'en alla en vain de chaumière en chaumière, cherchant une femme assez compatisante pour vouloir bien nourrir son enfant, et il n'avait même pas de vache pour lui donner son lait. Savez-vous ce qu'il fit alors ? Il acheta une chèvre pour son dernier demi-rouble, qui lui restait encore après l'enterrement, et cette chèvre lui nourrit et lui éleva sa fille, devenue ensuite, avec les années, la plus jolie villageoise qui se pût voir.

Iermola tressaillit et se leva à ces mots.

— Qu'on me trouve une chèvre ! — s'écria-t-il avec vivacité. — Où y a-t-il une chèvre ? je l'achète tout de suite.

— Le cabaretier juif en a une.

— J'y vais alors, et je l'achète.

Il s'élançait déjà vers la porte, lorsque le vieux

Chwedko et la veuve du cosaque l'arrêtèrent en même temps.

— Prends donc garde à ce que tu fais, bonhomme, lui dit son vieux compagnon. Le juif t'écorchera s'il vient à savoir que tu as vraiment besoin de sa chèvre.

— Eh bien ! qu'il me demande ce qu'il veut, pourvu que j'aie la bête.

— Il t'arrachera ta dernière chemise, vieux fou; reprit à son tour la veuve du cosaque. Est-ce que tu ne connais pas Szmula? C'est un vrai brigand, un coquin sans pitié comme il n'en existe pas, même parmi les juifs de son espèce. Ne vous pressez pas tant, pour l'amour de Dieu. Tâchez d'user de ruse, du moins, et dites que vous voulez avoir une chèvre pour vous faire un petit troupeau ; autrement il vous la fera payer plus cher qu'une vache.

— J'irai avec toi, dit Chwedko, tu verras ; à nous deux nous en donnerons à garder au Juif.

— Mais que faire de l'enfant?

— Ne vous en inquiétez pas ; je le garderai ici ; il ne lui arrivera aucun mal.

— Je vous en prie, bonne mère, dit Iermola tout tremblant, ayez seulement bien soin de lui.

— Eh ! eh ! il va me donner des leçons, voyez donc ! Comme si c'était le premier que j'eusse dans les mains ! Je vais le bercer et lui faire boire du lait, quand même je devrais lui faire sucer le bout de mon doigt. Soyez tout à fait tranquille.

— Je serai de retour dans un moment, repartit

Iermola, — seulement prenez bien garde à ce qu'il n'arrive rien à l'enfant.

La vieille se mit à rire aux éclats en l'écoutant, tant il avait une mine embarrassée. Mais au moment de dépasser le seuil, il se rappela que, depuis longtemps, il n'avait pas fumé; il tira de son sein la vieille pipe de terre qui ne le quittait jamais, en approcha l'amadou, l'alluma, puis s'éloigna avec Chwedko, se dirigeant à travers la nuit vers le nouveau cabaret, situé au centre du village.

V

A TROMPEUR, TROMPEUR ET DEMI

Dans un petit bourg où, par suite du commerce des bois et de la flottaison, la circulation et l'affluence des passants sont considérables, où les bateliers, les marchands et leurs facteurs se montrent incessamment, il ne serait pas possible à un Juif sans argent et sans crédit de tenir la principale auberge. Aussi l'illustre Szmula, qui possédait le cabaret de Popielna, d'où il régnait sur le village et sur ses environs, n'était pas un simple cabaretier, allant de temps en temps chercher un petit baril d'eau-de-vie à trois mille de distance. C'était un Juif enrichi par les profits qu'il avait faits dans le commerce des bois, de la poix, du goudron et des cendres, par les fournitures qu'il avait entreprises, de planches, de poutres, de lattes et de cerceaux, en un mot, de tous les produits des forêts de Polésie, y compris les champignons secs et les baies conservées.

Son auberge lui procurait aussi, surtout au printemps, des gains fréquents, qui n'étaient point à dédaigner, et M. Szmula estimant à leur juste valeur la rotondité de sa ceinture et la dignité de sa position, commençait à trancher du grand seigneur. La nouvelle auberge dans laquelle il trônait n'avait point l'apparence de ces cabarets *antiques* dont la forme s'est perpétuée comme par tradition, selon les coutumes slaves, parce qu'ils étaient destinés aux délibérations et aux assemblées publiques. Elle était privée du vestibule *traditionnel*, saillant et appuyé sur des piliers, car le rusé israélite se souciait peu d'héberger les rares et pauvres voyageurs qui d'ordinaire paraissaient seuls dans cette contrée perdue; mais elle avait une écurie et une remise abritant la grande cariole dont il se servait pour aller aux foires, et elle offrait à peu près l'extérieur du dwor d'un gentilhomme. D'un côté se trouvait une vaste pièce, qui était, à proprement parler, la salle du cabaret, tout autour de laquelle de fortes banquettes étaient rangées le long des murs, auprès d'une table énorme. Dans un coin s'élevait une sorte d'estrade que l'on fermait pendant la nuit au moyen de plusieurs volets, et sur le comptoir de laquelle, pendant le jour, on débitait l'eau-de-vie. Dans la seconde moitié de la maison, où régnait une certaine élégance, habitait, avec toute sa famille, Szmula Popielanski, qui laissait en outre une jolie chambre libre pour les marchands ses coreligionnaires qui pouvaient s'arrêter en ce lieu.

La première pièce, de ce côté, prenait de faux airs de salon, car elle avait un canapé de bois, poli et verni, recouvert d'une sorte de damas à étoiles d'or; deux chaises portant des flèches de bois noir au dossier, un miroir suspendu au mur, les portraits encadrés de deux illustrations israélites : le rabbin de Hambourg et celui de Wilna; une armoire chargée de porcelaines, de tasses, de verres taillés et de bouteilles de rhum, et une table légèrement boiteuse, soutenue par une lyre, et recouverte d'un tapis de couleur.

Si le temps me le permettait, et si je me sentais disposé aux disgressions humoristiques, que de déductions philosophiques ne pourrais-je pas tirer de ces flèches et de cette lyre, ces deux symboles du monde antique, avilis et méprisés à ce point que sur les unes, ô honte ! on reposait ses épaules, et sur l'autre, honte plus grande encore ! on appuyait ses pieds. Des flèches ! des flèches ! au dossier d'une chaise ! Et la lyre humiliée, la lyre avec des cordes de bois, la lyre d'Amphyon, d'Apollon et d'Orphée, soutenant la table d'un Juif ! Hélas ! hélas ! *Sic transit gloria mundi.* Les flèches ne blessent plus, la lyre est devenue muette, et pour nous, nous revenons à notre Juif.

Le parquet de cette chambre avait jadis été peint, mais la couleur s'étant effacée en maint endroit, il n'était plus que bigarré; le poêle était fermé par une petite porte de fer à pomme de cuivre; Szmula ayant fait tout cela, *proprio sumptu et cura fieri fecit,* pour satisfaire ses goûts d'élégance, s'en félicitait autant que celui d'entre nous qui s'avise de poser deux clous dans sa maison, ou de tapisser un mur: dans la seconde pièce qui était un peu plus grande, la saleté juive commençait à revendiquer ses droits, mais n'en excluait pas néanmoins les tentatives et les prétentions à l'élégance. Au-dessus du lit, se drapait un baldaquin à frange et à ramages, et se balançaient des rideaux à grandes fleurs. Non loin de là se voyaient, fort près les uns des autres, une armoire de bois noir, pleine de livres et de papiers, un petit bureau boiteux, un tas de pommes de terre, un ou deux petits baquets de bois, des losanges de pâte séchant sur une serviette, une grande terrine pleine d'eau de vaisselle, et un dindon blanc, *paterfamilias*, se promenant gravement, entouré de sa progéniture.

Szmula n'était plus de la première jeunesse; il avait cinquante ans environ, il était marié pour la seconde fois, sa défunte ne lui ayant laissé qu'un fils, qui tenait boutique pour son propre compte dans le bourg voisin. Ne pouvant se contenter de ce seul rejeton, Szmula avait pris pour épouse une jeune juive fort pauvre, mais d'une grande beauté, qui lui avait donné trois enfants en trois années de mariage. Ses cheveux gris étaient glorifiés par cette bénédiction du Seigneur. A première vue, ce grave descendant d'Israël, à la barbe longue et aux longs cheveux, plaisait par sa physionomie régulière, sérieuse et avenante; il prenait envie de l'étudier de plus près, de croire à son honnêteté, ce qui n'empêchait pas qu'il ne mentît comme tant d'autres, et par l'expression de ses yeux, et par celle de sa beauté.

C'est qu'en réalité il n'y avait pas de vampire plus insatiable, de plus dévorante sangsue, que le digne Szmula du village de Popielnia ; les gains, toujours plus considérables, qu'il faisait grâce à sa ruse et à son adresse, ne l'empêchaient point de désirer et d'accaparer des bénéfices plus petits. Auprès de ses billets de mille roubles et de ses coupons de rentes, il déposait sans pudeur dans ses coffres la grosse monnaie de cuivre baignée de la sueur des misérables paysans, et s'enorgueillissant de sa situation et de ses richesses, il traitait les pauvres villageois ni plus ni moins que des bêtes de somme, et les renvoyait ou les écorchait sans pitié.

Il en résultait que les villageois, lorsqu'ils avaient quelque affaire à traiter, préféraient s'adresser en cachette aux Juifs plus pauvres qui habitaient la petite ville, manœuvres qui inspiraient à Szmula le plus profond ressentiment, car il ne pouvait leur pardonner de ne pas vouloir se laisser tondre. Il considérait cette conduite comme une rébellion flagrante ; et comme une ancienne tradition, appuyée sur on ne sait quelles bases, lui donnait le droit de réclamer une pinte de farine lorsqu'un paysan menait son blé au moulin, il lui semblait que, par cela même, il avait le droit d'entrer en fureur et de faire grand bruit, lorsqu'un des paysans conduisait sa vache au marché, ou vendait un sac de blé sans sa permission quasi royale.

Doué d'une activité continuelle et infatigable, Szmula ne négligeait rien, car tous profits lui étaient bons, et il avait toujours le temps de tout faire. Son sang-froid et sa dextérité d'esprit ne l'abandonnaient jamais.

C'était à ce tout-puissant autocrate que le confiant Iermola allait s'adresser dans l'intention de faire emplette de sa chèvre blanche. Par bonheur, il avait pour compagnon le vieux Chwedko, qui était infiniment mieux au courant que lui de toutes les subtilités de la rouerie humaine : qui, expérimenté, matois et prudent, n'épargnait ni son temps, ni ses discours, ni ses peines, lorsqu'il s'agissait d'économiser ou de gagner un peu d'argent. Tout le long du chemin, Chwedko donnait donc ses instructions à Iermola, mais celui-ci ne les écoutait guère, préoccupé qu'il était des moyens à employer pour obtenir la chèvre.

Par malheur, cette vieille bête était la favorite de Sara, la seconde épouse de Szmula, et de son fils aîné, qui s'amusait souvent à la tirer par la barbe, quoiqu'elle l'eût plus d'une fois impitoyablement foulé aux pieds. La chèvre en question pouvait valoir au plus douze florins, mais Iermola était prêt à en donner vingt, à cette seule fin de l'obtenir, et Chwedko lui-même ne trouvait pas ce chiffre très-déraisonnable, vu la gravité des circonstances. Mais comment entrer en matière, et faire à Szmula cette étrange proposition? Si le Juif venait à soupçonner combien sa bête était, au pauvre Iermola, précieuse et nécessaire, il profiterait de l'occasion, et l'écorcherait impitoyablement.

Il s'agissait donc, autant que possible, de tromper le Juif, afin qu'il ne volât point le malheureux Iermola.

Les deux hommes n'étaient plus qu'à une petite distance du cabaret, lorsque Chwedko, ayant longuement réfléchi, fit signe à Iermola de s'arrêter :

— Restez un peu ici, auprès de cette chaumière, lui dit-il en lui indiquant du doigt sa place. Attendez-moi, j'irai en avant et je tâterai le Juif. N'ayez pas peur, je trouverai bien moyen d'arranger la chose. Si nous allions lui demander sa chèvre tout franchement, il nous la ferait payer, bien sûr, aussi cher qu'une vache ; il faut faire en sorte que ce soit lui qui nous la propose ; laissez-moi essayer.

— Et que ferez-vous donc ?

— Vous verrez, vous verrez, — répondit le brave Chwedko, prenant à cœur les intérêts de Iermola. — Tâchez seulement de faire ce que je vous ai commandé.

Iermola s'efforçant alors de se tranquilliser, s'assit à terre, au pied du mur de la cabane, car il avait besoin de réflexion et de repos. Il appuya sa tête sur sa main, et tomba dans une méditation profonde, car, pour la première fois de sa vie, il lui arrivait de penser à l'avenir.

Quant à Chwedko, il entra promptement dans la grande salle du cabaret, mais Szmula n'y était pas ; il n'y avait que la chèvre. Entr'ouvrant donc un peu la porte de la chambre, essuyant soigneusement ses pieds et demandant humblement la permission d'entrer, il fit quelques pas sur le seuil avec une profonde inclination et tenant son bonnet sous l'aisselle. Il eut soin, avant tout, de ne pas dépasser les limites du paillasson, car le Juif se fâchait terriblement lorsqu'on lui salissait le parquet de sa chambre, et s'étant bien solidement affermi dans sa position, il laissa respectueusement tomber la main jusqu'à ses genoux, et s'inclina encore une fois devant le redoutable Szmula.

C'est qu'en effet, pour être favorablement accueilli par le cabaretier, il fallait accomplir exactement toutes les formalités précédentes, ainsi que venait de le faire le prévoyant Chwedko : d'abord, s'essuyer les pieds, puis se tenir sur le seuil ; ensuite ne point appeler le digne homme M. le cabaretier, mais bien M. le marchand, car notre Szmula soutenait que, s'il tenait un cabaret, c'était pour se procurer un peu de distraction, et que c'était pour son seul plaisir qu'il habitait la campagne.

— Eh bien ! que nous diras-tu, Chwedko ? demanda le Juif sans quitter son fauteuil, où il balançait sa tête et son long nez sur son livre, interrompant néanmoins sans scrupules ses dévotions toutes les fois que ses intérêts l'exigeaient, car il savait bien que Dieu est plus patient que les hommes.

— Monsieur le marchand... je voulais vous dire... il y aurait bien *une occasion*.

C'est ainsi qu'on appelle, dans le peuple, tout événement inattendu, pouvant servir de prétexte à la bombance ou au petit verre.

— Une occasion ! Qu'est-ce donc? un baptême? des fiançailles ? une noce ou un enterrement ? Est-ce que quelqu'un est mort, par malheur? Certainement vous venez me demander de l'eau-de-vie à crédit.

— Non, assurément, monsieur; mais, par hasard, j'ai appris quelque chose, et je voulais le dire à monsieur le marchand; il y aura peut-être quelque chose à gagner.

— Voyons; qu'y aurait-il à gagner? dit Szmula en se levant, passant les mains dans sa ceinture et s'approchant de Chwedko.

— Votre Honneur (ce titre flattait singulièrement l'amour-propre du Juif); Votre Honneur connaît bien Iermola, ce vieux qui demeure dans l'ancien cabaret en ruines.

— Certes je le connais, mais ce n'est qu'un pauvre diable, un gueux.

— Oh ! pour ça, c'est vrai, mais cela n'empêche pas qu'il n'ait gagné quelques roubles.

— Eh bien, quoi ! il veut les boire?

— Non, non; il ne boit pas d'eau-de-vie, mais il s'est mis en tête d'acheter une vache, en donnant la moitié de la somme maintenant, et en demandant crédit pour l'autre.

— Une vache ! et qu'en fera-t-il donc ?

— Il voulait aller en chercher une à la ville ; je l'ai retenu, parce qu'il m'était venu une idée.

— A la ville ! tout de suite à la ville ! répéta le Juif en haussant les épaules. Les imbéciles ! c'est la première idée qui leur pousse. Mais dis-moi, Chwedko, ce qui t'est venu à l'idée.

— J'ai tâché de lui faire comprendre que cela ne valait rien pour lui d'avoir une vache et d'avoir des dettes ; ne ferait-il pas mieux d'acheter une chèvre pour son argent ? il aurait du lait tout de suite, et bientôt un troupeau. — Vous lui vendriez peut-être bien votre chèvre blanche ? En cet instant, le Juif attacha son regard perçant sur le visage de Chwedko qui, par bonheur, ne se troubla point. Il lui aurait été bien difficile, en effet, de soupçonner un complot dans cette proposition, faite si simplement, de vendre sa chèvre blanche. Le cabaretier essaya cependant de vérifier les intentions du brave homme par une question subite, jetée comme une sonde dans de vastes profondeurs :

— Iermola est ici, à l'auberge ?

— Non ; depuis midi, il est là-bas, chez les voisins ; mais si vous vouliez, je viendrais peut-être à bout de l'amener ici, quoique d'ordinaire il n'aime pas venir au cabaret. Mais peut-être ne voulez-vous pas vendre votre vieille chèvre blanche ? Moi, j'avais arrangé la chose ainsi, par intérêt pour vous ; et puis, pourquoi laisser l'argent des gens sortir du village ? Mais si la chose ne vous convient pas, mettez que je n'ai rien dit, et qu'il s'en aille à la ville.

— Attends donc, attends, — dit au bout d'un instant le Juif, en voyant Chwedko saisir le loquet de la porte. — Pourquoi donc irait-il à la ville?

Ici, il appela Sara, qui entra avec une mine assez mécontente; ils échangèrent quelques mots dans leur langue, Szmula parlant d'une voix assez douce, et sa femme d'un air fort mécontent. Chwedko aurait voulu, d'après l'expression de leurs voix et de leurs gestes, deviner les dispositions des deux époux, mais il n'y put parvenir. La Juive sortit enfin, et Szmula se tourna alors vers lui :

— Tu es un brave homme, — lui dit-il en lui frappant sur l'épaule; — quand tu voudras avoir de l'eau-de-vie à crédit, je dirai à Sara de t'en donner la valeur d'un rouble, tu m'entends. Amène donc Iermola dans la grande salle; la chèvre y est, qu'il l'achète. C'est une bonne chèvre, il en sera content; c'est une excellente chèvre. Et combien a-t-il d'argent?

— Je n'en sais rien, à vrai dire, répondit Chwedko. — Il doit avoir, je pense, une quinzaine de florins, et la veuve du cosaque lui prêtera bien encore quelque chose.

Le Juif inclina la tête en silence, et, ayant congédié le paysan, qui se hâta d'aller rejoindre son compagnon, il endossa une houppelande plus chaude, car il prenait grand soin de sa chère et précieuse santé; puis il se dirigea à pas lents vers la grande salle, sous prétexte d'aller régler quelques comptes avec sa servante Marysia, qui, les jours de sabbat et les jours ordinaires, occupait le comptoir du cabaret, soignait les enfants, trayait la vache; en un mot, se rendait, depuis longtemps, éminemment utile dans la maison.

La grande salle sombre, sale, sordide, sans plancher, éclairée à peine par un flambeau de bois résineux fumant dans un coin, n'était habitée en ce moment que par Marysia, la servante, femme si extraordinairement grosse et courte que les paysans la comparaient à l'un de ces barils ventrus où l'on renferme le lard dans la saumure; par la chèvre blanche, qui se promenait de çà et de là, cherchant sa nourriture dans tous les coins, et par un paysan polésien qui, après avoir avalé un petit verre d'eau-de-vie et un oignon, s'était étendu à terre le long du mur, avait placé sa sacoche et ses chaussures sous sa tête, dormait comme une pierre et ronflait comme un chariot mal graissé.

Szmula se promena de long en large pendant quelque temps, regardant tantôt la chèvre et tantôt Marysia, qui était assez étonnée de son arrivée subite. Il bâillait, il soupirait, il faisait tourner ses pouces, puis tout à coup, ayant entendu un bruit de pas dans le vestibule, il se rapprocha de la fenêtre, sur le volet de laquelle il se mit à tracer des chiffres à la craie, ne se détournant point de ses calculs, et feignant d'être fort occupé.

En ce moment précisément parut Chwedko, précédant le vieil Iermola, qui tremblait comme la feuille, et rougissait en même temps, en pensant à la comédie qu'il lui fallait jouer pour avoir la chèvre blanche. Son premier regard, par hasard, tomba sur sa haute stature, et ce regard sans doute aurait suffi pour le trahir, si Szmula l'avait aperçu. Mais, par bonheur, le Juif, en ce moment, était également occupé à jouer son rôle ; il paraissait livré à une occupation sérieuse, et tournait le dos aux deux amis.

— Bonsoir, Monsieur le marchand, — commença Chwedko.

— Bonsoir, — répondit Szmula, se détournant à demi, et murmurant quelques mots dans sa barbe.

— Eh bien, quoi? Buvons-nous un petit verre? — reprit Chwedko.

— Quant à moi, je bois rarement ; mais pour vous tenir compagnie... Versez-nous à boire, Marysia.

— Vous allez à la foire, — reprit le premier des deux interlocuteurs ; — il faut bien prendre des forces pour la route.

— Ah! ah! et qu'allez-vous faire à la foire? — interrompit Szmula. — Vous avez peut-être quelque chose à vendre? Je vous l'achèterai volontiers.

— Non ; c'est pour une autre affaire.

— Et quelle affaire? — continua le Juif. — Mais c'est toujours ainsi, avec vous autres paysans, dès que vous avez une affaire, vite vous courez à la ville. Vous pensez acheter quelque chose?

— Voyez-vous, Monsieur le marchand, — reprit Chwedko, s'interposant ici, — mon compère veut avoir une vache, il s'ennuie dans sa solitude et veut prendre compagnie d'un embarras de plus.

— Et pourquoi une vache ? — demanda le Juif d'un ton dédaigneux,

— Ah !... elle me donnerait quelques douceurs, et peut-être du profit.

— Bah ! bah ! — s'écria Szmula en agitant la main, — on voit bien que vous n'en avez encore jamais eu, et que vous ne savez pas ce que c'est que d'en garder une. Il faut payer le petit berger d'abord, et Dieu seul sait ce que le berger coûte, et puis le bétail revient toujours à jeun. Et puis il faut acheter du foin, et le foin se paie maintenant aussi cher que le poivre ; et puis il faut acheter des remoutures, et les remoutures sont à présent à dix gros le sac ; et puis il faut acheter du sarrasin, et je ne le vends pas à moins de de quarante gros le sac ; c'est à ce prix que tous me le payent. Or, il faut de l'herbe, des pommes de terre, et si vous ne lui donnez rien de tout cela, le bétail maigrit; et les maladies, et les temps où la bête ne donne rien ! Songez-y donc ; pas une goutte de lait pendant six mois de l'année !

— Oui, mais on a les veaux et un peu de laitage.

— Et qui donc soignera la bête pour vous — interrompit le Juif en haussant les épaules.

— Qu'est-ce que je vous disais ? reprit ici Chwedko. — Une vache pour un pauvre homme comme vous, ce n'est que de l'embarras, et rien autre chose.

— Mais elle me donnera pourtant bien un veau et quelques gouttes de lait.

— Oui, du lait? parlons-en! — répliqua l'officieux intermédiaire. Pour le lait, je dois vous le dire d'abord, il n'y a rien de tel qu'une chèvre. Notez bien qu'elle coûte peu, et qu'elle vit de tout ce qu'elle trouve : de branches, de feuilles, de tiges d'herbes. Et puis, une chèvre ne demande aucun soin, et quand vous avez goûté du lait de chèvre, vous pouvez vous dire au moins que vous avez bu quelque chose, tant il est parfumé et nourrissant.

— Assurément, pour dire la vérité, — reprit le cabaretier à son tour, — je dois vous avouer qu'il n'y a rien de tel qu'une chèvre. S'il y a des gens qui savent compter, c'est bien ceux de notre race, j'espère; et vous voyez aussi que nous avons des chèvres, le plus souvent. Mais les hommes voient, regardent, et ne comprennent rien : une chèvre est un trésor.

— Qui sait? quand j'aurai fait mes réflexions, j'achèterai peut-être une chèvre, — dit Iermola.

— Et vous ferez bien, — s'écria Chwedko ; — vous ferez bien, je vous le répète. Par exemple, si M. Szmula voulait vous vendre sa chèvre blanche?

— Qu'est-ce que tu dis? — reprit le Juif vivement, comme s'il avait entendu par hasard. — Je ne vendrais ma chèvre blanche à aucun prix, entends-tu bien. C'est tout le plaisir de ma femme et de mes enfants; et puis c'est une bête sans prix, elle est meilleure qu'une vache.

— C'est dommage, — répliqua Iermola, considérant d'un œil attentif la chèvre blanche qui se promenait, — car la ville n'est pas ici; mes vieilles jambes auront de la peine à me traîner si loin, et, ma foi, je me serais peut-être décidé pour votre chèvre.

— C'est que c'est une chèvre, mais une chèvre ! — reprit le Juif. — En avez-vous jamais vu une pareille ? Elle a tant d'instinct, tant d'esprit, ma foi, qu'on pourrait lui parler, et quant à son lait, ce n'est rien que de la crème. Vous feriez bien vingt milles sans en trouver une qui la vaille : ce n'est pas une chèvre, c'est un trésor, c'est une rareté.

— Mais elle est vieille, — fit respectueusement observer Iermola.

— Vieille, vieille ! Eh bien, qu'est-ce que cela fait ? Plus une chèvre est vieille, mieux elle vaut. Et puis, comment pourrait-elle être vieille ? elle commence à peine à vivre; elle vivra encore vingt ans, — s'écria Szmula, qui s'animait de plus en plus.

— Et combien vous a-t-elle coûté ? demanda Iermola.

— Oh ! elle m'a coûté !... il n'y a pas à en parler. D'abord, quand elle venait à peine de naître, je l'ai payée deux roubles. Parce qu'il faut savoir que ce n'est pas une chèvre ordinaire; elle est d'une bonne espèce, d'une espèce rare. Je ne la donnerais pas pour six roubles; elle ne mange presque rien et elle est toujours grasse, et chaque année elle apporte deux chevreaux.

Il y eut, à ces mots, un moment de silence général.

Iermola pâlissait et s'agitait, ne sachant que faire, et regardant la chèvre qui continuait à se promener, frappant la terre de son sabot, et fourrant sa tête dans tous les coins d'où lui parvenait une vague odeur de nourriture. Elle s'occupait à ramasser les feuillages épars, les débris d'écorces, les trognons de choux, et il faut lui rendre cette justice, qu'elle prenait un soin tout particulier de son entretien, ne s'en remettant à personne.

— Elle vous conviendrait joliment, — dit enfin Chwedko, continuant son office de courtier.

Elle ne se sauverait pas, puisqu'elle est déjà habituée au village.

Elle sait où elle doit aller paître ; elle est vieille, docile, expérimentée.

— Et ce n'est pas une chèvre ordinaire, — répéta le Juif d'un ton sentencieux, — c'est une espèce rare, une bonne espèce.

— Mais où trouver tant d'argent ? — soupira Iermola.

— Allons, savez-vous quoi ? — reprit Szmula en se rapprochant vivement, — vous êtes un honnête homme ; j'ai tout plein de considération pour vous ; à la ville, l'on pourra vous tromper ; je ferai quelque chose pour vous, et je vous donnerai la chèvre pour trois roubles... Voilà mon dernier mot, faites ce que vous voudrez.

Chwedko, qui ne s'était pas attendu à des conditions aussi avantageuses, se hâta de conclure le marché, tout content de trouver Szmula dans des dispositions aussi faciles.

— Allons, tendez la main, compère, et remerciez M. le marchand : vous faites un excellent marché. Payez et prenez la bête, je vous en souhaite bien du contentement.

— Allons, que faire? — soupira le vieux serviteur. — Je la prends à ce prix, puisque M. le marchand ne veut rien céder. Donnez-moi seulement une corde, pour que je puisse conduire la chèvre à la maison.

Ainsi, le marché fut conclu promptement, au-delà de toute espérance. Iermola tira, d'un coin noué de son mouchoir, trois roubles, qu'il remit à Szmula. Le Juif les examina, cracha à terre, selon sa coutume, et les fourra dans sa poche.

— Vous me rendrez la corde demain? — dit-il en se retirant à pas lents, pour retourner à sa chambre.

— Et la réjouissance? — dit timidement Chwedko.

— Cela regarde Iermola, — répondit Szmula, — mais puisqu'il n'a pas marchandé, vous ne paierez pas votre petit verre d'eau-de-vie; la réjouissance viendra de moi.

Marysia jeta alors aux deux amis la corde terminée par une boucle qui servait à porter les fagots de brindille. Et Chwedko, ayant fermé la porte, se mit à suivre la chèvre qui, pressentant quelque embûche, se dérobait par la fuite aux tentatives des deux poursuivants. Le Juif était déjà rentré dans son appartement.

— Ah ! ma foi ! vous vous êtes distingués ! — s'écria la servante, lorsqu'elle vit que son digne maître avait disparu. — Fi ! fi ! donner vingt florins pour une mauvaise, une vieille bête ! on en aurait eu trois jeunes à la foire pour ce prix-là.

Les deux vieillards se turent ; et ayant attaché la corde aux cornes de l'animal, ils emmenèrent leur conquête.

Iermola tremblait de plaisir ; des larmes lui roulaient dans les yeux, il embrassait son compère.

— Vous m'avez rendu un fameux service... Que Dieu vous le rende ! murmurait-il.

— A présent, je n'ai pas besoin de penser à me montrer chez Szmula, — soupira Chwedko, qui connaissait toute l'étendue du danger auquel il s'exposait. — Aussitôt qu'on lui aura parlé de l'enfant, le coquin se doutera du tour et ne me le pardonnera jamais. Il t'aurait fameusement écorché s'il avait su que la chèvre t'était tellement nécessaire.

Tout en causant ainsi à voix basse, ils arrivèrent à la cabane de la veuve, contraignant la chèvre à l'obéissance par plusieurs moyens plus ou moins délicats, car elle ne voulait en aucune façon s'éloigner de l'auberge.

Pendant ce temps, précisément, l'orage commençait à gronder derrière eux, car Sara, fort courroucée, venait de rejoindre son mari, lui contant l'histoire de l'enfant déposé chez le vieil Iermola, nouvelle qu'elle venait d'apprendre de Marysia, la cabaretière.

Szmula, qui ne manquait pas de sagacité, comprit aussitôt pourquoi sa chèvre était devenue tout à coup tellement nécessaire ; il s'en tira la barbe et s'en mordit les doigts.

— Attends, coquin, larron de Chwedko, — murmura-t-il en secouant la tête. — Que je vive seulement un peu de temps encore, et je te le revaudrai.

VI

QUAND ON AIME

Dans la vie d'un homme aimant et sage, d'un homme isolé qui, ainsi que Iermola, a conservé intactes, jusque dans sa vieillesse, toutes les forces de son cœur, un événement tel que celui qui venait de lui arriver, produit une complète, une subite métamorphose. Le vieillard renaissait ; il sentait se renouer, se resserrer les liens qui le rattachaient au monde ; il avait désormais un but à sa vie, une espérance, un attachement, une affection, une nouvelle ardeur au travail, les douceurs et les promesses d'un sentiment inconnu ; le pauvre orphelin rejeté par ses parents devenait la couronne et le trésor de sa vieillesse.

Une sorte de fièvre que, depuis bien des années, il n'avait jamais ressentie, ébranlait tout son être, et, en le rendant plus tendre, le rendait aussi plus fort ;

il s'agitait, il rêvait, il craignait, il espérait et il s'inquiétait du lendemain. Les larmes lui jaillissaient des yeux ; il se trouvait changé, il était devenu tout autre, il avait oublié le passé et il rêvait de l'avenir. Il se sentait béni, bienheureux, ne se doutant guère des moments pénibles, des soucis, des labeurs, qu'il se préparait pour le reste de son existence. Comme l'oiseau dans le nid duquel le coucou dépose ses œufs, il était étonné, effrayé, content. Pour la première fois, il se surprenait à craindre la mort, il sentait le besoin et le désir de vivre. Chwedko ne le reconnaissait point, tant il était changé ; tant ce vieillard d'ordinaire silencieux, taciturne et indifférent, parlait maintenant avec chaleur et avec vivacité ; tant il semblait reprendre l'allure, les gestes et les pensers d'un jeune homme.

Il lui devint à la fois impossible de patienter davantage à côté de Chwedko, car leur compagne récalcitrante ne cessait d'user de tous les moyens qui étaient en son pouvoir, pour se débarrasser d'eux et retourner au cabaret ; il confia donc la chèvre à la vigilance de Chwedko, et se hâta de prendre l'avance.

Il entra précipitamment dans la cabane de sa vieille amie, et courut aussitôt au banc de bois où l'enfant emmaillotté était couché et endormi, apaisé et rassasié par le bon lait qu'il avait bu. Tout auprès, se tenaient Horpina, le petit pâtre et la servante qui considéraient en silence cet hôte inattendu. Iermola se fit jour au travers du petit groupe, et s'assit à terre, pour mieux regarder l'enfant.

— Je crois qu'il dort, murmura-t-il à l'oreille de la veuve.

— Eh ! certes, le pauvre innocent, — répliqua la vieille en secouant la tête.

— Et a-t-il bu du lait ?

— Oh ! je le crois bien, et, tout de suite il a cessé de pleurer... Et la chèvre ?

— Nous l'avons achetée, Chwedko l'amène ici !

Le bon Iermola dévorait des yeux l'enfant, son enfant chéri : Comme il est beau ! — s'écria-t-il au bout d'un instant. — Ce doit être l'enfant d'un noble.

— C'est un beau et robuste garçon, — interrompit la veuve, — mais tous les enfants se ressemblent quand ils sont petits... Ce n'est que plus tard, mon bon vieux, qu'on peut reconnaître ceux qui ont poussé sous la haie, ni plus ni moins qu'un tas d'orties, de ceux qui ont crû au grand air et au soleil. Mais, du moins, celui-ci est vif comme un poisson ; tant mieux pour vous, vous aurez moins de peine.

Iermola se mit à rire ; mais, en même temps, ses yeux se remplissaient de larmes.

— Mère, répliqua-t-il, — depuis que je suis au monde, je n'ai jamais vu un aussi bel enfant.

— Vous êtes devenu fou, Iermola, — s'écria la veuve du cosaque en riant aux éclats et haussant les épaules. — Pensez-vous donc vraiment l'élever tout seul ?

— Et pourquoi non ? — repartit le vieillard étonné.

— Croyez-vous donc que je le confierais à des mains étrangères?

— Mais vous n'en pourrez pas venir à bout. Il vous semble que c'est facile, mais que ferez-vous tout seul, sans femme près de vous, dans vos vieux jours? Songez donc qu'il faut le nourrir, le baigner, le bercer, l'amuser, le garder; pour vous tout seul, ce sera trop de peine.

— Laissez-moi tranquille, — répondit Iermola en agitant la main, — *ce ne sont pas les saints qui cuisent les pots* (1), je vous le ferai bien voir. Vous me donnerez des conseils, au reste, et aussi vrai qu'il n'y a qu'un Dieu au ciel, je ne me séparerai pas de cet enfant.

— Est-il entêté, ce vieux? — s'écria la veuve en haussant les épaules. — Il lui semble qu'il est aussi facile d'élever un enfant que d'élever un petit chien; et pourtant que de peines et de fatigues il aura avec lui pendant deux longues années!

— Le plus longtemps sera le mieux. Ne me dites rien, mère, ne me dites rien; je ne vous écouterai pas. Je l'élèverai, j'en viendrai à bout, vous verrez.

Tous riaient de l'exaltation du vieil Iermola. Il s'aperçut à la fin de ces railleries, et, pendant un moment, il commença à douter de soi, à hésiter.

— Bonne mère, — dit-il tout bas, un peu tristement, — aidez-moi, enseignez-moi, conseillez-moi,

---

(1) Proverbe populaire, signifiant à peu près qu'il n'y a rien d'impossible.

vous verrez que je saurai vous témoigner ma reconnaissance. Que le temps de la moisson vienne, ou bien le moment de cultiver votre jardin, vous verrez que tout cela ne vous coûtera guère.

— Soyez tranquille, — reprit la veuve, — vous savez que je ne suis pas avare de bons avis. Je vous assisterai vous et cet orphelin ; mais seulement dites-moi si vous croyez que vous, dans vos vieux jours, ne sachant pas comment l'on soigne et l'on élève les enfants, vous puissiez remplacer sa mère ?

Iermola, à ces paroles, baissa la tête et ne répondit rien. Jugeant des sentiments des autres d'après ceux de son propre cœur, il craignait que, sous ce prétexte, on ne voulût lui reprendre et lui enlever son enfant.

Il se leva donc, s'approcha avec précaution de la banquette, releva les langes, prit doucement l'enfant dans ses bras et se dirigea vers le seuil. En ce moment, une porte s'entr'ouvrit, et Chwedko parut, en compagnie de la chèvre. Sur l'encadrement sombre de la porte entrebâillée, la tête blanche et cornue de la bête se montra éclairée par la flamme du flambeau vacillant et commença à s'agiter. Horpyna, toute surprise, poussa un cri à cette vue.

— Eh bien ! voilà une nourrice, — s'écria la veuve.

— Retournons à la maison, — murmura Iermola.

— Bonsoir, commère ; venez me voir demain, si vous voulez avoir cette bonté.

— Quand ce ne serait que par curiosité, — répondit la vieille femme.

Alors le brave homme, craignant toujours qu'on lui enlevât l'enfant, se hâta de franchir le seuil. Il se sentit le cœur plus léger lorsqu'il se trouva dans la rue. Derrière lui, Chwedko conduisait la chèvre, et tous deux se dirigeaient en silence vers le vieux cabaret ruiné.

Iermola, cependant, se parlait à lui-même tout le long de la route.

— Pourquoi donc n'en viendrais-je pas à bout? — se disait-il. — Mais je comprends, je comprends; la commère avait envie de le garder, ce beau petit ange. Mais je ne le lui donnerai pas! oh! non; elle n'en aurait pas soin. Encore une fois, *ce ne sont pas les saints qui font cuire les pots...* J'élèverai l'enfant, j'aurai un fils! j'aurai un fils! — s'écria-t-il avec une fierté joyeuse... — Mon bon Chwedko, prends garde à la chèvre; je te donnerai un florin, car tu m'as vaillamment aidé; que Dieu te réserve une plus ample récompense.

Tous deux, marchant ainsi avec précaution, atteignirent enfin la porte du vieil édifice. Iermola déposa sur son lit l'enfant qui dormait toujours, puis s'occupa d'allumer le feu; quand à Chwedko, il lui tardait d'aller retrouver sa jument grise, le seul patrimoine qu'il eût au monde. En conséquence, le vieillard remit un florin à son ami, l'embrassa et le renvoya, restant seul dans sa chambrette avec la chèvre et l'enfant.

Il ne pensait pas à dormir, car il n'en sentait pas le besoin; il avait tant à préparer, tant à faire! D'abord il s'assit auprès du poêle, ne sachant par où commencer, les yeux toujours fixés sur l'enfant, comme sur un arc-en-ciel après l'orage. La vieille chèvre l'inquiétait en se promenant dans la chambre, en frappant la porte de ses cornes, en rôdant dans tous les coins pour saisir ce qu'elle pouvait trouver à manger.

Ce bruit finit par réveiller l'enfant, et Iermola s'élançait pour l'apaiser, lorsqu'il pensa que ce qu'il avait de mieux à faire, était d'attacher la Juive (tel était le nom que Chwedko avait donné à sa nouvelle acquisition). Ensuite, il lui jeta un peu de paille, et elle se tranquillisa, se résignant à sa destinée. L'enfant s'était endormi d'un doux et profond sommeil. Iermola n'avait plus de quoi se coucher, mais il ne le désirait pas : il s'établit sur le tronc d'arbre, équarri par les deux bouts, qui lui servait de tabouret lorsqu'il s'approchait du poêle.

Son lit était occupé, et jusqu'au lendemain matin, il avait tant de choses à penser et tant de choses à faire !

Déjà on l'avait averti qu'il devrait annoncer la découverte de l'enfant au régisseur Hudny, représentant du propriétaire, en lui déclarant que lui, Iermola, se chargeait de prendre soin du pauvre petit. En outre de cette commission pénible dont il aurait, à tout prix, voulu se débarrasser, il avait encore à faire un berceau pour l'enfant, et à arranger une foule d'autres bagatelles. Puis la petite créature s'éveillait et criait; il fallait aussitôt l'apaiser, pour qu'elle ne fondît point en larmes. Pourtant il sut suffire à tout, car la force ne lui manquait plus, la force qui vient du cœur.

Toute cette nuit de printemps, claire et courte, s'écoula au milieu de ces travaux et de ces soucis; les premières lueurs grisâtres du jour qui entrèrent bientôt par la fenêtre, le trouvèrent encore inquiet et embarrassé, mais ne sentant point le besoin de sommeil ni de repos. Il voulut sortir afin de tailler les pieds du berceau dans les vieilles bûches que contenait son autre chambre, mais il craignait d'abandonner l'enfant, la chèvre l'inquiétait aussi; le seul bruit de la porte pouvait éveiller la petite créature; et si, tout occupé à son travail, il n'entendait pas pleurer l'enfant !

Mais le sentiment de ces difficultés, de ces impossibilités même, ne l'accablait que par moments; d'autres fois il se disait qu'il lui serait facile de tout surmonter, et il se fortifiait par l'espérance, oubliant la faim, la fatigue et le manque de sommeil. Le soleil était sur le point de se lever, lorsqu'il se mit en devoir de traire la chèvre, afin d'avoir du lait tout prêt pour le réveil de son cher innocent; mais la vieille Juive n'était point d'humeur accommodante et facile. Elle était entêtée comme une chèvre : c'est tout dire; de plus, elle était accoutumée à n'obéir qu'à ses anciens maîtres, et refusait absolument de se soumettre aux volontés de son nouvel acquéreur. D'abord Iermola se conduisit à son égard avec une grande douceur, il la caressait, lui parlait, s'efforçait de la convaincre de la nécessité où elle était de se soumettre; mais tout ceci ne lui aidant en rien, il dut recourir aux moyens violents. Alors la chèvre leva formellement l'étendard de la révolte; elle cassa sa corde et s'élança, les cornes en avant, vers les portes de la chambre; l'enfant, à ce bruit, s'éveilla; le vieillard se prit aux cheveux.

En ce moment par bonheur survint la veuve du cosaque, que la curiosité avait, dès son réveil, conduite à la cabane de Iermola. En le voyant si fort embarrassé, elle poussa un immense éclat de rire, mais elle se mit aussitôt à l'ouvrage, et d'abord vint à bout de la chèvre d'une façon tout à fait surprenante. Soit que la Juive fût habituée à se laisser traire par des femmes, soit que se voyant seule contre deux, elle doutât des bons résultats que pouvait avoir sa révolte, elle s'humilia volontairement devant la veuve. Quant à Iermola, il berçait déjà l'enfant.

— Eh bien? demanda la vieille, — comment avez-vous passé la nuit?

— Je ne me suis pas couché, — répondit Iermola, — mais l'enfant a parfaitement dormi. Il n'y a que cette maudite chèvre...

— Eh! avec elle vous n'aurez pas beaucoup d'embarras; dans deux jours, elle s'habituera à vous;

pourvu que vous lui donniez de la nourriture. Et le petit a dormi?

— Comme un ange! je suis sûr qu'il n'y a pas d'enfant au monde qui dorme mieux que lui. Si vous saviez comme il est intelligent! je croirais presque qu'il me reconnaît, commère.

Le père adoptif de l'orphelin fut, ici, fort étonné lorsque la veuve partit d'un grand éclat de rire en l'entendant prononcer ces paroles. Il se tut alors, tout honteux.

— Je ne sais vraiment pas pourquoi Dieu ne vous a pas donné une femme et des enfants, — dit-elle un moment après; — ou bien il aurait dû faire de vous. une femme.

Elle s'interrompit brusquement; tout près de la porte, en dehors, une voix forte venait de se faire entendre.

— Hé! Iermola! vieil imbécile, viens donc ici; tu vois bien que je t'attends.

C'était la voix et le signal du régisseur Hudny qui, déjà informé de l'événement de la veille, voulait, en se rendant aux champs, se convaincre par ses propres yeux de ce qui était arrivé, afin de tout raconter à sa femme. Le vieillard frémit à l'approche de ce maître sévère qu'il craignait fort et dont il avait soin de ne pas s'approcher d'ordinaire; mais, laissant l'enfant aux mains de sa vieille amie, il se hâta de sortir de la cabane.

Le régisseur montait un petit cheval fort gras, au

poil florissant et lisse; il portait une redingote grise fourrée de peau d'agneau, de longues bottes, un grand fouet à la main, et la casquette sur l'oreille. On distinguait du premier coup d'œil, en l'apercevant, qu'il n'était pas sorti à jeun de chez lui, s'étant lesté à l'avance d'une certaine dose d'eau-de-vie par crainte du brouillard. C'était un de ces régisseurs de la nouvelle génération, qui ont remplacé les loyaux et fidèles serviteurs de l'ancienne. Aux défauts de ses prédécesseurs, qu'il avait précieusement conservés, il avait eu soin d'en joindre de nouveaux, qui étaient bien à lui, et qui étaient le prix des lumières du siècle. Le digne M. Hudny traitait les paysans, — ainsi que les économes d'autrefois, — de manants et de rustres ; il les battait, les opprimait, les rendait misérables; de plus, il volait outrageusement et trouvait fort mauvais qu'on lui donnât l'ancien titre d'économe, enjoignant à ses subordonnés de le nommer Monsieur le régisseur, et annonçant à qui voulait l'entendre qu'il prendrait prochainement une grande propriété à la ferme.

Sa femme et lui vivaient comme coqs en pâte dans ce beau domaine abandonné; ils prenaient des deux mains tout ce qu'on leur laissait prendre, et cherchaient avant tout les moyens de sortir promptement d'une position qui contrariait leurs goûts. Ni l'un ni l'autre n'avaient de cœur, mais un orgueil révoltant et un manque absolu de principes, tel qu'il ne peut s'en manifester qu'au sein des sociétés à demi désorganisées et profondément corrompues. Deux petits yeux brillants placés un peu de travers, qui étincelaient sur un visage rouge et rond, voilé de deux moustaches énormes, donnaient, à première vue, une idée du caractère de l'homme, par leur expression indécise et mêlée, à la fois menaçante et craintive ; le reste de ses traits, rudes et irréguliers, était dissimulé en partie par le poil abondant de la barbe, et par d'énormes favoris qui se joignaient sous le menton.

Iermola s'inclina en abaissant la main jusqu'à terre

— Quels sont les ordres de monsieur le régisseur ? demanda-t-il.

— Qu'y a-t-il de nouveau chez toi ? On parle d'un enfant abondonné.

— Eh ! oui, très-illustre maître, — répondit Iermola, ajoutant *l'illustre* pour le plus grand succès de son discours. — Hier soir, j'ai entendu un gémissement sous les chênes ; j'ai cru d'abord que c'était une chouette... Pas du tout, c'était un enfant, avec votre permission, Monsieur.

— Un garçon ?

— Oui, un beau garçon.

— Et tu n'as rien trouvé en même temps que lui, hein ? — fit l'économe, attachant sur le vieillard un regard avide et perçant, un regard presque terrible.

— Pas d'indices quelconques ? pas de papiers, pas de médaille ?... Car il faudrait remettre tout cela à la police, tu comprends, et porter l'enfant à l'hôpital. »

Iermola, à ces paroles, se prit à trembler en joignant les mains : « Non, Seigneur — s'écria-t-il, — il n'y avait aucun indice ; l'enfant était enveloppé seulement dans une pièce de grosse percale blanche ; je vous le jure, Monsieur,.. mais je ne veux pas... je ne rendrai le petit à personne, c'est Dieu qui me l'a donné.

— Oh ! oh ! il doit y avoir quelque chose là-dessous, — reprit l'économe, riant d'un méchant rire. On jette un enfant à ta porte et tu veux le garder ?... Mais il peut y avoir une enquête, des embarras, des frais pour le trésor. Porte plutôt le marmot au tribunal ou au chef de police, pour qu'ils prennent une décision, et quant à ce morceau de percale, envoie-le à ma femme, tout de suite, tu m'entends ?

En parlant ainsi, le régisseur mit pied à terre, et donna son cheval à garder au brave homme. Puis il entra dans la chaumière, et le cœur de Iermola commença à battre bien fort. Le pauvre vieillard craignait, pour *son* enfant, la présence, le regard de cet homme, et pourtant, il ne pouvait pas aller le défendre, il ne pouvait pas abandonner le cheval. Il aurait voulu être présent à cet entretien, et cela lui était impossible ; il prêtait l'oreille afin d'entendre quelque chose de la conversation qui avait lieu entre le régisseur et la veuve du cosaque. Cette tension d'esprit et cette inquiétude l'avaient agité à un tel point que, lorsque Hudny sortit de la pauvre maison, Iermola essuya d'abondantes gouttes de sueurs qui coulaient de ses joues, et qui étaient grosses comme des larmes.

Heureusement la veuve du cosaque, pour laquelle l'économe avait un certain respect, — elle s'était résolue à acheter la tranquillité à prix d'argent et avait soin de faire au ménage Hudny sa provision de beurre,
— vint à bout de le persuader, d'une façon ou d'une autre, et il en résulta qu'il ne persécuta plus Iermola au sujet de l'enfant, en lui commandant d'aller le présenter à la police.

— Fi ! fi ! vieux fou, — lui dit-il en remontant à cheval. — Tu avais bien besoin, ma foi, de te donner cet embarras inutile. Enfin, je me charge de faire le rapport au tribunal, mais, si tu veux m'en croire, tu te débarrasseras au plus tôt de ce nouveau venu. Quel besoin as-tu d'une bouche de plus à nourrir ? Et pourquoi t'a-t-on apporté un enfant à toi ? Ah ! ce doit être une drôle d'histoire ! — acheva-t-il, en riant encore de son rire grossier et méchant.

Iermola, dans sa terreur, lui baisait le genou et la main et le coude, suppliant qu'on lui laissât l'enfant avec une expression si paternelle et si tendre, que tout autre que le digne économe en eût été profondément touché.

Mais, par ce moyen au moins, Iermola se trouvait délivré d'une mission pénible ; il n'avait pas besoin d'aller se présenter au *dwor*, ce qui lui était doublement douloureux : d'abord parce que la vue seule de la vieille et chère maison réveillait en lui de tristes souvenirs ; ensuite, parce que le régisseur et sa femme, humbles et mielleux à l'égard de leurs supérieurs, étaient durs, dédaigneux et méchants envers les gens du peuple. De cette façon aussi, sa journée lui restait tout entière, et il pouvait préparer tout ce qu'il fallait pour l'enfant.

En ce moment, le soleil se levait, joyeux, clair, rayonnant, comme un brillant messager d'espoir et de confiance. Le mouvement et le labeur commençaient ; mille bruits s'éveillaient sur les bords de la rivière. Comme la nouvelle, la grande nouvelle, s'était répandue avec la rapidité de l'éclair, tous ceux que leurs affaires conduisaient sur ce chemin, entraient chez Iermola pour voir l'enfant, et pour entendre raconter comment la chose était arrivée. La veuve du cosaque, plus éloquente que son compère, se chargeait du récit, qu'elle embellissait sans cesse de nouvelles couleurs, répétant les plus petits détails avec une infatigable complaisance. Pendant ce temps, le vieillard s'occupait de préparer le berceau, pour lequel, par bonheur, il trouva une natte de jonc assez claire et parfaitement tressée.

Cette natte, posée sur deux pieds en balançoire, confectionnés tant bien que mal, puis remplie de foin nouveau, recouverte du linge le plus doux et le plus blanc que Iermola put trouver dans ses guenilles, se trouva prête vers midi. Il aurait été, à la vérité, beaucoup plus facile de suspendre un panier à une corde attachée à la poutre du plafond, selon la coutume des paysans ; puis de le bercer avec le pied. Mais Iermola redoutait tout pour l'enfant : la corde, le croc, le panier,

6.

la poutre, et il aimait mieux se charger d'une besogne rude et difficile que d'exposer l'innocent à quelque danger.

La veuve le raillait de ses inquiétudes et de ses frayeurs, mais elle ne pouvait le convaincre. Puis, quand le berceau fut fini, il fallut réparer la chambre, cette chambre tenue toujours dans le même ordre depuis tant d'années. Elle devait à présent être disposée tout différemment ; pour que la lumière ne vînt pas frapper les yeux de l'enfant, pour qu'il ne souffrît point du vent de la porte ni de la chaleur du poêle. Ensuite, il fallut construire à la chèvre une petite cabane dans un coin, à l'aide d'une vieille porte et d'une mauvaise échelle couchée à terre. La méchante bête ne s'apprivoisait pas du tout ; elle mangeait bien ce qu'on lui jetait, mais elle ne se laissait pas approcher ; il fallait donc, pour quelque temps encore, la tenir à l'attache.

Quand ces divers préparatifs furent terminés, Iermola vint s'asseoir auprès de la veuve, et écouta attentivement les préceptes qu'elle lui donna sur la manière de soigner l'enfant. En multipliant les observations, les questions les plus nombreuses et les plus précises, il parvint à savoir exactement ce qu'il devait lui donner à manger, combien de fois et dans quelle eau il fallait le baigner, comment l'amuser, l'apaiser et l'endormir.

L'attachement puissant et indéfinissable qu'il portait à l'innocent nouveau venu, atteignait dans son cœur le degré d'intensité de sa haine pour la chèvre cornue et rebelle qui persistait dans sa désobéissance et ne voulait pas apprécier le bonheur qui lui était réservé. Iermola, tout en écoutant la veuve jetait sur la Juive un regard menaçant, ne pouvant assez vanter les aimables qualités de l'enfant et déplorer l'indignité de la chèvre, sa stupidité, son obstination et les détestables habitudes qu'elle avait acquises par la fréquentations du cabaret.

Ce fut dans ces occupations importantes que s'écoula le premier jour de paternité du vieil et pauvre Iermola.

VII

UNE VIE NOUVELLE

Les destinées de l'homme sont parfois singulières ! Souvent il passe de longues années oisives, de longues années stériles, dans l'attente d'un seul moment qui mette en relief, en mouvement, en actions, toutes ses facultés et toutes ses forces ; il semble qu'il ait dormi un siècle pour se réveiller une heure. Une situation nouvelle fait naître en lui des sentiments inconnus, éclaire son esprit, ouvre son cœur, et change l'indolent rêveur en un travailleur, en un athlète infatigable.

C'est ce qui était arrivé à Iermola, que la seule présence de l'enfant inconnu avait fait renaître et revivre, et qui, au grand étonnement de la veuve, des gens du village et de tous ceux qui le connaissaient jadis, non seulement s'acquittait sans peine des soins à donner à son nourrisson, mais encore était devenu un tout autre homme. On l'avait toujours considéré comme l'un des êtres les plus nuls et les plus insignifiants qui fût au monde : silencieux, humble, timide et indolent ; on s'était accoutumé à le voir, tous les jours, à la même heure, aux alentours du cabaret en ruines, et à entendre les mêmes paroles de salutations répétées par lui tous les jours. Toujours la tête basse et les épaules courbées, fixant les yeux à terre et s'appuyant sur un bâton, tantôt il se dirigeait vers la rivière, tantôt vers le dwor ; il ramassait des herbes, des brindilles, des fagots, cultivait dans son jardin un peu de tabac et des légumes ; dans les beaux soirs d'été, il récitait son chapelet en se tenant sur le seuil, et parfois laissait passer plusieurs mois sans paraître au village, quand son isolement complet ne lui pesait point trop fort. Jamais il ne mettait le pied au cabaret ; il ne se montrait point aux noces, aux enterrements et aux baptêmes, et lorsqu'il y venait parce qu'on l'avait invité, il n'y faisait qu'une courte apparition, et se hâtait de rentrer dans son trou, où il se blottissait et se faisait oublier, comme si sa vie eût été euveloppée de quelque douloureux mystère.

Au reste, il ne fréquentait aucune maison du village, si ce n'est la chaumière de la veuve, à laquelle le rattachaient les souvenirs de l'ancienne amitié, et aussi le besoin de secours, car c'était là qu'on raccommodait et blanchissait son linge, et qu'on le nourrissait en partie. On disait de lui qu'il était boudeur et farouche ; il était rare cependant que ceux qui parvenaient à le connaître de plus près n'eussent pas pour lui toujours des paroles de bonne amitié. C'est que, sous cette rude et froide enveloppe, se cachait un cœur rare, un cœur d'or, un de ces cœurs qui se rencontrent chez les simples et chez les pauvres plus souvent qu'on ne le croit.

De nos jours cependant, bon nombre de penseurs intéressés à la chose et qui, par conséquent, jugent tout de travers, sont venus à bout de découvrir, chez le paysan, beaucoup plus de mauvaises qualités que de bonnes. Pourtant, en considérant les influences auxquelles le peuple est soumis, les exemples qu'on lui donne, le milieu qui l'entoure, la misère qui l'énerve, et le manque d'éducation morale qui l'abrutit, on ne peut que s'étonner encore des trésors d'honnêteté que Dieu lui a mis dans le cœur.

Dans une situation semblable à la sienne, les plus grandes fautes deviendraient pardonnables, car est-il un seul de nos réformateurs qui se propose d'inculquer à son esprit quelques principes moraux et religieux ? Que dire donc des vertus qu'il possède et qui deviennent alors de véritables miracles ? Pour connaître le peuple, il faut s'en approcher, l'observer, l'étudier, et ne point nous laisser égarer à son égard par les préventions et les idées fausses que nous avons pu prendre dans les discours des intéressés ou dans les livres. La vertu, chez lui, est d'autant plus respectable, qu'elle se produit d'elle-même, comme l'or natif, comme l'or pur. Quant à nous, on nous l'inocule, on nous la prêche, on nous l'enseigne dès l'enfance. Et il nous est bien facile d'être honnêtes : notre propre intérêt, notre amour-propre, le secours que les circonstances nous prêtent l'émulation avantageuse que la lutte sociale nous inspire, la conception nette du devoir sont là pour nous frayer le chemin, et cependant tous ne sont pas vertueux, ou ne le sont pas autant qu'ils devraient l'être. Rien d'étonnant donc à ce que, considérant ce que nous avons pour nous et ce que le peuple a contre lui, de bons juges, des juges équitables et austères aient trouvé plus de vaillance et de vertu dans les classes inférieures que dans les hautes sphères sociales, et aient engagé les heureux de ce monde à suivre l'exemple qui, par une espèce de miracle, leur est donné d'en bas.

Nous mêmes, qui sommes en rapports constants, en rapports actifs avec notre peuple des campagnes, nous n'hésitons pas à le reconnaître meilleur, par la nature, par l'instinct, que le peuple des autres classes de la société, que le peuple des autres races européennes, surtout des races de l'Occident. Examinons, comparons, comptons les vices, et nous nous étonnerons de trouver encore tant de moralité au sein d'un peuple misérable et totalement abandonné, qui doit puiser la force d'être vertueux uniquement dans l'air qui l'entoure, dans le sang qui rougit ses veines. Il nous est bien facile de comprendre et d'excuser ses défauts si nous voulons être justes, et pourtant, aujourd'hui, suivant aveuglément l'impulsion qui nous vient de l'occident de l'Europe, nous transportons en imagination toutes nos vertus au salon, dédaignant la charrue et les mains robustes qui la gouvernent. Dans les classes élevées, il peut y avoir, certes bien des vertus aussi ; mais à ces enfants du bonheur, on apprend le catéchisme au moins et les devoirs qu'il prêche et la route qu'il indique. Quant au peuple de ces contrées, il doit tout trouver, tout deviner dans son cœur, et c'est là une justice que nous devons lui rendre quand même toutes les autres lui seraient refusées.

Iermola était précisément un de ces hommes doués d'un merveilleux instinct de vertu et de sentiments naturels affectueux et justes dont le servage n'avait pu étouffer la noblesse, dont la civilisation imparfaite et grossière n'avait pu refroidir le cœur, et dont la vieillesse n'avait pas engourdi et glacé les forces morales toujours vives. Je ne trouve pas d'autre mot que celui d'instinct pour exprimer cette faculté rare et puissante, et j'admettrai volontiers, si j'écrivais un traité de psychologie, qu'à côté de l'instinct matériel, grossier, égoïste, existe un second instinct noble, généreux, sublime, en tout contraire au premier, qui élève souvent jusqu'aux plus hautes vertus les natures les plus faibles ou les plus simples. Ceux qui en sont doués agissent d'ordinaire contrairement à leurs intérêts les plus évidents ; ils n'écoutent que leur cœur, où pourtant la voix du sang et des passions ne se fait point entendre, mais bien celle de l'amour pur qui veut le perfectionnement, l'action, qui révèle le besoin de dévouement et de tendresse.

Le vieillard dont nous parlons n'avait jamais déploré les misères de sa vie inutile et souffreteuse ; il n'avait point jeté au passé sa malédiction ; il ne s'était point méfié ni plaint des hommes ; il se suffisait à lui-même, souffrait, se taisait et ne succombait point, parce qu'il acceptait tout avec un esprit humble et pieux. On ne l'avait jamais vu s'épargner ; il était toujours prêt à venir en aide aux autres, quoiqu'il pût bien peu par lui-même. On ne l'ignorait point au village, et les gens inconnus, aussi bien que les vieux amis, savaient à qui il fallait s'adresser lorsqu'on avait besoin d'un effort des bras ou d'un secours du cœur, car le pauvre et vieil Iermola ne pouvait pas donner autre chose. Veiller et soigner un malade, moissonner le champ de seigle d'une veuve, garder une petite troupe d'enfants quand la mère de famille était loin, procurer des herbes et des recettes pour guérir les blessures et les maladies, c'était là ce que Iermola savait faire le mieux et ce qu'il faisait avec plaisir. On se servait de lui d'autant plus volontiers, qu'il ne voulait pas accepter de payement et qu'il ne buvait pas d'eau-de-vie.

Dans le peuple, il est d'usage, en pareil cas, de reconnaître, autant que possible, par un don quelconque, le moindre service rendu ; les braves villageois se trouvent offensés si l'on n'accepte pas ces légères marques de leur reconnaissance. On glissait donc dans les mains d'Iermola quelques cadeaux, qu'il prenait pour ne point affliger ses amis ; des œufs, un peu de beurre, une petite miche de pain lui semblaient des dons plus que suffisants pour payer ses services.

Il n'en voulait même pas à ceux de ses anciens amis et obligés qui, dans la maladie ou dans le besoin, ayant recouru à lui, l'abandonnaient et l'oubliaient ensuite. Il ne se plaignait pas de leur indifférence ; il n'appelait pas cet oubli ingratitude ou sécheresse de cœur ; il savait que le villageois n'a que bien peu d'instants dont il puisse disposer pour payer ses dettes d'affection et de reconnaissance ; que, la plupart du temps, ce n'est pas la volonté qui lui manque, mais bien la possibilité, et que son indifférence est souvent apparente et très-souvent forcée. Il faut bien connaître cette vie toute de fatigues et de labeurs, sentir les effets de l'ennui, de la lassitude qui en résultent, pour le comprendre et ne s'étonner de rien. Et si par le cœur, il est vrai, Iermola était au-dessus de ses frères, pour le reste, il n'avait pas cessé d'être un enfant du village, en conservant les goûts, les habitudes, les penchants et les préjugés.

Le lendemain de l'événement que nous avons raconté plus haut, il ne fut question dans tout Popielna que de l'enfant trouvé sous les chênes de Iermola et de la chèvre achetée chez Smula, car Chwedko se vantait autant de cet adroit marché qu'il se vantait d'ordinaire de son illustre jument.

On faisait mille conjectures pour s'expliquer l'apparition subite du nouveau-né, événement jusqu'alors inconnu, inouï, dans ce village ; on chargeait de cet acte odieux, non point des paysans, naturellement, qui n'auraient pu le commettre parce qu'il n'entre point dans leurs habitudes, mais bien à un père et à une mère inconnus, appartenant à la classe des seigneurs. Les soupçons se portèrent tour à tour sur tels ou tels voisins, mais rien ne les confirmait, et les uns détruisaient les autres. On essaya de se rappeler exactement toutes les circonstances qui avaient marqué la journée de la veille et le jour précédent; par malheur les traces de ceux qui avaient apporté l'enfant et l'avaient déposé dans le jardin étaient complétement effacées. Un habitant du village, avait bien vu, vers le soir, un chariot s'éloignant à toute vitesse, dans la direction de Malyczki, mais on prouva ensuite que ce ne pouvait être que la *briczka* du jeune caissier qui était venu rendre visite à Horpina et à sa mère; un autre se rappela avoir aperçu de loin, sur les bords de la rivière, un homme à cheval, tenant sous le bras un paquet enveloppé de blanc, mais on lui répondit que c'était le régisseur Hudny qui se promenait ce soir-là, et qui, par crainte du froid, s'était enveloppé le cou d'une serviette. Marysia, la servante du cabaret, mentionna alors ce Polésien inconnu, qui la veille au soir, ronflait si profondément sur un des bancs de l'auberge, et avait disparu au premier chant du coq, mais aurait-il dormi aussi tranquillement, si c'eût été lui qui se fût chargé d'abandonner ainsi, au hasard, cette créature innocente.

Dans l'auberge, dans les champs, dans les bois, sur

les bords de la rivière, partout enfin, il n'était question que de l'enfant trouvé; et pourtant, en réalité, l'un n'en savait pas plus long que l'autre. Seulement on s'étonnait de la résolution de Iermola, on se moquait du vieillard, et on haussait les épaules. Pendant ce temps, dans la chaumière du brave homme, la veuve du cosaque préparait un bain pour le petit. En déroulant cette grosse pièce de percale qu'il fallait envoyer à la femme de l'économe, elle examina l'enfant avec plus d'attention et commença à partager les convictions de son père adoptif. Ce devait être, en effet, le rejeton d'une famille noble; il était si délicat, si frais, si charmant! Il n'y avait aucune marque sur ses langes; seulement, à son cou, était suspendue, au bout d'un cordon de soie, une petite médaille de cuivre doré que Iermola prit pour de l'or et qu'il serra précieusement. A ce propos, les deux vieillards commencèrent à se demander si l'enfant était baptisé, et la veuve démontra à son compère que, dans le doute, il était toujours plus prudent de le faire laver dans les eaux du saint baptême. Le soir même, l'enfant portait le nom d'Irydion, celui du saint que l'Eglise invoque à la date du jour où on l'avait trouvé.

Dans le langage du peuple, ce nom prend ordinairement une tournure slave, et se transforme en Radion ou Radiwon; on appela donc le petit, Radionek, par une gentillesse abréviative. Iermola pleurait de joie en le soulevant dans ses bras, en le couvrant de caresses, en répétant cent et cent fois qu'il avait enfin un fils, et que ce fils le rendait bien heureux !

Notre brave homme se grisa un peu, pour la première fois de sa vie, à l'occasion de ce baptême. Il paya largement à boire à Chwedko et à la veuve, qu'il embrassait tous deux, auxquels il serrait les mains et prodiguait les noms les plus tendres. Quant à la malheureuse chèvre, qui suivait toutes ces joyeuses manifestations d'un regard farouche et sombre, il dirigeait vers elle un poing menaçant.

— Écoute, indigne Juive, lui disait-il en se plaçant devant elle, le regard flamboyant et la main levée.— Écoute, vilaine race cornue et barbue ; si tu n'es pas docile et obéissante, si tu ne veux pas être une nourrice honnête et dévouée pour ce cher petit enfant, j'en trouverai facilement une autre qui tiendra ta place... Mais quant à toi, je te scierai en deux avec une scie de bois, aussi vrai qu'il n'y a qu'un Dieu au ciel.

A ces paroles menaçantes, la chèvre ne répondit qu'en frappant du pied, en agitant sa barbe et en secouant orgueilleusement la tête, et tous les assistants partirent d'un grand éclat de rire ; mais on remarqua que depuis ce temps elle se conduisit avec beaucoup plus de tranquillité et de douceur, comme si la virulente harangue d'Iermola eût triomphé enfin de son indomptable résistance.

VIII

LES BEAUX JOURS

Tels furent les commencements de cette paternité improvisée; malgré les difficultés du début, elle réussit si bien au bonhomme, qu'au bout de quelques mois il était parfaitement au courant des devoirs et des exigences de sa nouvelle mission. Les gens du village ne se lassaient point de voir le vieillard, portant l'enfant dans ses bras, se promener dans les champs ou descendre sur les bords de la rivière; on entourait aussitôt ce groupe étrange, si bien uni pourtant; on accablait Iermola de questions, on couvrait l'enfant de caresses.

Aussi, qu'y a-t-il d'impossible à l'amour, à la volonté, à la patience? La vieille chèvre, qui avait montré tant de roideur de caractère dans les premiers jours qui suivirent celui de sa séparation d'avec Szmula, avait fini par s'attacher si fortement à son nouveau maître, qu'elle suivait partout, pas à pas, l'enfant et le vieillard. Dans les commencements, il lui était arrivé plusieurs fois de s'enfuir et de retourner à l'auberge ; Szmula avait même donné, en secret, l'ordre de la mettre à mort, la destinant à aller, par quartiers, bouillir dans la marmite ; mais Iermola comme s'il eût tout deviné à travers la distance, ayant confié, pour un moment, l'enfant à la veuve, avait découvert sa chèvre cachée derrière un tas de paille, dans le toit à porcs, et avait inspiré à Szmula, par ses cris et ses menaces, une si violente terreur, que le Juif perdit toute envie de se mettre jamais sur les bras un si formidable adversaire. Pour comble de malheur, il dut expier sa cupidité en donnant gratuitement à boire à tous les hommes du village que Iermola avait attirés au cabaret par ses cris et son tapage, et dont il voulait naturellement se débarrasser au plus tôt.

Enfin la chèvre, bien soignée et bien nourrie, commença à comprendre qu'elle n'avait rien de bon désormais à attendre de Szmula ; elle n'eut donc plus, à son égard, qu'une complète indifférence, et, servant avec fidélité son nouveau propriétaire, elle ne détourna même bientôt plus la tête quand il lui arrivait de passer devant le cabaret. Aussi devint-elle la favorite d'Iermola, la chose qu'il aimait le plus au monde, après l'enfant, bien entendu ; et comme il causait sans cesse avec elle, comme elle était toujours avec lui, elle s'attacha bientôt si fortement au petit Radionek, qu'elle devint, non-seulement sa nourrice, mais encore, à moitié sa bonne. L'enfant connaissait bien ses yeux noirs farouches et sa longue barbe, dans laquelle il passait et plongeait ses petites mains ; la Juive, de son côté, s'approchait de lui à son premier appel, se penchait sur le berceau avec une intelligence et des précautions peu communes. Elle faisait, en un mot, partie de la famille, et Iermola, lui rendant pleinement justice, s'étonnait de n'avoir pas su, tout d'abord, reconnaître ses excellentes qualités.

Mais la satisfaction que lui causait la vieille chèvre, — dont, à cette heure, il ne se serait séparé à aucun prix, — n'était rien en comparaison de la joie infinie, toujours de plus en plus vive, que lui causait l'enfant, qui croissait et se développait de jour en jour. Le petit Radionek était d'une gentillesse peu commune, d'une force et d'une santé rares, ainsi que le sont d'ordinaire les pauvres orphelins.

Il semble que la Providence de Dieu envoie plus tôt et plus abondamment à ceux qui n'ont point de mère, les facultés et les forces nécessaires à la vie. Mais quelque gentil et bien développé que fût Radionek, Iermola voyait encore en lui bien plus de mérites et de charmes qu'il n'en possédait sans doute. La veuve le raillait à ce sujet ; cela ne le corrigeait point, mais l'irritait bien plutôt ; il l'appelait méchante, jalouse, aveugle, et s'en allait, tout assombri, emportant son trésor. Au reste, la vieille femme aussi était sincèrement attachée à l'enfant, qui, certes, lui devait beaucoup. Sans ses conseils en effet et son secours, le père adoptif se serait difficilement tiré de sa position nouvelle, étrange et pénible. Du reste, tous les voisins, l'accueillaient et l'aidaient au besoin, car l'enfant était devenu le favori, le bijou et la merveille du village.

Au bout de quelques mois de vigilance et de soins continuels, Iermola parvint à trouver le temps de se demander ce qu'il lui restait à faire, et d'ébaucher, souvent à haute voix, les projets qu'il formait pour lui-même et pour l'enfant. Et il en faisait tant de ces rêves, de ces beaux châteaux dans l'air ! D'abord, il ne voulait pas que l'enfant devînt un simple villageois; il voulait pour lui une situation meilleure, un état plus brillant et plus noble. Mais le choix d'un état lui semblait bien difficile : pour son cher Radionek, tout lui paraissait trop humble, trop petit. Ce qu'il aurait vu de mieux, c'était de lui acheter un domaine, afin de l'y voir un jour gouverner à sa volonté; mais, dans leur commune pauvreté, comment être assez fou pour penser à cela ? Il fallait nécessairement imaginer autre chose. Dans ses longues méditations, Iermola passait en revue une foule de métiers, d'occupations diverses; mais il trouvait toujours quelque chose à leur reprocher : le cordonnier, à force d'être assis, finissait par avoir les jambes tordues et les épaules rondes; le menuisier devait se tenir debout tout le jour ; le forgeron s'exposer, et parfois se brûler à son grand feu ; le maçon se fatiguer à porter des tuiles, et grimper aux échelles et souffrir du froid, du vent et du soleil ; or, Iermola ne voulait point exposer

7.

son cher enfant à tous ces dangers ou à toutes ces peines.

Toutefois, il avait l'intention bien arrêtée de faire apprendre à lire et à écrire à son cher Radionek; mais il fallait pour cela attendre quelques années encore, et le vieux chantre de l'église, — le seul homme du village qui eût approfondi les mystères de l'alphabet, et qui aurait pu se charger de l'éducation de son pupille, était déjà d'un grand âge. S'il venait à mourir, aurait-il un successeur aussi accommodant ou aussi savant que lui? C'était là un triste sujet de perplexité pour le brave homme. Il lui vint à l'esprit l'idée d'y couper court en demandant au chantre ses leçons pour lui-même, afin que, le temps venu, il se trouvât en état d'enseigner à l'enfant, sans le secours d'autrui, la lecture et l'écriture. Dans cette intention, il acheta un abécédaire au colporteur juif, et bientôt l'on vit chaque jour, longeant l'unique rue du hameau, le vieillard qui, avec l'enfant sur ses bras et la chèvre le suivant par derrière, se rendait à l'autre bout du village, pour prendre sa leçon habituelle auprès du vieil Andréj Prosforowicz. Il faisait beau voir le pauvre vieil homme suer, rougir, s'appliquer et se fatiguer sur les pages de son alphabet, supportant d'une main l'enfant, et de l'autre la tigelle de fer servant à indiquer les lettres. Une idée consolante le soutenait au milieu de ce prodigieux labeur. Du moins, par ce moyen, le vieux chantre qui n'était pas très-patient, n'aurait pas besoin de tourmenter Radionek, auquel il aurait fait passer sans doute quelques mauvais quarts d'heure. Iermola savait bien que lorsqu'il entreprendrait lui-même sa tâche d'éducation paternelle, il viendrait à bout, à force de douceur et de persévérance, d'inculquer toute sa science à son enfant, sans amertume et sans difficulté.

Mais, certes, ce n'est pas chose facile que de se rencontrer pour la première fois, face à face, avec l'alphabet, quand on touche à la soixantième année de sa vie ; de rester forcément immobile et de fixer son attention pendant de longues heures ; d'habituer ses yeux, accoutumés à errer librement, à s'attacher sur de petites formes noires, bizarres et excessivement minces. C'est une fatigue énorme, un tourment véritable, qu'on ne peut supporter longtemps que par l'effet d'une persévérance, d'une volonté et d'une fortitude de cœur remarquables. Iermola, à la vérité, souffrit plus d'une fois, et gémit, mais il n'abandonna point l'entreprise qu'il avait commencée si courageusement, et un jour vint, enfin, où il sut lire. Par bonheur, il avait encore la vue bonne, ce qui l'aida beaucoup dans ce rude travail, et il eut moins de peine, après tout, que ne l'avait d'abord pensé le chantre, qui, pour sa récompense, reçut une demi-pièce de toile de cinquante aunes, d'une belle largeur et depuis longtemps conservée, et eut encore un beau rouble d'argent de surplus.

Quant aux soins donnés à l'enfant, le vieillard s'en acquittait comme s'il eût été père nourricier toute sa vie. Le berceau était placé à côté de son lit; tout auprès, dans un coin, dormait la chèvre : au moindre cri que poussait l'enfant, le père était sur pied et voyait ce qui manquait à l'innocente créature. Il dormait peu, mais il n'avait jamais ressenti un très-grand besoin de sommeil. Pendant la journée, il prenait le petit dans ses bras, et s'en allait avec lui sur la rive, dans le bois, dans les champs, sous les chênes; ou bien, lorsqu'il était fatigué, il s'asseyait sur le seuil. Ce spectacle, qui avait d'abord paru aux villageois étrange et ridicule, finit par leur sembler agréable et intéressant : on souriait à l'orphelin, on admirait la persévérance et la tendresse de son père nourricier; parfois le dimanche, quelques *anciens* compagnons s'en venaient jusqu'au cabaret en ruines, voir l'enfant et causer avec le *vieux* compère.

Iermola était ravi quand il se trouvait entouré d'un petit cercle, en présence duquel il pouvait faire parade des mérites de son cher favori; et grâce à ses chaleureuses louanges, à ses interminables récits, il était venu à bout de persuader à ses voisins que ce gentil garçon qu'il avait recueilli, promettait d'être réellement un enfant extraordinaire. Ce qu'il y avait de vraiment étrange en tout ceci, c'est qu'en dépit de ses divers soucis et de ses fatigues continuelles, Iermola rajeunissait visiblement. Sa taille était plus droite qu'autrefois; ses pas plus légers, son visage plus souriant, plus frais et plus plein; le travail, l'insomnie, la fatigue l'accablaient moins que ne le rassérénait et ne le fortifiait l'espérance. On aurait pu dire que, du moment où il avait trouvé un espoir et un but, il avait recommencé une nouvelle, une plus douce vie. Cependant son existence, comme on peut bien se l'imaginer, n'était pas un tissu de joies sans fin et de satisfactions sans cesse renaissantes ; la présence de l'enfant, en augmentant sensiblement ses besoins et ses dépenses, le contraignait à un travail redoutable, à une opiniâtre industrie, car il s'agissait désormais de se procurer non-seulement le pain d'aujourd'hui, mais encore le pain du lendemain.

Les pauvres ont d'ordinaire besoin de bien peu pour satisfaire aux nécessités de tous les jours. Iermola était, entre tous, particulièrement modéré, particulièrement sobre; il savait sans grande peine ni sans grands efforts, se passer, quand il le fallait, de ceci ou de cela; il n'avait jamais cependant souffert de la faim, jusqu'à ce que, par la permission de Dieu, le petit nouveau venu eût paru dans sa cabane. A proprement parler, il n'avait pas de revenus fixes, mais il ne mendiait jamais, et même il venait à bout, tout en vivant tant bien que mal, de payer très-régulièrement un loyer de vingt florins par an, pour son petit jardin et sa pauvre chaumière. Il nous est difficile de comprendre, — à nous autres qui sommes accoutumés à un meilleur genre de vie, — comment les pauvres gens peuvent s'entretenir et se contenter de si peu. Le vieux Iermola n'avait cependant conservé, de ses longues années de service, que quelques morceaux de toile économisés un à un, une vingtaine de roubles et quelques guenilles sans valeur. Il y aurait eu là de quoi payer le loyer d'avance et acheter le pain de tous les jours; mais si elle n'eût pas été renouvelée par des gains quotidiens, cette petite somme se serait bientôt épuisée. Iermola, à la vérité, dépensait fort peu pour lui-même, car il se nourrissait de côté ou d'autre, au village; la veuve du cosaque l'hébergeait le plus souvent, sans vouloir accepter d'argent en retour. Au surplus, il se contentait d'un morceau de pain et de lard, de quelques pommes de terre; il soignait attentivement ses vieux habits qui, par bonheur, ne se déchiraient point encore. Mais il y avait ce fatal loyer qu'il fallait payer, sur les profits du jardin, formant l'unique ressource du brave homme.

Ce carré de terre, entouré d'une haie de lattes et situé tout auprès de la vieille maison, avait à peu près l'étendue d'un petit jardin de paysan; de plus, il se trouvait à quelques mètres du cabaret, une verse environ d'une assez bonne terre où croissaient des chênes et des pins. Iermola y semait du tabac dans les endroits qu'il savait les plus fertiles; plus loin, il plantait des pommes de terre, des choux au bas du jardin, des betteraves, des pois, et quelques autres herbages dans le reste de l'enclos. Parfois la récolte venait à plaisir, et, alors, en prenant dans le jardin tout ce qui était nécessaire à sa subsistance, il y trouvait encore de quoi gagner les vingt florins nécessaires pour payer son loyer. D'autres fois, les légumes manquaient, et le pauvre homme devait avoir recours à d'autres moyens pour se procurer cette somme.

Dans de semblables circonstances, le bois et la rivière sont d'un grand secours pour les paysans, et comme on n'en interdisait point l'accès aux habitants de Popielnia, tous y trouvaient leurs moyens d'existence. Tant que Iermola avait vécu seul, il avait eu recours à la pêche; dans ce cas il tendait des filets, posait des nasses; la pêche nocturne à la lance ne lui réussissait point mal parfois, et il allait en vendre le produit au dwor voisin ou à la ville. En outre, il récoltait et faisait sécher des champignons, qui forment une denrée alimentaire plus avantageuse encore, et dont, depuis quelque temps, le prix commençait à hausser. Mais depuis qu'il avait le petit Radionek presque constamment sur les bras, ces deux genres d'occupation lui devenaient impossibles. Il ne pouvait laisser l'enfant seul pour passer la nuit dans une barque, ou pour courir le jour dans les bois.

Et pourtant la dépense augmentait ; la petite provision d'argent avait été employée tout d'abord à acheter la chèvre et quelques bagatelles nécessaires à l'enfant. Il fallait que le pauvre homme se créât d'autres ressources. Jadis il travaillait gratis aux champs de ses amis et des pauvres, maintenant son temps lui devenait cher et précieux; il résolut de louer ses bras. Bientôt on le vit, semblable à ces femmes qui, dans les moments de travail pressé, se joignent aux moissonneurs dans les champs, se mettre en route chaque jour avec la chèvre, l'enfant, trois piquets, un panier et une tente. Il déposait l'enfant dans la corbeille, entre deux sillons, sous l'ombrage de la grosse toile étendue au sommet des pieux ; la vieille chèvre gardait le petit ; lui, pendant ce temps, il fauchait, moissonnait ou liait des gerbes. De cette façon, il gagnait sa nourriture et, de plus vingt gros par jour environ, car il est rare qu'on donne davantage au laboureur de Polésie. Il lui fallait travailler trois jours pour gagner les deux florins qu'ailleurs on donne pour soixantes gerbes, et grandement travailler encore ! Couper une soixantaine de gerbes de blé maigre et rare, se tenir courbé, suant et soufflant ; puis les porter, et on les fait grosses et pesantes en Polésie, quoique, pour les former, il faille rassembler les épis un à un.

Souvent le vieillard, en revenant à sa demeure déserte, bien loin du champ moissonné, portant la corbeille et l'enfant, se sentait accablé du poids des ans et de la chaleur du jour, affaibli, endormi et presque triste ; mais un seul regard jeté sur le petit Radionek qui lui souriait toujours, suffisait à lui rendre des forces, et le sommeil de la nuit le reconfortait et le préparait pour le travail du lendemain. Jamais, à la vérité, Iermola ne s'était agité et fatigué autant qu'il le faisait alors ; les gens du village considéraient, avec un silencieux respect, sa persévérance, son ardeur et son dévouement fidèle. N'osant pas toucher à l'or trouvé dans les langes de l'enfant, parce qu'il le considérait comme la propriété de l'orphelin, il devait seul suffire à tout, ce qui lui devenait de jour en jour plus difficile, et il avait à peine le temps de s'occuper de son jardin. Il y employait courageusement ses soirées et ses matinées; le reste du jour était consacré par lui au travail des champs.

Mais le cœur peut concevoir et faire des miracles, aussitôt qu'il est réchauffé et animé par un rayon de sentiment. C'est un talisman unique et souverain; sans lui tout est épineux, tout est difficile; avec lui il n'y a plus d'obstacles; il n'y a plus de dangers.

Mais au bout de quelques mois d'efforts constants et courageux, ce travail des champs commença à ne pas satisfaire Iermola; l'enfant grandissait, et le gain était des plus minces; outre cela, le chantre, pour ses leçons, s'était fait donner un rouble, et Dieu sait combien de temps les heures d'étude occupaient chaque jour. Le pauvre homme s'en alla un soir, tout triste, trouver sa vieille amie la veuve, chez qui il avait l'habitude d'aller chercher des consolations et des conseils. On l'accueillit cordialement, joyeusement, comme d'ordinaire. Horpyna sourit en le voyant, et saisit avec empressement l'enfant qu'elle aimait beaucoup, le berçant, l'amusant, le faisant sauter tout le temps que le vieillard passait dans la cabane. La veuve était un peu aigre, un peu grondeuse parfois; mais elle était bonne pourtant et affectueuse toujours. Au logis de sa vieille amie, Iermola n'était jamais importun, ne gênait personne; il se rendait souvent utile au contraire; car, quoiqu'il fût soucieux ou fatigué, dès que la veuve l'invitait à s'asseoir à sa table, ou par cela même qu'il se chauffait près de son foyer, il se sentait obligé à lui fendre son bois, à aller chercher de l'eau au puits, à tenir enfin la place du vieux Chwedor, qui, d'ordinaire, pour toute la soirée, s'installait à l'auberge, d'où il était fort difficile de le tirer, même en employant le bâton.

La veuve avait de rudes moments à passer avec cet ivrogne de Chwedor, mais il était difficile de trouver des valets de ferme dans le village, car les hommes les plus vigoureux préféraient de beaucoup prendre la hache et aller travailler dans les bois; elle devait donc se contenter de ce vaurien qui, s'il n'eût pas été aidé par le jeune valet orphelin, n'aurait pas même été capable de soigner et de garder les vaches. Chwedor était vraiment d'une nature singulière; il semblait qu'il y eût deux hommes en lui : le matin, lorsqu'il était encore à jeun, il était laborieux, soumis, diligent, silencieux; il faisait même parfois, de son propre mouvement, les choses que sa patronne ne lui avait point commandées; mais, lorsqu'il revenait des champs, à peine avait-il ramené les bœufs dans la cour, que, bien qu'il eût solennellement juré de ne plus boire, il disparaissait soudain, et s'installait devant la grande table, dans la salle du cabaret, buvant, jasant, vociférant et se livrant aux manifestations les plus bruyantes et les plus bizarres. Le bonnet sur l'oreille, les poings sur les hanches, il s'échauffait, criait, jurait, injuriait la cabaretière, chantait, dansait, se retroussait la moustache et portait la tête haute comme s'il eût été ni plus ni moins qu'un voïvode.

En rentrant à la chaumière, il allait régulièrement donner congé à sa patronne, se couchait ensuite en chantant et en jurant encore, puis s'endormait, ronflait, et lorsqu'il se réveillait le matin, il était d'autant plus gracieux et plus soumis, qu'il s'était montré brutal et tapageur la veille. Après s'être dégagé du service de la veuve en l'injuriant, la veille au soir, il s'empressait de reconquérir ses bonnes grâces le matin, par toutes sortes de prévenances et d'inventions ingénieuses. Elle-même l'avait cependant renvoyé plusieurs fois ; mais comme il était presque impossible de se procurer un autre serviteur, et comme Chwedor était assez bien au courant des détails du fermage, il arrivait toujours que les querelles et les tapages du soir étaient invariablement suivis de la réconciliation et de l'apaisement du matin.

Mais par suite des escapades de Chwedor, Iermola était particulièrement bien venu chez la veuve, lorsqu'il s'y présentait dans la soirée. D'abord, il l'aidait un peu ; ensuite elle trouvait un auditeur complaisant auquel elle pouvait conter ses histoires et faire ses doléances. Horpyna aussi aimait le vieux serviteur, surtout à cause de l'enfant qui lui souriait toujours d'une façon si douce.

Un jour donc en revenant assez tard du champ où il s'était exténué tout le jour sans avoir même pu rassembler son compte de gerbes de seigle maigre et rare. Iermola, inquiet jusqu'au fond de l'âme, et rompu à force de s'être tenu courbé, se dirigea vers la demeure de la veuve. Horpyna, dès qu'elle l'aperçut, lui prit des mains le petit garçon, avec lequel elle commença à sauter par la chambre, et le vieillard s'assit auprès du feu, regardant la flamme d'un air rêveur. Le soleil lui avait donné mal à la tête; la fatigue avait endolori et ployé ses reins, le poids de la faucille meurtri ses mains ridées, quoiqu'il en eût soigneusement enveloppé le manche avec un morceau de grosse toile.

Cette faiblesse passagère, qui en ce moment l'accablait, l'effrayait considérablement pour l'enfant et non pour lui-même : il se prit à soupirer bien fort, et sa vieille amie, tout en s'occupant de ses marmites, devina aisément qu'il avait besoin de conseils ou de consolation.

Eh! Eh! tu vois bien ce que c'est, bonhomme, — lui dit-elle; — je te disais bien, quand tu as pris cet enfant, que tu ne viendrais pas à bout de l'élever. N'est-ce pas que tu es tout inquiet et malheureux aujourd'hui, car tu soupires d'un air si triste.

Ah! c'est bien vrai, c'est bien vrai, commère! Je vois bien maintenant que je n'ai plus vingt ans, car, quand je reviens des champs, je ne suis plus bon à rien qu'à me coucher dans mon cercueil, tant je suis malade et fatigué. Mais que faire? il faut bien travailler pour ne pas mourir de faim. Et Hudny me chasserait de mon pauvre trou si je ne lui donnais pas ses vingt florins à la Saint-Michel, et il me faut manger et songer à l'enfant. Pensez donc : je ne gagne que vingt gros par jour et j'ai les reins brisés.

— Mais je vous l'ai toujours dit, et je vous répéterai toujours que vous auriez dû trouver une autre manière de gagner votre pain. Vous avez passé toute votre vie assis auprès de la table, dans l'office, avec un petit brin de travail, et tout d'un coup vous vous êtes mis en tête de prendre la faucille et la faux, comme ceux qui n'ont fait autre chose de leur vie. Pourquoi n'avez-vous pas cherché quelque autre occupation.

— Mais puisque je ne sais rien faire...

— Mais vous ne saviez pas lire non plus, et cependant vous dites que vous avez appris... Est-ce que vous ne pourriez pas aussi apprendre autre chose?

— Le croyez-vous?

— Par exemple? — repondit la vieille, par cette formule interrogative qui, souvent dans le langage de nos paysans, remplace l'affirmation.

— Mais quoi donc?

— Est-ce que je sais? un état quelconque. Vous ne manquez pas de tête; vous avez vu et observé bien des choses de par le monde; vous apprendrez plus facilement qu'un tas de jeunes étourdis.

— Je n'aimerais pas l'état de cordonnier, quoique je me mette parfois à raccommoder mes bottes, répondit

Iermola en secouant la tête d'un air rêveur. — Il ne manque pas de tailleurs qui nous arrivent de Kolkiow, leur aune sur l'épaule, et personne ne voudrait me confier un morceau de drap, de crainte que je ne le gâte. Quand à des marchands de pelisses, il y en a jusqu'à trois...

— Oui, et il n'y a pas même un tisserand honnête qui ne vole qu'un tiers de votre paquet de fil, — s'écria la veuve. — Chez le vieux qui vole le moins, il faut attendre au moins trois mois avant de ravoir sa pièce, et si on leur donne des à-comptes, ils les portent chez le Juif. Je peux dire avec raison que personne, ici, ne sait faire de la toile; quoique ce soit un métier qui se paye bien. Si vous vous mettiez en tête de l'apprendre?...

— Et l'atelier? et le métier? Comment mettre tout cela chez moi? La chambre est petite; la chèvre d'un côté, le berceau de l'autre, prennent de la place; tous mes meubles sont les uns sur les autres, impossible d'y penser. Si vous voulez me donner un bon conseil, cherchez autre chose.

— Dame! j'aurais bien aimé que vous fussiez tisserand, parce que j'aurais, de cette façon, trouvé moyen d'employer mon fil, il se pourrit ici, sans que je puisse savoir ce qu'il faut en faire.

Iermola, à ces paroles, se mit à rire; mais il soupira en même temps.

— Eh! c'est à vous que vous donnez des conseils,

et non à moi ! cherchez quelque chose de mieux, commère.

— Vous ne savez-pas ? s'écria Horpyna vivement, — j'ai trouvé pour vous autre chose. Ne m'avez-vous pas dit vous-même qu'au *dwor*, quand vous n'aviez rien à faire, vous vous amusiez à jouer du violon ?

— Oui, c'est vrai ; je jouais pendant des soirées tout entières.

— Eh bien, alors, faites-vous musicien.

— Fi ! — s'écria Iermola, en crachant à terre.

— Ce n'est pas bien à vous, Horpyna, de me donner un pareil conseil. Et si je me mettais à boire, à boire, à force de jouer aux noces et pour les bals ! Et puis, comment pourrais-je traîner l'enfant avec moi par tous les cabarets ?

— Eh ! c'est vrai, vous voyez ; je vous conseille ainsi qu'a fait ma mère. Mais ne pourriez-vous pas laisser l'enfant chez nous ?

Iermola sourit en secouant la tête.

En ce moment, les grands pots de terre que la veuve du cosaque approchait du feu vinrent à se choquer ; l'un deux qui, probablement, avait déjà une fente, se fendit tout entier et se brisa entièrement ; l'eau bouillante se répandit dans la cheminée, sur les charbons, et, jaillissant à terre, atteignit presque les pieds de la veuve, qui prit la fuite.

Une grande confusion s'en suivit ; Horpyna rendit l'enfant au vieillard et courut aider sa mère : la veuve commença à se lamenter, la servante poussa des cris de désespoir ; les pommes de terre, à moitié cuites, se répandirent sur le parquet, et le chien, couché en travers du seuil, s'effraya et se mit à aboyer d'une voix retentissante.

Quelques minutes s'écoulèrent avant que l'ordre fût rétabli. Heureusement il n'y eut personne d'endommagé, à l'exception du pot, car l'eau bouillante s'était toute répandue à terre ; les jeunes filles s'occupèrent de ramasser leur souper, et la veuve, ayant maudit les décrets de la destinée, s'assit sur le banc afin de reprendre ses esprits.

Mais lorsque, pour replacer les pommes de terre sur le feu, on fut allé chercher une autre marmite dans la soupente, on s'aperçut qu'il n'y en avait pas d'aussi grande que celle qui venait de se briser, et on fut obligé de la remplacer par deux autres pots plus petits, qui en étaient comme la menue monnaie.

— C'était un pot comme il n'y en a pas ! s'écria la veuve, recommençant son oraison funèbre. Je me rappelle le jour où je l'ai acheté ; c'était à Janowka, à la foire. Il était blanc comme du lait, et fort, et solide ! Il aurait pu servir à casser des noix. Nous nous en revenions la nuit, cet ivrogne de Chwedor et moi. En passant auprès de Malyczki, il laisse aller la charrette dans une ornière ; moi et Chwedor, et tout ce qui était dans la voiture, nous nous trouvons dans le fossé. Et il y avait cinq pots et un tamis ! « Que le ciel te confonde avec ton eau-de-vie ? » — me dis-je, et je me mets à chercher la vaisselle à tâtons.

Le tamis était perdu ; la roue de la charrette l'avait défoncé au beau milieu ; deux des petits pots s'en étaient allés en miettes, et mon gros pot blanc avait roulé à deux brasses de là, sur le sentier... Je cours à lui ; il était entier, il n'avait rien, pas la moindre fêlure. Je n'en croyais pas mes yeux... Et il me sert depuis deux ans, et je n'en retrouverai un pareil... Ah ! tenez, voilà ce qui nous manque ; ce sont de bons potiers. Pour pouvoir renouveler sa vaisselle, il faut attendre que quelque marchand ambulant ait pitié de nous et se mette en route. Mais comme les chemins sont mauvais et la marchandise fragile, ils ne viennent que rarement, et ils nous écorchent, ils nous écorchent, que c'est une bénédiction ! Et Procope, le potier de Malyczki, fait des pots si noirs, si fragiles, si laids ! ils ne servent vraiment à rien, si ce n'est à faire des cendres. Il est forcé d'aller les vendre loin, parce que nous les connaissons bien ; aussi personne ne les achète... Ainsi, si vous vous faisiez potier ; qu'en dites-vous ? C'est un honnête et paisible métier, et l'ouvrage n'est pas bien difficile.

— Le croyez-vous ? — dit Iermola en secouant la tête. — Mais qui donc voudrait m'apprendre ? Et de l'argile ? La terre est-elle bonne chez nous ? Et comment pourrais-je me bâtir un four ? Et même, si tout cela se faisait, il me faudrait encore une voiture et un cheval, afin de pouvoir transporter ma marchandise de par le monde. Et si je venais à verser par malheur ?

— En vérité, qu'as-tu donc aujourd'hui, vieux ? — s'écria la veuve, — tout te paraît désagréable et difficile. Je te répète pourtant ce que tu as autrefois dit : Ce ne sont pas, après tout, les saints qui font cuire les pots.

A ces mots, tous les assistants éclatèrent de rire ; Iermola seul resta rêveur et silencieux.

Ainsi se passa cette mémorable soirée, qui devait porter ses fruits ; car, quoique Iermola n'eût pas encore pris de résolution bien arrêtée, il commença cependant, en revenant chez lui, à examiner sérieusement ce qui lui restait à faire, et il se sentit peu à peu le courage et l'espoir.

— Puisque je suis venu à bout d'apprendre à lire, — se dit-il enfin, — ce qui est bien la chose la plus difficile qu'il y ait au monde, je pourrai bien aussi me mettre à apprendre un métier. Je suis vieux, il est vrai, mais est-ce que la jeunesse seule a des bras, de la réflexion et de la volonté ? Nous verrons.

IX

UNE VISITE AU DWOR

Le vieillard confia Radionek le lendemain aux soins de son amie Horpyna, et sous un prétexte quelconque, il partit pour Malyczki. Mille projets se pressaient dans sa tête.

C'était un village de médiocre étendue, entouré de marais profonds et de vastes forêts, bâti sur un sol aride, composé en grande partie de sables et de tourbières.

Ceci n'empêchait point pourtant que le village fût riche ; car il n'était guère habité que par d'industrieux artisans. Les paysans de ce bourg étaient forcés d'acheter du pain chaque année ; le terroir, semblable à celui du district d'Opoczynsk, et peut-être pire encore, ne rendait, pour un boisseau de blé semé, qu'une soixantaine de gerbes, desquelles l'on retire à peine un autre boisseau de grain, n'ayant de surplus que la paille. Ils étaient donc contraints de recourir à d'autres moyens d'entretenir leur vie. Ils faisaient du charbon ; ils vendaient des écorces, ils taillaient des douves, ils fabriquaient des baquets, des tonneaux et tournaient divers petits ustensiles de ménage ; ils construisaient des chariots, des charrues, ou se faisaient charpentiers, tisserands, drapiers, tissaient même des bonnets et ceintures rouges ; l'un d'entre eux était potier. Mais ce métier lui profitait peu, quoiqu'il gagnât de quoi vivre ; les produits de sa fabrication étaient tenus en médiocre estime.

En général, les potiers se mettent rarement au travail dans les endroits où personne n'a exercé le métier avant eux ; leurs fours, dans le plus grand nombre de cas, se conservent de père en fils depuis des temps considérables. Jadis, aux temps antiques, lorsque l'art du potier était plus nécessaire, puisqu'on demandait à son industrie les vases sacrés destinés aux sacrifices, on connaissait mieux ce qui touche aux qualités des diverses terres, aux degrés de chaleur du four ; on choisissait plus habilement les lieux de fabrication, et, dans la mémoire des hommes du métier, se conservait une tradition meilleure.

Aujourd'hui, il est rare que quelqu'un se hasarde à construire un four dans l'endroit où jamais personne n'en a bâti. Les poteries se font où elles se faisaient il y a des siècles, et de cette même argile qui a fourni des vases funéraires à nos aïeux.

Le dernier descendant des potiers de Malyczki s'était

placé fort bas dans la profession de son art et dans l'échelle sociale, il s'enivrait, flânait le plus souvent, se souciait peu de la qualité de l'argile, et encore moins de la bonté et de la beauté de ses produits. Ses pots ne rendaient pas le moindre son au toucher ; ils étaient noirs, laids et se brisaient si facilement, qu'on ne les achetait jamais au village même, à moins qu'on en eût un extrême besoin. Mais, dans ses lointains voyages, il parvenait cependant à s'en débarrasser, et, dans les environs, le vieux passait pour riche, car il faisait le fier, et ne se refusait rien.

Il mangeait du lard, buvait de l'eau-de-vie, portait une fourrure de peau d'agneau avec un collet d'astracan gris, un manteau de laine à capuchon, et un grand bonnet d'agneau noir, aussi haut que celui du gentilhomme. Il n'avait point eu de fils, mais une seule fille, récemment mariée au paysan le plus riche du village et à laquelle il avait donné une si belle dot que tous les voisins n'en pouvaient croire leurs yeux ni leurs oreilles ; des chevaux, des bestiaux, trois coffres de vêtements, et des roubles d'argent plein son bonnet.

Iermola connaissait tous ces détails, car, au temps où il servait son bon maître, le *dwor* de Popielnia avait de fréquents rapports avec le *dwor* de Malyczki, et il en était de même avec les deux villages. Aussi l'idée que lui avait suggérée la veuve, prit-elle tout d'abord possession de son esprit. Il ne voulut point cependant révéler ses desseins dès le début, pour ne pas faire rire de lui, et sous quelque prétexte fort bien

8.

trouvé, ainsi que les villageois le font d'ordinaire, il se mit donc en route vers le *dwor* de Malyczki.

Dans ce dwor habitait, depuis fort longtemps déjà, un vieillard faible et décrépit, jadis chef d'escadron dans la cavalerie nationale, ancien ami du bon seigneur et portant le nom de Félicien Druzyna. Riche autrefois, mais ayant vu toute sa fortune disparaître au milieu des troubles civils, il avait longtemps erré de par le monde, voyageant surtout au nord et à l'occident. Ensuite, il était revenu en Polésie, habiter cette terre qu'il avait conservée seule. Il s'y était marié, était devenu veuf, puis aveugle. Depuis plusieurs années déjà, les infirmités s'étant augmentées, il ne sortait plus de son lit et appelait chaque jour la mort, qui semblait se refuser pourtant à mettre un terme à ses souffrances.

La maison qu'il habitait à Malyczki annonçait, par son aspect seul, qu'elle avait été jadis le centre de biens considérables. Elle était antique, vaste, sombre, entourée d'un vieux jardin taillé à la manière française, au temps du grand Louis; et de grands étangs, et d'une chapelle et d'un petit bastion, monument divers que les ancêtres du chef d'escadron avaient laissés sur leur passage.

Mais toutes ces belles antiquités tombaient en langueur et en ruines; les revenus d'un seul village n'étaient pas suffisants pour entretenir tant de splendeurs. La vie monotone du vieillard présentait des particularités assez remarquables. Soit qu'il fut né avec cette triste humeur, soit que les chagrins de sa longue existence, ou que les souffrances de sa maladie l'eussent profondément irrité, il était devenu, dans ses vieux jours, d'une violence, d'une irascibilité peu ordinaires.

Son fils unique, qui approchait de la trentaine, et une jeune parente de sa femme, qui se partageaient les soins à lui donner, ne pouvaient le quitter un seul instant, et étaient condamnés à un supplice continuel par les caprices incessants et les persécutions sans fin de ce vieillard despotique. Mais, en dépit de sa faiblesse et de ses infirmités, le chef d'escadron avait conservé une activité et une vigueur d'esprit tellement remarquables, qu'il tenait encore toute la direction de ses affaires entre les mains. Il traitait son fils comme un enfant de douze ans; sa pupille comme une domestique, et maintenait ses serviteurs dans les limites du devoir, à l'aide d'une rigueur extrême. Les clés de tous les greniers, des caves, des armoires lui étaient rapportées chaque jour après la distribution des provisions nécessaires, et étaient placées soigneusement par lui sous son oreiller. Lorsqu'il ordonnait d'infliger à ses domestiques une punition corporelle, il ne prescrivait jamais moins de cinquante coups ; les plus vieux en recevaient cent, grâce à leur privilége d'ancienneté. Tous, dans la maison, devaient trembler devant lui et lui obéir au moindre signe, et chacun devait à tout instant, être prêt à lui rendre compte de la plus petite bagatelle lorsqu'il s'avisait de le questionner.

C'était ainsi que le vieil aveugle, irrité par les ténèbres sans fin au sein desquelles il était plongé, et par l'inaction, pour lui plus cruelle encore, cherchait à s'en distraire en gouvernant sa maison et sa famille, autant qu'il le pouvait, et en torturant les êtres dont il était entouré. Tout ce qui était proche de lui, était condamné à le servir ; personne n'avait le droit de vivre pour soi ; un espionnage sans fin, habilement organisé, entretenait perpétuellement un état de troubles, de querelles et d'inquiétudes, qui était devenu chronique dans cette maison malheureuse, où il n'y avait ni confiance, ni joie, ni liberté. Le fils du malade lui-même, Jean Druzyna, constamment retenu auprès de ce lit de douleur, perdait la gaieté, l'espérance et l'amour de la vie.

Cependant, le vieux chef d'escadron, si terrible et si dur à l'égard des siens, se montrait, avec les étrangers, particulièrement affable, bienveillant et bon homme. Il avait adopté une ligne de conduite à la face du monde ; une autre qui lui servait dans l'intérieur de sa maison. Il se montrait extraordinairement empressé pour les hôtes qui parfois venaient le visiter, obligeant pour ses voisins, compatissant pour les pauvres. Il parlait doucement à tous, souriait, plaisantait souvent, rendait même de petits services ; aussi ceux qui ne le connaissaient point et qui le voyaient ainsi, avaient peine à croire aux récits qu'on leur faisait des habitudes tyranniques et grondeuses du vieux militaire. Il est certain que les douleurs de la maladie, les longs ennuis de la cécité, les tortures des nuits sans sommeil avaient puissamment contribué à aigrir son caractère ; mais son cœur était resté droit et compatissant encore ; seulement, par je ne sais quel système de sévérité outrée, il avait résolu de ne point le laisser voir aux siens. En outre, la manière exagérée dont il concevait les principes de la discipline militaire, et la nécessité de tenir d'une main ferme les rênes de l'administration domestique, l'avaient confirmé encore dans la pratique de ce despotime méticuleux et incessant.

Le jeune héritier du petit domaine et la pauvre Marie, cette parente éloignée, cloués l'un et l'autre aux côtés du lit ou du grand fauteuil, voyaient donc s'écouler pour eux des jours pleins d'une lente amertume, et sur lesquels leur attachement réciproque pouvait seul répandre quelque douceur. Le vieillard avait, de façon ou d'autre, deviné l'affection qui liait l'une à l'autre, ces deux jeunes âmes cruellement éprouvées ; il avait même à force d'instances et d'adresse, amené les jeunes gens à lui en faire l'aveu ; mais, une fois cet aveu obtenu, il leur avait défendu, sous les peines les plus sévères, sous la promesse même de sa malédiction, de jamais songer à s'unir. Il continuait cependant à les tenir tous deux près de lui, dans cette solitude, ne voyant pas la nécessité de les séparer, car il pensait que sa parole avait une autorité toute-puissante, et que personne ne pouvait avoir l'audace de résister à ses ordres absolus. Les jeunes gens, eux aussi, s'étaient renfermés dans le silence, et accomplissaient leurs rigoureux devoirs avec peine et avec larmes, dissimulant soigneusement devant le terrible vieillard, leur affection ferme et constante.

On devait veiller nuit et jour auprès du vieux chef d'escadron, qui voulait toujours avoir quelqu'un auprès de lui, le plus souvent son fils Jean ou sa pupille Marie, et qui ne quittait guère son lit que pour étendre ses jambes enflées sur les coussins d'un grand fauteuil que l'on roulait par la chambre. Il n'avait qu'un sommeil fort pénible et fréquemment interrompu ; d'ordinaire, il s'assoupissait vers dix heures, se réveillait vers minuit, s'endormait de nouveau au point du jour lorsqu'il avait pris son café; puis, jusqu'à l'heure du dîner, s'occupait de ses affaires, appelant auprès de son lit, tour à tour, ses enfants et ses serviteurs. Il fermait les yeux pour un instant encore après le repas de midi ; puis il s'éveillait de nouveau pour s'agiter, commander, et tourmenter ses serviteurs et ses proches tout le reste du jour jusqu'au soir. Le vieil officier avait, pour sa santé, infiniment moins de ménagements qu'il n'aurait fallu, par suite de ses infirmités multiples ; il prenait de l'eau-de-vie plusieurs fois par jour, mangeait très-copieusement et n'écoutait nullement les avis du docteur, qui le rappelait constamment à la tempérance.

Auprès de son fauteuil ou au chevet de son lit se traitaient les affaires les plus importantes de l'exploitation, et les détails les plus minutieux de celles du ménage ; l'on questionnait, l'on confrontait, l'on jugeait, et l'on condamnait en dernier ressort. Le vieillard devinait tout et se rappelait si bien tout ce qu'on lui avait dit, que rien de tout ce qui l'entourait ne pouvait demeurer caché, bien qu'il fût perclus et aveugle.

Du temps où il avait encore un peu de santé, il avait été l'un des meilleurs amis et l'un des plus fréquents visiteurs du seigneur de Popielnia. Iermola, à cette époque, l'avait vu de près, et, depuis lors, le vieil officier, par respect pour la mémoire de son ami, lui était venu parfois en aide. C'était donc vers son *dwor* que se dirigeait en ce moment Iermola, confiant dans la haute raison du seigneur Druzyna, et dans le bienveillant intérêt qu'il lui avait toujours témoigné.

Tous les habitants du *dwor* se réjouirent de la visite inattendue qui leur arrivait, car, très-probablement, elle aurait pour résultat, en amusant le vieil officier, d'accorder un peu de liberté à ses esclaves, ou même elle aurait le pouvoir de l'égayer pour quelque temps, en le contraignant à prendre ce ton affable et joyeux qu'il tenait toujours en réserve, non pour ses proches, mais pour ses hôtes.

En effet, lorsqu'on vint dire à M. Druzyna que Iermola demandait à le voir, il se mit à crier contre tout le monde, commandant qu'on le lui amenât tout de suite, qu'on apportât pour lui de l'eau-de-vie et un déjeuner ; en un mot, il trouva moyen de gronder et de tourmenter la moitié de sa maison, dans un accès subit de bienveillance et d'amitié pour son hôte. Puis, ayant entendu une petite toux assez timide retentir au seuil de sa chambre, il salua le nouveau venu d'un ton d'affabilité et de bonne humeur.

— Comment te portes-tu, mon vieux? Qu'y a-t-il de neuf à Popielnia?

— Ah! rien, très-illustre seigneur, rien que la faim et la misère.

— Et toi, que fais-tu donc?... Est-ce qu'il y a du nouveau chez toi!

— Oh! certes, répondit le vieillard en soupirant; — quelque chose de très-nouveau, en effet. Monsieur ne sait donc rien?

— Eh! du diable! d'où pourrais-je donc savoir quelque chose? — s'écria le vieil officier — tu vois que je suis ici, comme Lazare, entouré d'ombres; quant à ceux qui m'environnent, ils se garderaient bien de me dire quelque chose qui pût m'intéresser ou me distraire; ils aiment mieux se taire ou bien se plaindre et soupirer. Mais qu'est-il donc arrivé?

— Oh! une aventure si singulière, que je croyais qu'on la connaissait déjà, tout autour de chez nous à des centaines de milles.

— Mais quoi donc! Ne me fais pas languir, mon frère!

— Eh bien, voilà; le bon Dieu m'a envoyé un enfant.

— Comment donc? du diable! as-tu été assez fou pour te marier?

— Non, non, illustre seigneur.

— Eh bien, comment alors? répéta le chef d'escadron en fronçant ses sourcils gris sur sa face ridée.

— Mon seigneur ne comprend pas du tout?

— Non, du diable! je ne comprends pas du tout; j'attends que tu parles clair.

— Il y a déjà assez longtemps..... c'était au mois d'avril..... quelqu'un est venu déposer un enfant auprès de ma cabane.

— Comment? quoi? quand? — répéta le chef d'escadron, s'agitant d'un air inquiet.

— C'était au mois d'avril.

— Allons, dis-moi vite comment la chose est arrivée.

Iermola alors raconta, dans ses plus grands détails, toute l'histoire de l'enfant, de la chèvre, de ses joies, de ses inquiétudes; et les difficultés qu'il avait éprouvées à gagner quelque argent, à apprendre à lire, et la nécessité où il se trouvait de pratiquer un métier quelconque. Le vieil officier l'écoutait attentivement, et, chose plus étrange encore, son fils Jean qui s'était dirigé vers la porte en voyant entrer le bonhomme, fort content qu'il était de pouvoir aller prendre l'air, se sentit tellement intéressé par le récit de Iermola, qu'il resta immobile sur le seuil, attendant la fin de l'histoire.

— En vérité, c'est quelque chose de curieux! — s'écria le chef d'escadron lorsque le récit fut achevé. Des parents dénaturés abandonnent leur enfant au seuil d'une pauvre cabane, et le Seigneur envoie à cet orphelin un père qui vaut cent fois celui que lui avait donné la nature! Seulement, mon vieil ami, cette bénédiction du Ciel te vient un peu tard, il me semble. Depuis que le monde est monde, il ne s'est jamais vu qu'un homme de ton âge s'avisât d'apprendre un métier, et fît des projets d'établissement aussi téméraires. Quel âge as-tu donc?

Iermola savait fort bien qu'il était affligé effectivement de soixante bonnes années, mais il n'osait pas l'avouer, de crainte que le chef d'escadron ne le décourageât davantage encore, ou ne se raillât de lui : il répondit donc sans se troubler :

— Est-ce que cela se compte chez nous? Du moment que les cheveux grisonnent, l'on est vieux. C'est la faiblesse et la misère qui font les années; du reste, Dieu en sait le nombre.

— Bah! bah! Dieu le sait; mais les hommes le savent aussi. Je vais te dire, moi, quel âge tu peux bien avoir, — interrompit le chef d'escadron en comptant sur ses doigts.

— Tu avais six à sept ans, lorsqu'on t'a pris pour être berger du *dwor*. Je n'étais pas encore ici dans ce temps-là; mais, lorsque je suis revenu au pays, il y a quarante ans, ton défunt maître m'a dit alors que tu étais chez lui depuis dix-sept ans environ. Ainsi, comptant le tout en gros, tu as bien soixante ans passés, mon frère.

— Cela peut être, mais puisque je me sens bien portant et vigoureux...

— Ah! c'est un grand bonheur! s'écria le chef d'escadron. — Tu n'es pas comme moi; moi, pauvre infirme, éprouvé de Dieu, insupportable aux hommes, et rejeté par la terre elle-même, qui, depuis longtemps, aurait dû m'engloutir.

— Illustre seigneur, vous n'avez pas de raisons de parler ainsi.

— Allons, allons, contons-nous chacun nos peines. Il faut bien que l'âne se gratte où le bât le blesse.

— Eh bien, voilà, reprit Iermola lentement; — pour pouvoir élever mon petit, il faut que je travaille, et pour lui et pour moi. Or, je ne suis pas bien fort et bien leste au travail des champs; je voudrais trouver un autre moyen de gagner, apprendre un métier ou l'autre.

— Mais tu deviens fou, mon ami, — s'écria Druzyna riant à pleine gorge; — rien que ton apprentissage te prendra beaucoup de temps. Et puis comment apprendras-tu? Tu n'as maintenant ni les bras, ni les yeux, ni la force.

— Je ne peux cependant pas m'en aller mendier?

— Dame, c'est que tu ne le veux pas.

— Non, je ne le veux, ni pour moi, ni pour l'enfant. J'aurais honte d'errer par les chemins en portant la besace. Non, non; cent fois non.

— Bon; mais comment parviendras-tu à apprendre un métier dans ta vieillesse?

— Eh bien, il me semble que j'apprendrais maintenant bien plus aisément qu'au temps où j'étais jeune. On est plus attentif à mon âge; on connaît l'utilité de la chose, et l'on ne s'en distrait pas pour un rien; et puis l'on aime à occuper ses mains, tout en se tenant tranquille.

— Ah! vraiment, mon cher, pour parler ainsi, il faut que tu sois encore bien jeune. Crois-moi, mon bon; le jeune homme n'a rien de commun avec le vieillard. Le vieillard, c'est un autre cœur, un autre corps, une autre tête, un autre homme, enfin, et un homme plus misérable et plus faible. Toi, tu es heureux si tu peux encore, à ton âge, te sentir de la force et du cœur à l'ouvrage.

— Parce qu'il me semble que, puisque j'ai pu apprendre à lire, je viendrai bien à bout aussi d'apprendre un métier.

— Allons; comme tu voudras! choisis quelque chose de facile, au moins, — répliqua Druzyna en secouant la tête.

— On m'avait conseillé le métier à tisser, mais je n'aurais pas d'argent pour en acheter un, et je ne saurais où trouver de la place pour le mettre. Chez moi, c'est si petit...

— Mais que comptes-tu faire alors?

— Ah! pour vous dire la vérité, j'étais venu ici afin de prier Procope...

— Ah ! ah ! faire des pots ! — s'écria le chef d'escadron, — Va, si les tiens ressemblent aux siens, tu ne feras pas fortune.

— Pourvu qu'il veuille me montrer un peu dans les commencements, je parviendrai bien à faire mieux que lui ; mais Procope est jaloux de son savoir et fier de son métier ; il ne voudra pas m'apprendre.

— Il y aurait moyen de remédier à cela, — dit le chef d'escadron. — Je le ferais appeler ici, et je n'aurais qu'un mot à lui dire. Il n'y a pas de secrets qu'il refusât de te communiquer, lorsqu'il aurait reçu mes ordres.

Iermola secoua tristement la tête.

— Les choses que l'on fait par force ne se font jamais bien, — dit-il.

— Eh bien, essaye de la bonne volonté ; et, si tu ne réussis pas par ce moyen, je viendrai à ton aide.

Puis, quelques instants plus tard, le vieillard, renvoyant Iermola un peu plus tranquille et convenablement restauré, lui ordonna de se présenter le même soir pour lui apprendre le résultat de son entrevue avec Procope.

X

CE QUE PEUT UNE FERME VOLONTÉ

Tout en se dirigeant vers la demeure du potier, placée sur un monticule où brillait aux regards le four entouré de poteries fraîches, et ombragée par un poirier antique, Iermola se livra à de profondes réflexions. Il lui sembla enfin qu'il lui était venu une idée adroite et heureuse. Sa vieille face ridée commença à s'éclaircir; il se frotta les mains, et, d'un pas plus ferme et plus léger, s'avança vers la cabane de Procope.

Le potier de Malyczki, après avoir marié sa fille, s'était établi, avec une servante un peu trop jeune et un tout petit apprenti, dans cette chaumière, alors abandonnée, où il menait le plus souvent la vie d'un oisif et d'un épicurien de village.

Il travaillait peu d'ordinaire, car il avait foi en ses roubles, rouillés à demi, et acquis au prix des labeurs de sa jeunesse; on le voyait rarement installé près de sa roue ou occupé à son four, mais on le rencontrait fort souvent au cabaret, ou devant sa propre table, en présence d'un bon plat et d'un gobelet bien plein, que venait de lui apporter sa servante.

Iermola trouva précisément celui qu'il cherchait alors, attablé en face d'une pinte d'eau-de-vie et d'une grande jatte de lait caillé, arrosé de crème. Procope, qui était déjà tout à fait gris, était droit et robuste encore. C'était un paysan de taille haute et massive, large d'épaules, fort comme un chêne, avec une barbe blanche lui tombant jusqu'à la ceinture. Il suffisait de jeter un regard sur lui pour voir qu'il aurait été de force à lutter avec un ours. Lorsqu'il se grisait à l'auberge, tous avaient peur de lui, car il secouait les gars du village au bout de ses longs bras, comme si, secouant un poirier, il en eût fait tomber des poires; il lui suffisait d'appuyer une de ses larges épaules à l'essieu pour faire marcher une voiture chargée, et d'un revers de main, il enlevait un sac de blé, comme un autre eût enlevé une poignée de paille.

Le potier, chaussé de bottes cuir goudronné, qui lui montaient jusqu'aux genoux, portant de larges pantalons blancs taillés à la cosaque, et une chemise de toile grise attachée au col par un gros bouton rouge, et plus bas par une large ceinture de même couleur, trempait sa cuiller dans l'écuelle, tout en regardant la servante, qui, assise devant lui, faisait briller ses dents blanches, et mettait, en riant, sa main devant ses yeux. En ce moment, Iermola parut sur le seuil, et adressa aux habitants de la maison du potier cette salutation pieuse :

Slawa Bohu! Gloire à Dieu!

Les deux vieillards se connaissaient depuis assez longtemps; en outre Procope était généralement affable et hospitalier pour tout le monde, aussi longtemps qu'il ne s'enivrait pas; alors il devenait terrible. Mais en ce moment, il était parfaitement à jeun, et se leva aussitôt de sa banquette. La servante s'enfuit; les deux hommes se saluèrent en s'abordant.

— Allons, qu'est-ce que le Seigneur Dieu nous envoie par votre bouche? — demanda d'abord le potier. — Vous boirez bien un bon coup, n'est-ce pas?

— Je boirai un coup, — dit Iermola, — quoique ce ne soit pas mon habitude.

— Eh! eh! une bonne gorgée d'eau-de-vie ne fait jamais de mal. Et puis, après cela, nous causerons tout de suite de votre affaire, si vous en avez une.

— Eh! oui; il y aurait bien quelque chose de ce genre-là, — reprit le nouveau venu, — mais c'est une longue histoire à conter.

— Alors, commencez-la bien vite.

— Attendez donc, que je respire un peu.

— Comme vous voudrez.

La servante reparut lorsqu'il disait ces mots; elle enleva l'écuelle et la cuiller, laissant l'eau-de-vie su la table. Les deux vieillards commencèrent par se plaindre du temps, de la cherté des vivres, Procope se lamenta considérablement sur les inconvénients de son métier, et, peu à peu, ils en vinrent à parler avec une cordiale franchise.

— Il faut que vous sachiez, — dit tout à coup Iermola, non sans un violent tremblement intérieur, — que je suis, moi aussi, le fils d'un potier. Depuis des temps très-reculés, mes ancêtres avaient un four et fabriquaient des poteries.

— Oh ! oh ! en vérité ? — répliqua Procope avec un visible étonnement.

— C'est comme je vous le dis; mais, mon père et ma mère sont morts lorsque j'étais encore un enfant, et je n'ai pu me rappeler que très-faiblement comment ils travaillaient aux poteries. Mais, jusque aujourd'hui, il y a, dans notre ancien jardin, un beau four à potier qui est recouvert par les herbes. Quant au bien paternel, il est passé dans d'autres mains.

— Mais, depuis que le monde est monde, on n'a jamais vu qu'un potier se soit trouvé parmi les gens de Popielnia.

— C'est que mon père était de Wolhynie, et quand il est venu s'établir ici, il n'a pas vécu longtemps.

— Ah ! c'est différent, — répondit le potier, vidant à petits coups sa coupe d'eau-de-vie.

— Et... voyez-vous... dans ma vieillesse, il m'est

venu l'envie de reprendre mon ancien métier, — balbutia Iermola en rougissant et en baissant la tête.

Procope le regarda jusque dans le blanc des yeux, et commença à se gratter la tête en murmurant quelques paroles confuses.

— Tu veux m'ôter mon pain, méchant vieillard, — grommela-t-il enfin d'une voix menaçante.

— Mais écoutez-moi donc, — continua Iermola tout ému; — au lieu de vous appauvrir, il se peut qu'au contraire je vous fasse gagner quelque chose; ne vous effrayez donc pas sans raison.

— Allons, parle, parle.

— Vous n'avez pas de fils, vous avez marié votre fille, et vous vous êtes fait un bon petit magot; il me semble que ce serait bien pour vous le temps de vous reposer. L'argile que vous trouvez ici ne vaut rien; vous êtes forcé d'aller vendre vos pots bien loin, car personne ne vous les achèterait ici; c'est de trop mauvaise marchandise.

— Eh ! eh ! doucement ; faites bien attention à ce que vous dites, gronda l'irascible potier, frappant la table de son poing.

— Ne vous fâchez pas, Procope, songez que je ne pourrai rien faire sans vous.

— Tu veux me dépouiller !

— Pas le moins du monde ; vous verrez que cette affaire vous rapportera encore un joli petit morceau de pain.

— Allons, parle alors, et que le diable t'emporte !

— Eh bien, voici : si vous vouliez, dans le commencement, m'aider un peu, je suis sûr que j'en viendrais bien à bout ; il me semble que la chose est dans le sang... Construisons à nous deux un four à Popielnia ; nous surveillerons la cuite des poteries ensemble ; et pour vous dédommager de vos peines, la moitié de mes profits vous appartiendra tant que vous vivrez, quand bien même vous ne feriez que dormir tout le jour, les pieds au soleil et la tête à l'ombre.

Procope, à ces mots secoua gravement la tête.

— Cela ne serait pas mauvais, mais qui répondra pour vous ?

— Votre seigneur.

— Le vieil officier, le méchant drôle ! — s'écria Procope.

— Eh oui, c'est lui ; il a vu, il a plaint le triste sort qui m'attend dans ma vieillesse, et, pour y remédier, il m'a donné ce conseil.

Procope, embarrassé, se tut un moment. Il tenait l'oreille basse et se tirait la barbe.

— C'est le chef d'escadron, vraiment, qui t'a conseillé ceci ?... Est-ce qu'il connaît le métier ? Il vous semble, à vous autres, qu'il est aussi facile de tourner des pots que de creuser un sillon, et qu'on allume un four aussi aisément qu'on fait bouillir sa soupe. Eh bien, moi, j'ai travaillé aux poteries toute ma vie, et pourtant je ne réussis pas toujours.

— Parce que vous ne prenez pas beaucoup de peine

pour cela; vous avez de l'argent, du pain, une chaumière; pourquoi vous donneriez-vous du mal quand vous n'en avez pas besoin?

— Pour cela, c'est vrai; mais crois-tu donc, mon vieux, que tu pourras apprendre facilement? Remets-t'en à ce que je te dis, il faut pour cela une jeune tête.

— Essayez toujours; votre seigneur vous en sera reconnaissant.

— Le diable l'emporte avec son seigneur, — murmura Procope, — c'est que le seigneur se soucie de la misère d'un homme comme de rien.

— Et si, par hasard, nous trouvons à Popielnia de bonne argile pour les poteries blanches? vous n'en faites que des noires, qui sont laides et qui ne valent rien.

Procope, à ces mots, se leva, transporté de colère; ses poings se crispaient, et ses yeux étaient injectés de sang.

— Elles ne valent rien! — s'écria-t-il d'une voix de tonnerre. — Attends un peu, que je t'attrape, vieux drôle, et tu verras alors que ton seigneur lui-même ne te tirera pas de mes mains.

— Et, en seriez-vous plus avancé, lorsque vous aurez perdu un orphelin et un pauvre homme? — répondit humblement Iermola, en baissant les yeux.

Cette soumission et cette douceur désarmèrent le vieux potier, qui recommença à sourire.

— De quel orphelin parlez-vous? — dit-il.

— Eh! vous ne savez donc rien?

— Rien du tout; J'ai voyagé dans ces derniers temps; racontez-moi donc l'histoire de cet orphelin dont vous parlez.

Le vieillard alors, tout content d'avoir apaisé le terrible potier qui, bien qu'irascible et violent, avait au fond un assez bon cœur, — se mit en devoir de narrer son aventure, sans en omettre les moindres incidents, ni les plus petits détails, ainsi que les paysans le font toujours lorsqu'ils racontent. Et par bonheur, il vint à bout de la raconter d'une façon qui intéressa et qui émut Procope. Le vieux potier appela sa servante pour qu'elle vînt écouter aussi, et, grâce au touchant récit de Iermola, une heure entière s'écoula sans qu'ils s'en aperçussent. Un sentiment profond appelait un sentiment sincère; la pitié s'élevait dans ces cœurs.

Procope jurait et maugréait encore; mais ce n'était plus contre son visiteur cette fois; c'était contre les indignes, les misérables, les vipères, qui avaient eu ainsi le courage d'abandonner un pauvre enfant à toutes les misères de l'orphelin, à tous les hasards de la vie. La position de Iermola devenait par cela même intéressante, et excitait sa pitié; peut-être aussi le souvenir du terrible seigneur, fort bien connu de tous ses serfs, contribuait-il à augmenter cette impression favorable. Bref, lorsque la petite société se leva de table, après avoir causé pendant plusieurs heures, le potier promit à Iermola de se rendre le lendemain à Popielnia, afin de voir l'enfant et de chercher de l'argile.

Ayant ainsi reçu sa parole, qui fut scellée au moyen d'une bonne rasade d'eau-de-vie, Iermola se rendit au *dwor* pour informer son protecteur de l'heureux résultat de sa journée ; puis, se hâtant de traverser les bois par un sentier fort peu connu, il arriva à Popielnia, tout inquiet du sort de son petit protégé, et craignant qu'Horpyna ne l'empêchât de dormir à force de caresses, ou ne le rendît malade à force de le bourrer de douceurs.

Poudreux et fatigué, les lèvres sèches, le front baigné de sueur, plein d'anxiété au sujet de l'entrevue du lendemain avec le terrible Procope, et tremblant d'avoir conçu des espérances vaines et perdu un temps précieux, Iermola arriva enfin à la cabane de la veuve ; il saisit aussitôt son cher petit Radionek, et le mangea de caresses, comme s'il ne l'eût pas vu depuis un an ; puis, se gardant bien d'avouer à sa commère les démarches qu'il avait faites pendant ce jour, il se hâta de regagner sa cabane.

Le lendemain, il était debout dès l'aurore. Il fut forcé de confier encore l'enfant à Horpyna, car il lui eût été impossible de le garder sur ses bras, en errant dans les environs pour accompagner Procope ; puis, il s'occupa à balayer et à ranger sa maison, à disposer un flacon d'eau-de-vie et à faire rôtir dans son four un bon morceau de viande destiné au dîner de Procope, qui ne se contentait point de peu, car il était habitué à faire bonne chère.

Le potier de Maliczki tint fidèlement sa promesse ; vers huit heures du matin, son petit chariot à un cheval s'arrêta devant le vieux cabaret. On installa le bidet, tant bien que mal, dans l'angle d'un mur à moitié démoli ; puis, comme Procope, après avoir vidé deux ou trois verres d'eau-de-vie, demanda d'abord à voir l'orphelin, ils se rendirent aussitôt à la cabane de la veuve. Ils étaient probablement attendus, à en juger par la somptueuse réception qui leur fut faite.

La vieille, désireuse de seconder les efforts de Iermola, et poussée par sa vanité à se montrer libérale et magnifique en présence d'un hôte, avait préparé une excellente soupe de gruau au miel, un grand plat de saucisses, le mets le plus recherché des habitants de Popielnia, et enfin, une grosse et appétissante omelette, ce qui rehaussa extraordinairement le luxe de la réception, donnant en même temps au potier une très-haute idée de l'opulence de la veuve.

Aussi le vieil industriel, animé d'une fort joyeuse humeur, trouva l'enfant joli, intéressant, aimable ; il est vrai que Iermola s'entendait à faire ressortir ses divers mérites et ses précoces qualités.

Un peu plus tard enfin, comme le pauvre père nourricier grillait d'impatience, les deux hommes sortirent de la cabane pour se mettre à la recherche de la terre à poterie, quoique Procope se séparât avec un regret évident des plats et des bouteilles, et eût volontiers renvoyé cette expédition à un autre moment.

Iermola, dans le fond de son cœur, adressait de ferventes prières à Dieu, afin qu'il daignât lui faire découvrir de bonne argile, mais, à dire vrai, il ne savait point du tout de quel côté il devait la chercher ; il n'avait même pas l'espoir de réussir. Il se rassurait cependant un peu, en se disant que la Providence accomplit souvent ce que ne peuvent espérer les hommes. Ayant toujours entendu dire que les chênes croissent de préférence sur un terrain argileux, et sachant que les paysans allaient chercher au pied des arbres, autour de son jardin, dans l'endroit même où l'on avait déposé l'enfant, l'argile dont ils se servaient pour revêtir les murs de leurs cabanes, ils résolurent de se diriger d'abord vers cet endroit, conduits par un vague instinct.

Ils prirent, dans la cabane de Iermola, une grande et forte bêche, et gravirent tous deux la pente douce qui menait jusqu'au bout du jardin. Procope, pour se donner un air majestueux, marchait lentement, les deux mains passées dans sa ceinture.

— Mais vous n'avez ici que du sable tout pur, — dit d'abord le vieux potier ; — l'argile, s'il y en a, doit se trouver tout en dessous, et qui sait encore si elle pourra servir à quelque chose... Il me semble que nous ferions mieux d'aller la chercher ailleurs.

Ils avancèrent encore de quelques pas, et lorsqu'ils

arrivèrent auprès du gros chêne que Iermola avait baptisé du nom d'arbre de Radionek, il prit envie au vieillard de fouiller en cet endroit.

Procope, qui, assez nonchalant de sa nature, n'aimait pas à se fatiguer, s'assit tranquillement à terre, et Iermola, ayant craché dans ses mains, se mit courageusement à la besogne. Les premières pelletées de terrain qu'il rejeta d'abord, ne valaient absolument rien : ce n'était que du sable blanc, et puis du sable gris, et puis du sable jaune; et puis du gravier. Tout à coup, la bêche rencontra un corps plus dense, plus compacte et plus résistant; Iermola, en creusant, venait de trouver de l'argile... Mais cette argile ne pouvait servir ; elle était jaune et parsemée de fins cailloux ; elle se trouvait mêlée à trop de gravier et de sable.

Il en offrit sur sa bêche un échantillon à Procope; mais celui-ci se contenta d'y attacher un regard de mépris, tout en haussant les épaules.

— Bêchez plus loin, bêchez ailleurs, — grommela-t-il tout rouge et tout essoufflé à la suite du bon repas qu'il avait fait, et..., écoutez donc, donnez-moi votre pipe.

Iermola, en ce moment, pour se concilier les bonnes grâces du vieux potier, aurait donné non-seulement sa pipe, mais encore sa dernière chemise ; ôtant donc vivement de ses lèvres le tuyau d'argile enfumé qu'il passa à son compagnon, il s'inclina de nouveau et se remit à bêcher en silence.

A la suite de cette couche d'argile, une autre se

montra, plus massive et plus épaisse, mais Procope n'en fut pas plus content; ce n'était pas encore là la véritable terre à potier. Dans l'intérieur de la troisième couche seulement apparut soudain une sorte de terre verdâtre d'un aspect fort étrange ; dense et compacte comme de la pierre, d'une nuance sale et foncée avec des veines fauves. En apercevant ce terrain d'un aspect repoussant et bizarre, Iermola se sentit froid au cœur; il rejeta sa dernière pelletée de terre par un brusque mouvement, et soupirant avec effort, s'appuya sur sa bêche. En cet instant, le regard de Procope s'attacha sur quelques parcelles de cette terre qui venaient de rouler jusqu'à ses pieds ; son visage s'éclaira soudain; il se baissa, saisit un peu de cette terre entre ses doigts, l'écrasa, la fit craquer sous sa dent.

— Oh ! oh ! s'écria-t-il tout transporté, — vous connaissiez sûrement l'existence de cette couche d'argile ! Savez-vous ce que c'est que cette terre-ci ?... Eh bien, c'est une terre à potier comme l'on n'en trouve pas à vingt lieues à la ronde, comme il n'y en a qu'à Wlodzimiez.... Ah ! vieux corbeau, vieux fripon, je ne te savais pas si rusé ! — continua Procope, laissant tomber sa pipe.

Iermola, à ces paroles, resta muet à force d'étonnement. Mais il comprit la nécessité de paraître avoir agi en connaissance de cause, tandis qu'en réalité la main de la Providence seule l'avait conduit.

Il sourit donc d'un air mystérieux en secouant la tête.

— Et la couche est-elle profonde ?... Bêchez donc encore un peu pour voir. — reprit le potier. — Quand je dis qu'à vingt milles d'ici, il n'y a pas d'argile pareille, tendre et forte, et grasse à manger comme du beurre... A moins qu'on n'aille la chercher à Włodzimiez.., « Oh ! quels pots nous cuirons ! quels pots ! »

Tous deux alors se mirent à creuser et eurent bientôt mis à découvert une couche d'argile épaisse et abondante. Il s'y montrait bien encore, à la vérité, quelques veines d'une terre plus blanchâtre, mêlée de gravier et de sable, mais ces légères traces disparaissaient un peu plus loin, et la précieuse argile, grasse et verdâtre, se montrait seule, riche, inépuisable... Ils en emportèrent dans un vieux manteau, un bon petit tas qu'ils voulaient essayer, et, ayant bu quelques rasades pour terminer convenablement l'affaire, Procope remonta sur son chariot, et reprit la route de Malyczki.

Ce fut de cette façon que l'on découvrit à Popielnia, de l'argile dont jusqu'alors l'on n'avait jamais soupçonné l'existence. Le soir même, le futur potier, — le premier de tous les potiers qui eût jamais illustré le village, — se mit, après le départ de Procope, à deux genoux dans sa chambre, les yeux mouillés à force de joie, et priant avec ferveur.

— L'enfant aura du pain ! — s'écria-t-il dans un transport véritable. — Je vous remercie, mon Dieu ! vous m'avez exaucé. L'enfant aura du pain.

XI

UNE POTERIE A POPIELNIA

« Le Seigneur Dieu nourrit et vêtit ses serviteurs, » dit le proverbe slave, et les serviteurs de Dieu, ce sont les hommes de bonne volonté, dans la vie desquels le regard et la main de Dieu se montrent entièrement visibles, de même que, dans la destinée des enfants des ténèbres, se manifestent les résultats du mal et du péché.

Ce monde-ci est si sagement constitué, dirigé si habilement, que tout le bien qui s'y fait, y porte d'heureux fruits, par un effet de sa nature même, tandis que le mal porte avec lui, non-seulement sa punition, mais encore des principes, des germes dangereux. Souvent les résultats infaillibles de ces deux grandes causes sont, pour un temps, invisibles aux yeux des hommes; un jour vient cependant où l'on voit paraître, à la surface, ce qui fermentait silencieusement dans les vastes profondeurs. Souvent aussi, les résultats suprêmes du bien et du mal ici-bas accomplis, ne se manifestent qu'au-delà de ce monde, la justice de Dieu, en nous empêchant de les voir, ne nous permet que de les pressentir. Ce qu'il y a de certain, c'est que partout où dans une vie humaine, vous rencontrez la foi, l'amour et le dévouement, vous pouvez être sûr de voir aussi la paix intérieure, la bénédiction de l'esprit, et des forces incommensurables, avec une puissance qui tient du miracle.

Il n'y a au monde rien de tel, pour diriger la volonté et pour en faire une puissance. L'amour a des lumières et des pressentiments célestes, une intelligence innée, une science instinctive, comme une prodigieuse et constante infaillibilité.

Quelque part que l'amour se montre et quelque forme qu'il revête, à peine l'a-t-on rencontré qu'on reconnaît le roi. L'animal lui-même, relevé et animé par l'amour, se rapproche de la créature humaine. C'est la tendresse maternelle qui l'ennoblit, c'est le dévouement, c'est la fidélité. Il n'y a rien au monde de plus triste et de plus repoussant qu'une vie flétrie par l'égoïsme, par la haine, par la séparation volontaire d'un seul d'avec les devoirs et les intérêts de tous.

Le monde est constitué et garanti par ce grand lien de l'amour qui le fait un, entier, durable; et le cœur dans lequel l'amour n'est pas, est exclu de la grande famille de Dieu.

L'amour avait suffi pour transformer, pour fortifier, pour rajeunir Iermola, ce faible et pauvre vieillard ; il l'était venu chercher au bord de sa tombe pour lui rendre une nouvelle vie, et lui donner plus de forces qu'il n'en avait jamais eues dans sa jeunesse. Vous me demanderez peut-être pourquoi j'ai choisi un être si petit et si faible pour en faire le représentant d'un sentiment si sublime et si généreux? Mais celui qui a l'amour dans le cœur n'est jamais petit ni faible. Au reste, je répéterai ici l'axiome latin : *Natura maxime miranda in minimis.* Cette vérité n'est pas faite seulement pour le monde mycroscopique des savants et des naturalistes ; dans le monde moral on a bien souvent aussi l'occasion de l'appliquer.

A partir de l'instant où cette excellente terre à potier fut découverte à Popielnia, — ce qui fut un des grands événements de la vie de notre vieillard, — tout lui vint abondamment et aisément, tout lui parut facile, quoique les gens du village et les étrangers ne pussent point parvenir à comprendre comment un vieillard faible et presque décrépit avait pu apprendre un métier qui jusqu'alors lui était resté inconnu. Mais, dans l'homme, la volonté est tout, et lorsqu'un sentiment puissant la dirige, à quel but élevé ne parviennent-ils pas tous les deux ?

On essaya l'argile à Malyczki, où le four à poteries de Procope se trouvait à dessein préparé ; et lorsque Procope eut tourné une couple de pots de cette nouvelle argile, et, les ayant marqués, les plaça parmi les siens; lorsque ensuite, le four étant refroidi, on s'empressa d'en tirer et d'en examiner les poteries, on y aperçut tout d'abord deux pots tout blancs, mignons, légers, sonores, tout à fait différents de ceux que produisait la terre de Malyczki, et dont le seul aspect jeta Procope et tous les assistants dans une admiration profonde.

Aucun d'eux ne s'était fêlé pendant la cuisson, et lorsqu'on les apporta tous les deux à Popielnia, dans la chaumière de la veuve, tous les habitants s'assemblèrent pour contempler cette merveille, tandis que Iermola, hors de lui, embrassa les deux cruches en pleurant.

Il lui fut désormais facile de s'entendre avec Procope, pour ce qui concernait l'apprentissage du métier, la construction du four, l'installation de la roue, et des autres outils nécessaires; le plus malaisé était de se concilier le terrible économe Hudny, dont la permission était indispensable pour tirer l'argile de la terre et pour construire un four dans le jardin. Par bonheur, la femme de l'économe se proposait bien de tirer profit de cette industrie nouvelle; on lui offrit l'un des pots confectionnés pour l'essai, et dès lors M. Hudny n'opposa plus aux travailleurs d'obstacles insurmontables. Ne voulant point cependant s'écarter de la loi qu'il avait dès longtemps établie, il fit comprendre à Iermola qu'il devrait le payer argent comptant, afin d'obtenir de lui le privilège d'exercer son métier. Et tant d'obligations, tant de frais nécessaires accablaient maintenant le futur potier, — point encore au courant de son métier à venir, — qu'il ne savait guère comment il parviendrait à y faire face. Procope ne voulait pas lui consacrer son temps pour rien ; l'établi, les tuiles, les divers instruments et la fouille du terrain étaient aussi une source de dépenses. La chambre du pauvre homme se trouva aussi trop petite ; il lui fallut en réparer, tant bien que mal, une autre qui se trouvait à côté ; tous ces préparatifs firent perdre beaucoup de temps, et la petite provision d'argent diminuait et s'épuisait avec une rapidité effrayante.

Avant que le vieillard ait pu tirer quelque profit de son industrie nouvelle, il fut donc forcé de s'endetter considérablement. Il eut bien un instant l'idée de se servir de l'or de Radionek, qu'il avait serré si soigneusement ; mais il ne put se décider à recourir à ce moyen ; il craignait, d'ailleurs, non sans raison, d'être poursuivi par des conjectures fâcheuses, et exposé peut-être à de pénibles persécutions, s'il se hasardait à laisser voir un seul ducat entre ses mains.

La veuve, par bonheur, tout en se grattant l'oreille et en secouant la tête, se décidait, de temps à autre, à dénouer l'un de ses sacs pour aider son vieil ami, car elle lui était sincèrement attachée, ainsi qu'à Radionek, le bel enfant d'adoption. Cependant plus les dépenses croissaient, plus elle craignait que toute cette entreprise de poteries ne s'en allât à vau-l'eau ; aussi se reprochait-elle souvent d'avoir engagé le vieillard à se choisir cette carrière.

Procope, que le vieux chef d'escadron avait fait mander auprès de lui, lui déclarant, en termes fort clairs, qu'il entendait que les affaires de Iermola prissent une tournure favorable, s'était mis courageusement à l'ouvrage, espérant bien, pour sa part, en avoir de bons profits.

Quant à M. le régisseur Hudny, Iermola lui paya vingt florins la permission d'extraire de l'argile et de bâtir un four. Il fallut ensuite engager deux manœuvres pour arranger et maçonner une seconde chambre. Quinze jours plus tard, le vieil Iermola portait, mêlait et façonnait la terre, tournait et séchait ses pots et se préparait enfin à cuire les premières poteries qui fussent jamais sorties du village de Popielnia. Procope se chargea de surveiller le feu, et la première cuite réussit si bien qu'il n'y eut au total que fort peu de pots endommagés.

Puis, lorsqu'ils furent tous transportés et bien rangés dans la chambre, les yeux des deux vieillards rayonnèrent de contentement, tant leurs produits avaient bonne et jolie mine, tant ils étaient sonores, ronds et nets, tant ils promettaient surtout d'être bons et solides. Ils supportèrent victorieusement la seconde épreuve du feu, et comme la nouveauté est aussi de mode au village, en quelques jours il ne resta plus à l'étage une seule cruche ni un seul plat, tant ils s'étaient tous parfaitement vendus. Le produit de la vente ne suffit pas, à la vérité, à payer toutes les dettes; mais la veuve du cosaque reçut une partie de ce qui lui était dû; quelque argent resta au vieillard; Procope fit bombance avec la part qui lui fut donnée; la femme de l'économe empocha la sienne, et Iermola, dans son juste orgueil put concevoir les plus brillantes espérances pour l'avenir.

Au milieu de tous ces embarras, Iermola ne quittait pas des yeux le petit Radionek, et, autant que possible, l'avait toujours sur les bras. L'enfant devenait de jour en jour de moins en moins embarrassant; il grandissait à vue d'œil; son intelligence se développait, et l'on pouvait déjà prévoir quel gentil espiègle ce serait un jour. Dans les moments les plus difficiles, Iermola le confiait à Horpyna, qui en était toujours fort contente, mais il ne lui laissait jamais passer la nuit sous un toit étranger, car il se serait senti trop triste en son absence. Et dans ces moments de séparation, la pauvre chèvre elle-même ne savait plus que faire; si elle restait près de l'enfant, elle regrettait le vieillard; si elle suivait Iermola, elle bêlait tristement pour appeler Radionek.

Par bonheur, les premiers moments donnés aux arides leçons de l'apprentissage, s'écoulaient assez rapidement. Iermola se convainquit alors de la vérité du proverbe « ce ne sont pas les saints qui font cuire les pots. » Grâce à son intelligence prompte, il saisit rapidement les premiers principes de son art; mais le tour et le collage des pots, la manipulation et la préparation de l'argile, étaient infiniment plus aisées à comprendre que la manière d'arranger les poteries dans le four et de le chauffer. Les soins à donner au feu pour le modérer, pour l'entretenir, pour l'éteindre à temps, afin que les pots ne fussent point trop ou trop peu cuits, étaient pour lui la plus sérieuse de toutes les difficultés, difficulté qui ne pouvait se résoudre qu'à l'aide d'une longue habitude d'où découlerait l'expérience.

Procope, qui voulait constamment se rendre nécessaire au vieillard, ne lui révélait qu'à demi ces secrets, dont Iermola était forcé de deviner la plus grande partie, arrivant, par des tâtonnements successifs, à la connaissance de la vérité. Sa volonté tenace et forte suffisait à concentrer sur ce seul objet toutes les facultés de son esprit, et lui facilitait beaucoup toutes choses.

Lorsque l'hiver fut passé, lorsqu'un nouveau printemps vint égayer de sa verdure et inonder de ses eaux le bord de la rivière Horyn; lorsque les mariniers et leurs radeaux se montrèrent de nouveau près de ses rives, Iermola était véritablement, dans toute l'acception du mot, devenu potier; toute sa provision de pots fut vendue en un clin d'œil aux charpentiers et aux bûcherons de la forêt. On se les arracha littéralement; la femme de l'économe se fâcha sérieusement, voyant qu'il n'y en avait pas pour elle, et le vieillard dut céder même les petits pots qu'il avait gardés pour lui.

Le petit Radionek, pendant ce temps, croissait et se développait de jour en jour, et avait toute la grâce et la gentillesse qu'il fallait pour charmer le cœur d'un père.

Il donnait déjà à Iermola ce doux nom, qui lui faisait venir les larmes aux yeux ; il apprenait seul à marcher, il n'avait plus besoin désormais de la vieille chèvre, car il venait à bout de se tirer d'affaire avec une croûte de pain, et la bonne Juive ne servait plus dès lors qu'à l'amuser.

Un petit chevreau était venu, au bout de l'an, augmenter la famille ; Iermola ne s'en fâchait point, quoiqu'il vît parfois avec un assez vif déplaisir, la Juive s'occuper surtout de sa jeune progéniture au détriment de son fils adoptif. Radionek jouait avec ce petit frère folâtre et innocent, d'une manière si gentille et si folâtre aussi, que souvent le vieillard, en les regardant tous deux, se tenait les côtes à force de rire ; ce qui lui fournissait d'excellentes raisons pour aller embrasser l'enfant et pour se montrer reconnaissant envers la chevrette.

Ainsi, dans cette ruine solitaire, triste et presque déserte une année auparavant, étaient entrées, avec l'enfant trouvé, l'espérance, la joie et la vie. On aurait pu à peine reconnaître Iermola, tant il avait l'air rajeuni, tant il se montrait actif, content et leste. Cette partie du cabaret où il habitait, avait été réparée, et soigneusement recouverte ; une autre chambre arrangée à côté ; le jardin où se trouvait le four, était clos d'une petite porte bien solide et de haies soigneusement entretenues ; on voyait l'aisance et le bien-être du bonhomme se développer lentement. Iermola avait pris un nouveau serviteur, pour l'aider et pour garder les chèvres : c'était un petit orphelin d'une dizaine d'années appelé Huluk. En effet, il lui était impossible, étant seul, de suffire à tout, et il avait désormais de quoi payer les services de cet enfant.

Il manquait, à la vérité, une femme dans la cabane, mais la veuve y venait souvent et tenait lieu de ménagère ; en outre, le pain se cuisait, le linge se lavait et se cousait chez elle ; c'était elle également qui préparait la plus grande partie des aliments et qui avait soin de faire les provisions d'hiver.

Toutes les fois que Iermola se glorifiait devant elle des résultats de son industrie, elle lui rappelait ce pot cassé, qui lui en avait suggéré l'idée première, et nous ne saurions vous dire combien de fois elle avait raconté et commenté cet accident. La Providence lui avait également accordé ce qu'elle désirait le plus ; car son Horpyna avait fait enfin un très-brillant mariage.

Le jeune secrétaire qui depuis longtemps l'avait distinguée et lui faisait de fréquentes visites, après avoir beaucoup hésité, réfléchi, combattu son inclination, finit par n'écouter que la voix de son cœur, et la demanda en mariage à sa mère. Ce n'était peut-être pas tout à fait là le parti qui aurait le mieux convenu à la veuve, quoiqu'elle vit sa fille épouser un employé, et se faire un sort brillant. Elle aurait de beaucoup préféré la marier à un riche paysan, à un cultivateur; qui serait probablement resté près d'elle. Mais le jeune homme ne voulait point entendre parler de ce projet;

10.

il se préparait à devenir intendant et avait de hautes visées; la veuve fut donc forcée de renoncer à la société de sa fille, et resta seule à Popielnia, dans le petit bien que l'ancien seigneur lui avait donné. La noce fut des plus brillantes, et, le lendemain, lorsque le jeune homme se fut éloigné avec sa nouvelle épouse, impatient qu'il était de l'installer dans sa maison, la veuve ne se sentit pas la force de rester ainsi toute seule dans la chaumière déserte où tout lui rappelait sa fille, et elle alla passer la journée entière près de son ami Iermola. Dès lors, il s'écoula rarement un jour sans qu'elle se présentât chez lui, car elle pouvait lui parler à cœur ouvert de sa chère Horpyna, de son abandon actuel et de sa triste vieillesse, et comme Radionek dans ces moments-là, venait parfois à bout de la toucher et de la distraire, elle finit par s'y attacher peu à peu.

XII

BONHEUR DE PÈRE

Nous allons franchir maintenant un intervalle d'une dizaine d'années, avant de retrouver ceux que nous avons laissés, enfant et vieillard, croissant et travaillant dans l'espérance de l'avenir.

Tout, dans ces alentours, avait beaucoup changé, et personne plus que Radionek que nul n'aurait pu reconnaître, tant il avait grandi et embelli.

Les paysans, — dont les enfants, accablés de bonne heure par de rudes travaux, croissent lentement et semblent avoir peine à se séparer de la terre, — considéraient le fils adoptif de Iermola avec étonnement, et, en le voyant, secouaient la tête, se disant qu'il devait avoir reçu en partage, dès sa naissance, un sang vigoureux et une organisation heureuse, auxquels il devait tant de force, d'élégance et de beauté. On n'aurait pu lui comparer aucun de ses petits compagnons du village, et le fait est qu'aucun d'eux n'avait eu un père semblable au sien, et n'avait été bercé, comme lui, au milieu des soins les plus constants et des plus tendres caresses. L'extérieur de Radionek attirait tout d'abord les regards de la foule ; ses traits étaient beaux et remarqnablement réguliers; l'ovale de son visage un peu allongé, le nez droit, la bouche petite et un peu saillante, les yeux bruns pleins de feu et de vie, une singulière expression de fierté et de joie, de sensibilité et de force. Ses cheveux étaient rasés fort haut sur le front, selon la coutume de Polésie, ce qui relevait encore la noblesse de sa physionomie, en exhaussant son front; les beaux cheveux longs et fins qu'on avait laissé croître derrière sa tête, retombaient sur ses épaules en longues boucles dorées. Jamais, à voir l'élégance de son corps vigoureux et souple, on n'aurait pu croire que le lait maternel lui avait fait défaut. La largeur de ses épaules annonçait une hauteur et une vigueur de taille peu communes; la simplicité de son éducation, qui l'avait accoutumé de bonne heure à supporter les travaux rudes, les incommodités de toute nature, et les intempéries des saisons, lui avaient donné, en outre, l'agilité, la vigueur et l'élasticité d'un jeune animal sauvage.

L'expression des yeux de Radionek annonçait une intelligence claire et prompte; il avait le regard franc et sûr, comme s'il ne connaissait nullement les luttes et les fardeaux de la vie, ou comme si, les connaissant, il ne les eût point redoutés. L'enfant, jeune et curieux, vif et tendre, animé de sentiments ardents et purs, devait ses aimables qualités et son rare développement au cœur affectueux et à l'amour tendre de son excellent père. C'est que l'amour d'un seul se répand sur tous les êtres qui vivent à côté, et les élève et les ennoblit, et leur donne l'intelligence et la force, dons uniques et précieux qu'aucune autre puissance au monde n'aurait pu leur faire. Radionek, qui se sentait entouré des soins et de la protection de Iermola, et qui, depuis son enfance, n'avait rien vu autour de lui qui ne fût cordial et tendre, s'était accoutumé à ces doux sentiments, et les avait fait pénétrer en lui-même ; il aimait, partout et toujours, et, en aimant, il se trouvait bien. Tous les habitants du village le considéraient comme leur nourrisson, et tous, à l'exception de l'économe Hudny, qui se trouvait à Popielnia, quoique chaque année il se préparât à prendre une grosse ferme, — il n'y en avait pas un seul qui ne prît grand plaisir à accueillir et à caresser le jeune garçon.

Tous les enfants du village, garçons et filles, obéissaient, dans tous leurs jeux, dans toutes leurs entreprises, au moindre signe de Radionek, et quoiqu'il fût un peu mieux vêtu et qu'il eût meilleure mine qu'eux tous, et qu'il possédât aussi beaucoup plus de science, il ne pensait jamais à abuser de sa supériorité, ni même à s'en prévaloir. Il était affable et complaisant pour tous et ne froissait personne. C'est qu'aussi il n'y a pas de véritable père qui surveille et qui enseigne son enfant comme Iermola avait surveillé et enseigné

Radionek. Pendant les premières années, il avait soigné son corps ; plus tard, lorsque ses oreilles et ses yeux s'étaient ouverts il avait commencé à éveiller son âme, et à la dresser pour les luttes de la vie.

L'instinct de l'affection lui avait, à cet égard, merveilleusement indiqué la route qu'il devait suivre. Et alors il s'était fait un de ces miracles qui, sans être aperçus, s'accomplissent dans le monde. Le maître s'était instruit et perfectionné en même temps que l'élève; la volonté avait agrandi et attendri le cœur ; le sentiment avait élevé et éclairé l'intelligence. En cherchant le vrai et le bien pour l'enfant, Iermola les avait trouvés pour lui-même ; les semences gelées, endormies, aux trois quarts mortes, avaient produit un fruit tartif, mais excellent et beau.

Le vieillard, qui voulait instruire l'enfant, avait dû d'abord chercher la science lui-même : il avait étudié comparé, réfléchi, médité, prié, et il était enfin arrivé par le cœur aux choses qu'on acquiert rarement par le savoir et par la raison. Il n'avait que fort peu de science assurément, mais cette science était grande. L'enfant savait lire, et ne connaissait pas d'autre livre que l'Evangile.

C'était là qu'il s'était nourri tout d'abord à la source saine de la vie.

Outre cela, le vieillard, qui craignait de mourir d'un jour à l'autre en laissant Radionek complétement orphelin, avait eu soin de lui apprendre son métier, aussitôt qu'il eut acquis un peu d'adresse et de force, le mettant au courant de ces petits secrets de tous les jours, dont la connaissance donne l'indépendance à l'homme en lui enseignant à se passer des autres. Nos paysans en sont encore à ce degré de barbarie des peuples à demi sauvages, qui leur assure une supériorité certaine sur les peuples civilisés, en ce qu'ils peuvent, sans l'aide d'autrui, suffire à presque tous leurs besoins. Un villageois encore tout jeune connaît une foule de choses ; chaque jour le contraint d'employer son adresse ; il est à la fois laboureur, charpentier, menuisier, architecte, maçon, teinturier, tisserand, et dans le cas de pressante nécessité, il trouve facilement le moyen de se tirer de peine.

Il en est tout autrement chez les peuples vivant dans un état de civilisation plus haute, et liés entre eux par une étroite solidarité. Cette façon de vivre constitue peut-être pour eux une infériorité véritable ; les émigrants anglais que l'on voit s'établir en qualité de colons dans des pays nouveaux, succombent presque tous sous le fardeau de cette vie difficile, qu'ils ne peuvent supporter. Non-seulement dans les grandes villes, mais dans les villages mêmes, les choses nécessaires à la vie, s'achètent toutes faites ; aussi, chacun ne connaît qu'un métier ; l'échange suffit pour obtenir tous les objets nécessaires. Il est vrai que, par ce moyen, chaque objet en particulier, se fabrique habilement, à bon marché, et que l'on gagne à opérer l'échange ; nous ne pouvons cependant reconnaître un résultat sain et salutaire de la civilisation dans cet emploi exclusif des facultés de l'homme, qui le transforme, avec le temps, en une sorte de machine, et, — si on l'ôte de sa place propre, — finit par le rendre inutile, comme une roue jetée dehors de son essieu. Ce mal n'est que la conséquence imprudente et fatale de l'excessive division du travail qui offre de grands avantages, sans doute, mais qui, poussée à l'extrême, présente aussi de grands périls. Sous ce rapport, notre nation n'est point encore soumise aux préjugés qui, dans l'Occident, exercent leur fâcheuse influence.

Iermola, de même que chaque paysan de son âge, savait donc une foule de choses qu'il avait apprises dans le commerce et les incidents ordinaires de la vie, et s'il ne mettait point ces choses au rang honorable de connaissances, elles n'en constituaient pas moins un inappréciable trésor.

Potier de son état, et potier des plus habiles, il était, en même temps, un tant soit peu pêcheur, ayant appris, pour s'amuser d'abord, à se servir de la navette et à poser des nasses. Il maniait la hache assez adroitement, n'était pas étranger aux divers ouvrages de menuiserie, était parfaitement à même de conduire un chariot, et dans tout ce qui concerne la besogne ordinaire du laboureur, possédait une foule de petites connaissances qui, ailleurs, sont la propriété exclusive des gens qui travaillent à la terre.

Tandis que l'enfant, pendant ces dix années, avait merveilleusement crû et considérablement embelli, notre bon Iermola n'avait que fort peu vieilli ; aucun changement notable ne s'était opéré dans toute sa personne, sinon que sa taille penchait peut-être encore un peu plus en avant et que ses jambes devenaient quelquefois plus lourdes et plus traînantes ; du reste, il s'occupait sans cesse, avec son fils adoptif, à la fabrication de ses poteries, et cette continuelle activité entretenait son courage et ses forces. Un des secrets les plus importants de la haute science de la vie, — qu'on n'apprend malheureusement de la bouche d'aucun maître, — c'est une salutaire et constante activité ; beaucoup de vieillards ont prématurément renoncé d'eux-mêmes à une vie qu'ils auraient pu prolonger sensiblement, s'ils n'en avaient pas laissé le foyer se refroidir et s'éteindre. Dans la laborieuse existence des paysans, tous les jours sont occupés, jusqu'à la dernière heure ; le corps ne s'allanguit pas dans un lâche repos; le mouvement le raffermit, le fortifie, le conserve. Chez nous, bien souvent, la langueur intellectuelle et la mollesse oisive tuent le corps fait pour marcher et agir ; les organes inactifs tombent dans une sorte d'atrophie ; les facultés intellectuelles elles-mêmes, réduites à l'inaction, s'usent et se détruisent ; nous nous endormons, et bientôt nous ne pouvons plus nous réveiller. Iermola vivait de mouvement et de travail, au contraire ; aussi il ne paraissait pas vieillir, il se fanait tout au plus.

A la vérité, la fabrication de ses poteries n'était pas des plus pénibles, non plus que les soins de la maison qui reposaient sur lui; Radionek et Huluk le débarrassaient de toutes les corvées les plus fatigantes; mais, du moins, sa vie n'était pas oisive, et il ne consacrait pas une heure de plus par jour au repos, sous prétexte de fatigue ou de grande vieillesse.

La paix profonde qui régnait dans son esprit et dans son cœur contribuait merveilleusement à le maintenir dans cet état de bien-être et de santé. Il n'aurait pu se figurer alors que quelqu'un vînt un jour lui redemander l'enfant, et eût le droit de le reprendre. Quelques années encore, et il verrait Radionek, son cher enfant, parvenu à l'âge d'homme, convenablement installé, marié, n'ayant plus besoin d'aucun secours, et volant de ses propres ailes. Le commerce des poteries prospérait davantage de jour en jour; le vieux Procope était mort quelques années après l'époque où Iermola avait terminé auprès de lui son apprentissage; son four à potier, entretenu d'abord par un jeune valet, n'avait fourni que des produits de plus en plus misérables, et avait fini par s'en aller tout à fait en ruines.

Mais Iermola n'avait pas même besoin de cette favorable circonstance pour bien placer ses pots, qui se vendaient fort avantageusement; néanmoins, il n'en fut pas moins très-content en voyant que le bourg de Malyczki s'approvisionnerait désormais à Popielnia. Du reste, les poteries faites de son excellente argile, étaient si solides, si légères, avaient tant d'attraits et de qualités; en un mot, qu'il n'était pas nécessaire de les recommander bien fort; on n'avait pas même la peine de les transporter bien loin, mais à la petite ville voisine tout au plus, où les Juifs et les marchands forains se les arrachaient tout de suite. Les potiers des environs n'avaient que des produits extrêmement fragiles, d'une terre pesante et noire ; aussitôt donc qu'il s'en montra de blancs sur le marché, ceux-ci firent fureur et se vendirent beaucoup plus avantageusement que les autres.

Iermola ne fabriquait jamais que des pots et des plats, et des ustensiles de ménage de différentes grandeurs, en suivant toujours les règles et les formes consacrées, et sans penser jamais à en inventer d'autres ; mais lorsque Radionek grandit, devenant tous les jours plus vif, plus curieux et plus malin, il se lassa bientôt de tourner et de pétrir perpétuellement les mêmes vases, selon les mêmes modèles. D'abord il commença à varier les dispositions de ces bandes, de ces raies et de ces festons rouges que l'on voit chez nous sur tous les pots ; il prit plaisir à imaginer d'autres dessins plus compliqués, plus élégants, qu'il modifiait sans cesse, puis il lui prit envie de donner à ses poteries des formes neuves, moins ordinaires ; de créer des plats, des cruches, des petits pots jumeaux d'un galbe et d'un dessin tout à fait différents; il en vint enfin à fabriquer des jouets d'argile pour les enfants, et même de petites figures de chevaux, servant en même temps de sifflets, continuant ainsi, sans s'en douter, l'antique tradition hindoue, car sur la vieille terre de l'Inde, des petits chevaux pétris de terre glaise servent encore, en qualité de talisman, à garder les champs et les jardins. Tous ces joujoux cuisaient mal et ne réussissaient que fort peu, mais le vieillard n'avait pas le cœur de défendre à son cher Radionek de pareils enfantillages.

Lorsqu'on apporta pour la première fois à la foire, et qu'on étala sur le marché, toutes ces poteries de dessins nouveaux et de formes nouvelles, les bonnes femmes s'assemblèrent à cette vue et branlèrent la tête gravement et longtemps. Ces nouveautés les effrayaient et leur semblaient pour le moins inutiles ; elles étaient accoutumées aux formes et aux dimensions connues, et critiquaient vivement cette audacieuse réforme. Mais ces petits objets de fantaisie, amusants et à bon marché, plurent aux jeunes filles et aux enfants ; les villageoises riches achetèrent pour leurs enfants de petits chevaux et de petits pots jumeaux au lieu d'*obwarzanki* (1) et de gâteaux de miel, et, au bout du compte, toute la petite provision se vendit fort bien. Iermola, tout joyeux, souriait en se penchant pour baiser au front Radionek ; le jeune garçon battait des mains, sautait et se suspendait à son cou.

Mais, sur ce même champ de foire, notre Radionek aperçut des écuelles et des plats vernissés, des poêlons de terre d'une belle couleur verte en dedans, et d'autres ustensiles encore ornés d'un enduit vitreux

(1) Sorte de gâteaux jetés dans l'eau chaude et passés au four.

et brillant qu'ils ne savaient pas donner à leurs produits ; le jeune garçon commença à en éprouver de l'inquiétude et une certaine envie.

Ils revinrent à la maison : Radionek était tout triste.

— Qu'as-tu donc ? Ne devrais-tu pas te réjouir, au contraire ? — lui demanda Iermola, — tes petites idées ont réussi au-delà de toute espérance, pourquoi t'affliges-tu, mon enfant ?

L'enfant leva les yeux sur lui et l'embrassa en silence : « Tenez, père, lui dit-il au bout d'un moment, quand je penserai maintenant à toutes ces belles choses vernissées, je ne pourrai plus dormir. »

— Ces choses vernissées ? Tu voudrais en faire de pareilles ?... Et à quoi cela nous servirait-il ? Nos pots, tels qu'ils sont, se vendent bien, Dieu merci ! Pour faire des plats vernissés, il faut une autre espèce d'argile, une autre manière de travailler, peut-être d'autres outils ; ce serait beaucoup d'embarras ; à quoi bon nous en casser la tête ?

— Mais, père, vous n'avez donc pas vu combien le marchand se faisait payer ses écuelles vernies !... Et c'est qu'elles sont si belles !... toutes peintes de feuillages de différentes couleurs, et si solides, et si proprettes ? Les gens disent que tout ce qu'on met dedans ne les pénètre pas, comme cela se fait dans les autres ; aussi on a bien moins de peine à les laver... Pourquoi donc, père, n'en ferions-nous pas, nous aussi ?

— Eh, bon Dieu ! quelle idée t'est venue là ? — s'écria Iermola en poussant un soupir, car il était content de son sort actuel, et n'en désirait point d'autre. — Tu ne sais pas, mon enfant, combien c'est difficile ! A moi il est trop tard pour apprendre des choses nouvelles, et pour toi, au contraire, c'est trop tôt ; si tu en as grande envie, eh bien, tu l'apprendras quand tu seras devenu homme.

Radionek, à ces paroles, ne répondit rien ; il renferma en lui-même le désir très-vif qu'il avait conçu, et, dans le fond de son cœur, n'oublia point les belles poteries vernissées, quoiqu'il n'en parlât plus, pour ne pas tourmenter le vieillard.

Mais le bon père désirait, par-dessus toutes choses, satisfaire les désirs de l'enfant, bien qu'il ne ressentit pas en lui de ces espérances prématurées, qui pouvaient aboutir à un pénible désenchantement, si l'entreprise ne réussissait point. Le bon Iermola résolut donc de n'épargner ni le temps ni les soins, afin de se mettre à même de fabriquer, si faire se pouvait, ces malheureuses poteries vernissées. Et comme il ne prenait aucune importante résolution sans la communiquer à la veuve, sa commère, il sortit de chez lui, un soir, pour aller lui demander conseil.

Dans cette autre maison aussi, les dix ans qui venaient de s'écouler avaient produit des changements notables, quoique lents et chaque jour peu sensibles ; la veuve avait perdu une partie de ses forces ; elle continuait cependant à diriger activement son ménage et sa maison. Horpyna, devenue femme d'un régisseur, habitait à quelques milles de là ; ayant commencé par se faire faire des robes, et par porter des foulards sur la tête, elle avait fini par se parer de bonnets et de chapeaux, et n'était pas précisément contente lorsque sa mère venait la voir, parce qu'elle voulait se faire passer pour la fille d'un gentilhomme. Elle venait rarement à Popielnia, et lorsqu'elle s'y montrait, c'était toujours parce qu'elle avait quelque demande à faire à sa mère. La vieille veuve d'Harasym bénissait pourtant ces moments bien rares et passagers, étant toujours prête à donner des deux mains, pourvu qu'elle eût la consolation de voir ses petits-enfants et sa fille. Lorsque bientôt après, Horpyna se préparait au départ, ne voulant même pas consentir à laisser un de ses enfants à sa mère, la pauvre vieille fondait en larmes, et, pendant quelques jours, elle se tenait silencieusement assise auprès de son poêle, branlant la tête et dévorant ses pleurs ; mais, pour ne point faire de honte à sa fille, elle respectait sa volonté et ne se montrait pas chez elle. Cette solitude continuelle et ce constant désir avaient rendu la veuve bien plus triste qu'elle ne l'était auparavant ; elle ne trouvait de consolation que dans la société de Iermola, auquel elle pouvait parler de Horpyna, et se lamenter et se plaindre. Lui, à son tour, lui parlait de Radionek, et avait toujours, pour quelque cas important, besoin des avis et de l'expérience de sa vieille amie.

Aussi, en ce moment, où il était question d'entreprendre la fabrication des plats vernissés, il s'empressa d'aller tenir conseil chez elle, laissant Radionek et Huluk occupés à quelque besogne dans l'atelier.

— Eh bien, qu'avez-vous rapporté de nouveau du marché? — demanda la veuve. — Est-ce que mon Horpyna n'y était pas, par hasard?

— Si, elle y était, — dit Iermola. — On ne peut presque plus la reconnaître, tant elle est devenue grande dame; elle était dans un chariot peint, à deux chevaux, avec de beaux harnais de cuir!... Ils se sont arrêtés à l'auberge, et sont venus faire des emplettes au champ de foire.

— Et elle ne vous a pas parlé de moi? soupira la vieille.

— Au contraire, au contraire! comment donc y aurait-elle manqué?... Elle m'a chargé de vous saluer de sa part; elle m'a appelé du haut de son chariot exprès pour cela; elle a caressé les joues de mon petit Radionek.

— Et avait-elle quelqu'un de ses enfants avec elle?
— Non, aucun.

Et cet échange de questions et de réponses n'aurait pas eu de fin, si la veuve n'eût pas été frappée de l'expression d'inquiétude et de chagrin qui se peignait sur la figure de son compère.

— Mais qu'as-tu donc? es-tu malade, vieux? lui dit-elle.

— Ah! vous avez deviné, mère, — répondit Iermola en soupirant et en s'asseyant sur la banquette, — j'ai de nouveau un grand souci.

— Eh bien, dis-le-moi. Nous verrons ce qu'il y aura à faire.

— Ah! ce sera bien difficile d'y remédier! Mon gamin, qui est volontaire et bouillant comme une jeune tête sans cervelle, a vu des poteries vernissées sur le champ de foire; à présent, il s'est mis en tête d'en fabriquer; aussi, il n'y a pas moyen de l'y faire renoncer.

— Eh bien, ne l'avais-je pas dit?

— Qu'aviez-vous donc dit?

— Comment, vous ne vous le rappelez pas? Quand il a commencé à fabriquer ces petits chevaux, et ces petits pots si drôlement bâtis, qui tiennent à peine le quart d'une pinte, je vous ai prédit qu'au bout de quelque temps il voudrait fabriquer de belles, de fines poteries.

— Eh bien, le malheur est arrivé; — dit Iermola, — et maintenant, il est impossible de lui faire entendre raison. Je l'ai cependant persuadé un peu; mais cela n'empêche pas que je voudrais lui faire plaisir, et je ne sais vraiment pas de quelle manière.

— Eh bien! allez regarder de près ces poteries vernissées.

— Eh! mère, je le ferais bien, mais cela ne m'apprendrait rien du tout. Il n'est pas malaisé de tourner des pots, mais les vernisser, c'est bien autrement difficile, parce qu'on doit mélanger ensemble diverses

11.

drogues pour cela ; il faut aussi savoir comment les faire cuire... Mes yeux ne sont pas très-bons maintenant, ni ma mémoire non plus, — soupira le vieillard. — Mais je voudrais tant faire plaisir à l'enfant, si vous saviez, mère !

— Comment ferez-vous, alors ?

— Je n'en sais rien encore ; mais, quand même l'on ne réussit pas, on peut toujours essayer.

— Ah ! j'en étais bien sûre, — répondit la veuve avec un sourire, — comment feriez-vous donc pour refuser quelque chose à votre enfant ? Je connais bien cela, allez ; c'est comme moi, avec mon Horpyna : on se plaint, on se fâche, mais on finit toujours par faire ce qu'ils veulent. Ainsi tu t'en iras, mon pauvre vieux, à la recherche de tes belles poteries vernissées,

— Oui, certainement, j'irai, — soupira Iermola, — seulement je voudrais que l'enfant ne le sût point. Si je ne devais pas réussir, cela lui ferait trop de peine ; mais si la chose va toute seule, bon Dieu, quel contentement !

— C'est toujours comme moi, tout à fait comme moi ! — s'écria la veuve. — Ah ! mon Dieu, je connais cela, allez... Mais, dites-moi, où donc irez-vous !

— Je prendrai un peu d'argent, et j'irai trouver l'un ou l'autre de ces potiers, qui vendent des plats vernissés dans les foires ; pour mon argent, ils m'apprendront. Si je ne réussis pas tout d'abord, j'amènerai le petit ; oh ! lui, il comprendra bien tout de suite ! Tout ce que je crains seulement, c'est qu'ils ne me chassent... Comment aller leur proposer la chose ? Venir à eux, au bout du compte, pour leur arracher leur pain ?

— Ah ! vous avez raison ; cela n'ira pas aussi facilement peut-être que jadis avec Procope, mais *Nad syrotoju Boh z kalitoju* (1) — ajouta-t-elle, — et avec l'aide de la Providence, cela pourra se faire pourtant.

— C'est aussi ce que je pense, — dit Iermola en se levant pour prendre congé de la veuve. — Demain, j'imaginerai une affaire ou l'autre, et je m'en irai à la ville; pendant ce temps, ma commère, ayez l'œil, je vous prie, sur Huluk et sur Radionek, afin qu'à eux deux ils ne fassent pas quelque sottise... Ils seraient capables de se lancer sur la rivière dans un bateau troué, ou de faire quelque autre folie dans le genre de celle-là.

— Eh ! non : ce sont des garçons tranquilles et raisonnables.

— Oui, sans doute, grâces à Dieu ; mais ils ont le sang si vif ! Qu'une idée leur passe par la tête, et ils sont prêts à se perdre dans le bois, à se jeter à la rivière... Que Dieu nous préserve de quelque malheur !

— Mais il me sera difficile de les garder auprès de moi.

— Certainement ; mais vous pouvez voir ce qu'ils font et les avertir, commère.

En parlant ainsi, les deux vieillards se séparèrent, et Iermola, tout d'abord, annonça au jeune garçon

(1) Dieu a pitié de l'orphelin ; sorte de dicton slave.

que les Juifs de la petite ville lui devaient de l'argent pour ses pots et lui avaient dit de l'aller chercher après la foire ; que comme il devait faire rentrer toutes les petites sommes qui lui étaient dues, il serait peut-être forcé de rester absent quelques jours.

Il leur recommanda donc à tous deux d'être bien sages et de bien travailler en son absence, sans approcher de la rivière, et sans aller courir au bois.

— Est-ce que vous comptez aller à pied ? — lui demanda Radionek.

— Que veux-tu ? il est certain que je n'irai pas en carrosse, — répondit le vieillard en plaisantant.

— Mais ne pourriez-vous pas louer un chariot ?

— Eh ! comment donc. Il n'y a pas un seul cheval dans tout le village, excepté la jument de Chwedko, qu'il ne voudrait prêter pour rien au monde ; et quant à me faire traîner par des bœufs, j'aime mieux aller à pied. Du reste, les jambes s'engourdissent lorsqu'on reste toujours assis, et cela ne fait pas de mal de se redresser un peu.

Le pauvre Iermola ne songeait pas à ses années et attribuait à ses occupations sédentaires l'engourdissement des jambes, qui était un effet de l'âge et de l'affaiblissement. Il ne voulait rien dépenser pour lui, car, à partir du moment où ses affaires avaient pris une tournure un peu favorable, il mettait de côté pour Radionek tout ce qu'il pouvait épargner, afin, s'il venait à mourir, de ne pas laisser son enfant sans ressources. Il aurait certainement préféré se servir de la jument de Chwedko, mais il aurait fallu dépenser quelque argent pour cela, et, pour soi-même, Iermola était remarquablement économe.

Aussi Radionek ne put le décider à louer un chariot; mais, vers le soir, il envoya Huluk au village, en cachette, pour s'informer si personne ne se rendait à la ville. Puis, comme il avait mis de côté quelques gros, qui étaient le produit de son travail, il chargea Huluk, s'il ne trouvait pas d'autre occasion, de louer la charrette et la jument de Chwedko, en recommandant bien au vieillard de dire qu'il offrait une place gratis à son confrère Iermola, ayant lui-même une affaire à la ville. Tout s'arrangea aussi bien que l'on pouvait le désirer : le chariot de Chwedko n'était point loué pour le lendemain, et le vieillard, ayant reçu deux florins pour sa peine, s'engagea formellement à feindre et à mentir. Ainsi, vers la fin de la soirée, Radionek avait tout arrangé, et lorsque Huluk fut de retour du village, il alla baiser la main du vieillard.

— Père, — lui dit-il en même temps, — nous venons de rencontrer Chwedko ; il va demain avec sa jument à la ville ; il dit qu'il s'ennuierait tout seul et vous prie de l'accompagner. De cette façon-là, cela ne vous coûtera rien, bon père.

— Chwedko ? où ? comment ? — demanda Iermola fort surpris, en embrassant Radionek. — Tu veux plaisanter, mon enfant ?

— Mais non ; demandez plutôt à Huluk, — répondit Radionek, qui avait sur le jeune valet toute l'autorité de l'intelligence, jointe à la droiture du cœur.

— Eh! certainement, — affirma le jeune garçon. — J'ai bien entendu, je vous assure ; il a même prié que vous ne partiez pas sans lui, parce que demain, avant le jour, il sera à la porte de la cabane.

Iermola inclina la tête en signe de consentement, ne s'inquiétant plus, désormais, que du but de son voyage.

Il était tout content, au fond du cœur, de pouvoir accompagner Chwedko, et ménager ses vieilles jambes. Il embrassa encore une fois Radionek; puis alla se coucher, pensant toujours aux belles poteries vernissées.

Radionek, qui était désormais muet sur ce chapitre, y pensait également. Quoiqu'il n'en parlât plus, pour ne pas inquiéter le vieillard, il se voyait constamment, dans ses rêves, tournant ces grands plats et ces belles cruches bien polies, et les peignant de rouge, de vert, de blanc, de noir et de jaune, pour les rendre éclatantes et belles à faire plaisir. Le pauvre enfant se torturait l'esprit pour découvrir quel était le secret de ces préparations qui lui semblaient magiques; mais n'ayant nulle notion, nuls indices sur ce point, il lui était impossible de tomber sur la véritable trace; il ne pouvait que soupirer, s'affliger, se fatiguer l'esprit.

XIII

LA JUMENT GRISE

La matinée du lendemain s'annonça claire et brillante; dès l'aurore, le ciel se montra pur et radieux, ce qui est un signe d'orage; quelques petits nuages blancs et floconneux flottant au-dessus des bois faisaient pressentir les ondées qui pleuvraient vers le soir; le soleil brûlait; il n'y avait pas un souffle de vent. Chwedko tint parole, et se présenta, avec son cheval et son chariot, à l'heure indiquée; il fit plus encore, il sut garder habilement le secret de Radionek. Il entra dans la chaumière, pour annoncer son arrivée et allumer sa pipe, appelant Iermola avec précipitation, comme s'il se fût écarté de sa route, et se plaignant d'être forcé de voyager.

— Allons, compère, allons; finissons-en vite. Êtes-vous prêt? Quand nous serons deux, la route paraîtra moins longue. Le diable m'a envoyé une course à faire à la ville, et le chemin est d'une longueur ! et il fait si chaud !... Qu'est-ce que ce sera donc à midi ! Il faut nécessairement se presser. Asseyez-vous, asseyez-vous; ne faites pas de cérémonies.

Iermola prit secrètement le petit sac d'argent qu'il cacha dans son sein, alluma sa pipe et se trouva prêt.

— Allons, partons, compère.

Les deux vieillards s'assirent dans le chariot sur une botte de foin, et la jument grise de Chwedko, attelée de son collier surmonté d'un arc de bois, orné de grelots, ayant tourné l'œil du côté de son maître, se décida à partir, et traversa, en trottant, le village.

Dans la vie ordinaire de notre peuple, les créatures qui l'aident dans ses travaux et fournissent à ses besoins, forment en quelque sorte sa société; la brebis favorite, la chèvre, la vache, le petit veau, le cheval, l'oie même et la poule de la basse-cour deviennent ses compagnons, ses amis sincères. Combien de soins et de regrets pour chacun d'eux, et combien de soucis ils causent !

Les uns et les autres de temps en temps se querellent, se battent, s'injurient; mais qu'une des bêtes de la maison tombe malade, vienne à mourir, que de lamentations alors, et que de larmes ! La jument grise de Chwedko, dont nous devons faire mention ici, car elle le mérite à tous égards, appartenait à la catégorie de ces êtres élus avec lesquels la vie est difficile, mais dont cependant on ne peut point se passer. Douée de nombreuses qualités et de défauts énormes, elle formait à elle seule toute la richesse de son maître; elle était à la fois son tourment perpétuel et sa consolation, et jouait un rôle grave et important dans sa vie.

D'abord elle était à peu près le seul animal de son espèce dans ce village de Polésie, où l'on ne travaillait la terre qu'avec le secours des bœufs : elle était, par conséquent, généralement connue, respectée et chargée de toutes les commissions pressantes, pour lesquelles on était bien forcé de louer Chwedko et son cheval. Le vieillard, grâce à sa jument grise, ne gagnait pas moins de trois cents florins par an, c'est-à-dire trois fois plus que la bête elle-même ne valait, en portant des marchandises à la ville, en louant son chariot aux Juifs. On pouvait dire avec raison que c'était la jument de Chwedko qui nourrissait son maître. Quant à elle, elle vivait de peu; en été, elle ne connaissait d'autre aliment que l'herbe verte et fraîche broutée le long des routes; en hiver, un peu de regain, la paille des épis glanés, une poignée de foin, des hachures, très-rarement un sachet d'avoine, suffisaient à la pauvre bête, sobre par nécessité. De taille médiocre, vieille comme le monde, saine et dure à la fatigue, maigre d'échine et forte de collier, la jument grise avait une vigueur de reins qui n'était à comparer qu'à celle de son caractère. Modérément chargée, elle partait de son petit trot et se montrait tenace et infatigable tant qu'on ne lui faisait pas voir le bâton; mais il suffisait de la frapper pour qu'elle s'arrêtât, et nulle force humaine, alors, ne pouvait la faire bouger de sa place. Chwedko, en conséquence, ne portait avec lui son bâton que pour la forme, et parce qu'aucun villageois ne sort de sa cabane sans bâton ; mais il avait grand soin de ne jamais le montrer à sa Grise, et si, s'étant enivré quelque peu, il lui en faisait sentir la pointe par inattention, il pouvait bien se dire d'avance qu'il en serait puni en restant cloué, une demi-heure au moins, à la même place.

L'instinct de la jument, perfectionné par une longue expérience, était devenu infaillible ; elle savait toujours où allait son maître, le portait, le guidait, évitait les ornières et les bourbiers, choisissait la meilleure route, et s'arrêtait où il fallait s'arrêter, avec une sûreté de coup d'œil qui tenait du merveilleux ; car les rênes, comme le bâton, usées presque entièrement, étaient à peu près hors d'usage, et n'étaient là que pour la forme. Chwedko causait avec sa bête comme il eût causé avec un homme, adoptant seulement pour cette conversation une intonation de voix plus sonore, que la jument comprenait aussitôt comme s'adressant à elle seule. Il la flattait, la caressait, l'encourageait, et aimait tant à parler d'elle qu'il avait donné lieu à un proverbe dans le village qu'il habitait, et où, lorsque quelqu'un répétait souvent la même histoire, on se moquait de lui, en disant : « Ah ! ah ! c'est la jument de Chwedko. »

La jument grise, naturellement fort reconnaissante, ne connaissait que son maître et ne voulait se laisser approcher par aucun autre que par lui, tant elle était farouche et obstinée; lui seul pouvait venir à bout de la conduire et de la modérer. Tous les gens du village la connaissaient, comme ils avaient connu la chèvre de Iermola, défunte maintenant; comme ils connaissaient l'alezan de Hudny et la vache noire de Mme Szmula. Véritable type de notre cheval de paysan, chétive, petite, osseuse, courte et ramassée, avec de grosses jambes assez bien bâties, ayant un râtelier bien complet, selon le privilége des pouliches de septembre, dont les dents indiquent toujours la jeunesse et la septième année, la Grise, au commencement de chaque expédition, boitait invariablement du pied gauche, mais cette légère infirmité disparaissait lorsqu'elle s'était un peu animée et réchauffée.

Elle avait une forte tête, un seul œil, légèrement malade, le poil hérissé et arraché en maint endroit, parce qu'elle avait l'habitude de se frotter au mur de l'écurie; la queue et la crinière fort rares et très-emmêlées; à la voir, on n'en aurait pas donné trois gros, et cependant, plus d'un gros bidet bien soigné, bien nourri et de belle apparence, n'aurait pu lutter avec elle de vigueur et de ténacité. Elle pouvait passer tout le jour sans manger, et se contenter de boire, car les paysans et les Juifs abreuvent leurs chevaux six fois par jour, pensant remplacer par ce moyen l'avoine qu'ils épargnent soigneusement. La faim était pour elle chose commune et méprisable; le soir elle apaisait son appétit avec un peu de foin et une poignée de paille d'avoine; elle n'était pas difficile, elle n'avait pas besoin de litière; elle trouvait encore de l'herbe à brouter dans les endroits qui étaient si secs et si noirs qu'une oie elle-même n'aurait pu y paître; seulement elle avait grand soin de ne pas se laisser offenser.

Lorsqu'elle flairait un sac d'avoine quelque part, elle venait infailliblement à bout de le détacher et de le manger; elle ne laissait pas de ronger ses liens d'écorce, y trouvant à son gré de l'agrément ou du profit; lorsqu'un cheval étranger mangeait son avoine en sa présence, elle parvenait toujours à le lui enlever, quand bien même il était nécessaire de s'entremordre pour cela, et elle savait également se défendre contre les hommes et les chiens, soit des dents, soit des fers. Les étrangers ne pouvaient en approcher qu'avec de grandes précautions, car elle était toujours prête à saluer les inconnus d'une violente ruade. Cette inestimable créature servait déjà Chwedko depuis au moins vingt ans, et n'avait assurément pas plus de cinq ans lorsqu'on l'avait mise à l'attelage; cependant jusqu'alors, à l'exception d'un commencement d'asthme, elle n'avait pas de défauts.

Chwedko et Iermola s'étant assis dans le chariot, et ayant allumé leur pipe, commencèrent à jaser familièrement ensemble, sans plus faire attention à la jument grise, qui se chargea toute seule de retrouver son chemin.

— Vous rappelez-vous, compère, le jour où je vous

ai fait acheter la chèvre? — dit le premier en riant.
— Eh! eh! c'était un bon tour; Szmula ne me l'a pas encore pardonné.

— Que Dieu te le rende, Chwedko, c'était une excellente affaire; la chèvre maintenant est morte, c'est vrai, mais elle m'a toujours élevé l'enfant.

— Oui, et c'est un bien gentil garçon à présent; que Dieu le conserve!

— Je crois bien qu'il est gentil... rose et vermeil; et frais, on dirait une fraise. Ah! quel bon enfant! quel cher enfant, — ajouta Iermola, — on parlerait un an avant de pouvoir dire comme il est intelligent, et prudent, et honnête, et aimable!...

— Tout à fait comme ma jument, sauf excuse, interrompit Chwedko, — c'est que ma Grise c'est un vrai trésor... Allons, hu! ma vieille... hu! hu! ma colombe, eh dia!... Et cette idée que vous avez eue de vous faire potier dans votre vieillesse!...

— Dame! il fallait bien donner du pain à l'enfant.

— Certainement... Mais ne pensez-vous pas que ses parents viendront le redemander un jour?

— Et qui donc oserait venir me le reprendre? s'écria Iermola, vivement inquiet. — Et s'ils voulaient le redemander, pourquoi l'auraient-ils abandonné, du reste?

— On ne peut pas savoir, répondit Chwedko; — quelquefois, il est vrai, les parents abandonnent leur enfant pour toujours; mais d'autres fois ils viennent et disent : « Il est à nous, il faut nous le rendre. »

Iermola, encore plus ému, tressaillit à ces mots.

— Comment est-il à eux? — s'écria-t-il. — Comment? Le pauvre innocent, ne l'ont-ils pas repoussé loin d'eux, jeté au fond d'une haie? Et qui donc l'a ramassé, élevé, bercé, caressé, nourri?... Il est aujourd'hui plus à moi qu'à eux.

— Vous croyez?... Dame, quant à moi, je n'en sais rien, — dit Chwedko, — mais, pour mon compte, je me figurerais autre chose. Et avez-vous raconté au petit de quelle manière il est venu chez vous?

— Je ne lui en ai point fait un secret ; du reste, la chose est connue dans tout le village ; on l'aurait bien apprise à l'enfant; à quoi bon le lui cacher?... Je lui ai raconté toute l'histoire, dès qu'il est parvenu à l'âge de raison, et il m'a dit tout aussitôt que, quand même ses parents viendraient maintenant le chercher, il ne me quittera plus.

— Il a un bon cœur.

— Un cœur d'or, je vous le dis, mon petit aiglon, mon Radionek.

— Eh! dites-moi donc pourquoi vous allez à la ville? — demanda Chwedko au bout d'un instant.

— Faut-il que je vous dise la vérité? — répondit Iermola.

— Naturellement ; mais que pouvez-vous avoir dans l'idée?

— Eh bien, je ne vais pas à la petite ville, je vais plus loin...

— Vraiment?... votre petit garçon m'avait dit que vous alliez chercher votre argent chez les Juifs.

— Oui, je lui ai dit cela; mais j'ai une autre idée.

Et ici, Iermola, poussant un profond soupir, raconta à son compagnon l'histoire des poteries vernissées, à laquelle Chwedko ne répondit qu'en crachant dédaigneusement et en haussant les épaules.

— Ah! ah! voilà votre petit qui veut avoir la lune!... Et puisque vous êtes content de votre métier, que ne vous en tenez-vous à ce que vous avez, sans chercher d'aventures? Quelquefois, mon compère, on devient fou en voulant devenir trop sage. Vous fabriquez des pots tout simples et ordinaires, et vous trouvez des acheteurs, parce que le plus pauvre mendiant ne peut se passer de vous; tout misérable qu'il soit, il lui faut une marmite pour faire bouillir sa ratatouille. Mais ce sera tout autre chose avec votre vaisselle vernissée; il vous faudra aller la vendre à la ville, car on ne la prendra pas au village. Les Juifs vous la marchanderont et ne la payeront pas cher; à la foire, on gagne peu; ce sera tout à fait autre chose.

— Mais l'enfant en a si bonne envie!...

— Vous verrez que cela ne vous conduira à rien.

— Peut-être bien; mais que faire?

— Vous pourriez bien essayer toujours; car le temps, ce n'est pas grand'chose. Mais croyez-vous que ces potiers-là se laissent si fort tenter par votre argent, pour qu'ils vous donnent le secret de leur fabrique?

— Mais je payerai bien.

— Ils ne sont pas si bêtes que de donner un florin pour un denier. Est-ce qu'ils ne sauront pas que vous voulez leur ôter le pain de la bouche? Vous n'irez pas apprendre pour votre amusement, c'est sûr.

A ces mots, Iermola se troubla et baissa tristement la tête.

— Tout ceci est peut-être vrai, — dit-il, — mais quand une fois Dieu vous a aidé, il ne vous abandonne pas jusqu'à la fin. J'étais bien embarrassé autrefois avec Procope; je ne savais même pas où aller chercher de l'argile. Et pourtant cela s'est trouvé, cela s'est fait et a réussi; et maintenant encore... eh bien, cela se fera.

Cela se fera est l'argument suprême de notre pauvre peuple, auquel il a recours quand tous les autres lui manquent; mot qui termine tout, répond à tout, car il exprime tacitement la foi à la Providence, la confiance dans l'intervention de Dieu.

En ce moment, la jument grise, habituée qu'elle était à manger toujours sa petite ration de foin devant le cabaret, situé à peu près au tiers de la route, et au centre des bois, ne laissa point passer le lieu bien connu, et s'arrêta d'elle-même. Chwedko y descendait chaque fois régulièrement, pour vider un petit verre d'eau-de-vie et allumer sa pipe.

Il se sentait cependant un peu confus de voir que la Grise s'était arrêtée sans sa permission; il n'osait point, en présence de Iermola, aller ainsi prendre sa portion sans aucune cause, mais il descendit du chariot et jeta à la jument une poignée de foin.

— Comme il fait chaud! — dit-il, en secouant sa pipe.

— Oui, vraiment; le soleil brûle.

— Si vous entriez un peu dans la salle? Moi, pendant ce temps, comme je sens quelque chose qui me pèse sur l'estomac, je prendrais un petit verre.

— Et la chaleur?

— Oh! l'eau-de-vie rafraîchit.

— Eh bien! va boire, compère; c'est moi qui paye, — dit Iermola, en descendant du chariot.

Le cabaret dont il est ici question, était un de ces antres dans lesquels le Juif se tient perpétuellement à l'affût du paysan, sa pauvre dupe.

L'Israélite qui l'habitait ne rougissait pas d'avouer qu'il ne vivait que de son commerce d'eau-de-vie. Au-devant de l'auberge, il n'y avait pas de cour, pas d'écurie pour recevoir les chevaux.

La maison était, penchée, tortue, à demi ruinée, et sensiblement enfoncée dans la terre; mais la petite place unie et droite qui se trouvait au devant, indiquait, au premier coup d'œil, combien elle était fréquentée.

Elle s'élevait dans un carrefour auquel venaient aboutir trois routes; au milieu d'une futaie de chêne et de buissons d'aulnes visiblement endommagés par les roues des chariots, et, dès l'abord, offrait aux yeux des voyageurs un spectacle qui suffisait à leur indiquer toute l'histoire de Dubowka (c'était le nom de cette auberge perdue dans les broussailles). Tout alentour, ne se voyaient que des débris de paille et de foin, de graines, d'écorces, des os et des restes de pain, des coquilles d'œufs, et des tessons de toute espèce, sans compter les traces visibles du séjour de nombreux attelages qui s'arrêtaient souvent devant le cabaret d'Iuk plus longtemps qu'ils n'auraient voulu.

De ces restes de foin, de paille, de remoulures et parfois de grains, s'engraissaient la vache et les chèvres du Juif, accoutumées à vivre de rapines, car, dès qu'un chariot se montrait, on pouvait être certain de voir un de ces animaux s'avancer par derrière à pas de loup, pour en retirer doucement la paille ou le foin dont ils voulaient faire leur nourriture. C'était en vain qu'on s'efforçait de les chasser au moyen du bâton ; à la vérité, elles s'enfuyaient dès qu'elles entendaient ouvrir la porte, mais elles revenaient aussitôt, avec la double obstination de la faim et de la gourmandise.

Les vieux laboureurs, connaissant bien les habitudes du lieu, ne quittaient jamais leur chariot devant l'auberge sans y laisser leur femme ou un enfant ayant un fouet à la main, pour repousser ces invasions hardies. Mais les bêtes effrontées étaient si rusées ! en même temps que, pour peu que l'enfant détournât la tête ou que la commère se mit à ronfler, aussitôt l'une ou l'autre des chèvres, grimpant sur ses pieds, se dressait par derrière la voiture, et y causait du dommage. Iuk, le maître du lieu, était un petit Juif de la plus misérable espèce ; roux, boiteux, niais, mais de l'espèce des niais de Sologne ; avide et méchant dans toute l'acception du mot, il trompait et volait les malheureux paysans, sans ménagements et sans pudeur et souvent terminait avec eux sa querelle à coups de poings, sachant bien escompter en argent comptant les plaies et bosses qu'il pouvait recevoir, et, battant ou battu, s'arrangeant toujours de manière à ce que sa fatigue lui fût payée.

Comment il parvenait à vivre nuit et jour dans ce tumulte et ce tourbillon sans fin, dans une activité et une agitation continuelles, ne fermant presque jamais sa porte et ne se couchant qu'au point du jour, sur quelque banquette vide ; c'est ce qu'on n'a jamais pu savoir, et c'est ce qui appartient à la classe des mystères non encore expliqués, dont l'interprétation nous entraînerait à des dissertations physio-psychologiques tout à fait en dehors de notre sujet.

Iuk connaissait tout le monde, ayant étudié en particulier le caractère non-seulement de chaque individu de sa commune, mais encore de chacun de ceux qui appartenaient aux bourgades voisines. Aussitôt que les chariots des paysans d'alentour s'arrêtaient devant sa porte, il savait, du premier coup d'œil, s'il fallait se préparer à les recevoir par un sourire, un coup de poing, une profonde inclination ou un regard dédaigneux.

« Ceux de Popielnia, — disait-il, — ce sont tous « de grands seigneurs ; pour manger avec leur mor- « ceau de pain, il leur faut toujours un oignon ou « une gousse d'ail, et chacun d'eux à peu près achète « un petit pain au beurre. Ceux de Malyczki sont de « bons ouvriers, mais encore de meilleurs ivrognes ; « à Wiezbera ils sont tous bohémiens, tous voleurs. »

Le Juif, ayant donc aperçu par la fenêtre, la tête grise de la jument de Chwedko, reconnut aussitôt la pratique qui lui arrivait, et comme il n'y avait en ce moment, personne au cabaret, il s'avança sur le seuil.

— Hé ! là ! là ! — dit-il en se détirant les membres, — voici que Chewdko s'en va encore à la ville ! Qu'y vas-tu donc faire, mon brave, pour y aller si souvent?... Et vous, donc, le vieux potier? Ce n'est pas jour de marché. Vous avez là-bas quelque *occasion*, sans doute !

— Oui, justement ; une occasion.

— En attendant, donnez-nous donc un verre de bonne eau-de-vie.

— Comment, de bonne? — répartit Iuk en se rengorgeant, — est-ce qu'il y en a jamais eu chez moi de mauvaise? Chez Szmula, votre grand seigneur, il n'y en a pas de pareille à la mienne, sachez-le bien, et encore il y verse la moitié d'eau.

— Tout ça, c'est vrai; l'eau-de vie d'Iuk est du vrai, du bon, du pur genièvre, — dit Chwedko, crachant en parlant, car l'eau lui venait à la bouche.

— Quand je dis qu'il n'y en a pas de pareille dans tous les environs ! Faites-moi le plaisir de la goûter; vous verrez qu'il n'y a que les seigneurs qui en boivent de meilleure. Vieille, parfumée, claire, forte, elle a plus de douze ans; je l'ai achetée à Bebnow. Elle coûte cher, mais j'aime ce qui est bon, moi; voilà mon habitude.

Tout en parlant ainsi, ils entraient dans la chambre où il fallait descendre comme dans une cave ; car le misérable bâtiment s'était considérablement enfoncé en terre. Le plafond reposait presque sur les têtes des habitants, et l'aire bien battue, remplaçant le plancher, était tellement descendue dans l'intérieur du sol, que les fenêtres du cabaret se trouvaient extérieurement à ras de terre.

Cette position toute particulière du vieux bâtiment, l'élévation de la petite place située au-devant et sur laquelle s'arrêtaient les voitures, le manque absolu de pavage à l'entrée et d'écoulement pour les eaux, avaient contribué à former, devant la porte, une mare noirâtre et profonde qui ne se desséchait jamais, et que l'on était forcé de traverser sur des pierres. Les canards et les oies du cabaretier juif y barbotaient librement, et les hôtes, au courant de la localité, s'inclinant pour passer sous la porte basse, devaient traverser avec de grandes précautions cette Mer-Noire puante, afin de ne pas s'y tremper jusque par-dessus les mollets. Le Juif n'avait jamais vu la nécessité de remédier à cet inconvénient. Dans les temps de grande sécheresse, il arrivait bien parfois que la mare épaississait et se transformait en un bourbier gluant et presque solide ; mais, à la première pluie, elle se délayait de nouveau et remplissait la moitié de la chambre. Iuk ne trouvait pas en ceci le moindre obstacle à la vie et au confort domestique.

Dans la salle intérieure, outre la femme du Juif, grosse matrone sale et débraillée, de ses six enfants de différentes grandeurs, de la servante, de quelques chèvres, des poules et des oies du ménage, il ne se trouvait pas d'étrangers, à l'exception d'un inconnu vêtu d'une grosse capote de laine qui, assis sur une banquette, dormait, la tête appuyée sur la table. Chwedko, en entrant, glissa sur une des pierres du bourbier, s'éclaboussa d'eau noire et poussa un juron formidable, ce qui réveilla l'inconnu.

Celui-ci portait à peu près le costume des habitants des bourgs, ainsi que l'indiquaient sa capote à revers et à parements, sa ceinture verte, son grand bonnet et son bâton ferré, qu'il avait déposé près de lui, avec son petit paquet enveloppé d'un mouchoir. Il était jeune encore, paraissant âgé de trente ans à peine, il avait une taille haute et robuste, un visage rond et vermeil ; il ne semblait pas connaître la misère, car la gaieté et la bombance avaient laissé leurs traces sur son front et dans ses yeux ; il était aisé de voir qu'il venait de se griser, grâce à la bonne vieille eau-de-vie de Bebnow, car, à peine eut-il relevé la tête, qu'il retroussa sa moustache et se mit à entonner un refrain de cabaret. En ce moment, Chwedko s'enfonçait et barbotait dans le bourbier, ce qui fit que l'inconnu s'écria en éclatant de rire :

— Au secours ! au secours ! Les gens de Popielnia se noient !

Iuk et les siens, à ces mots, éclatèrent de rire, et le joyeux garçon, mettant ses poings sur ses hanches, se mit à considérer effrontément les deux nouveaux venus.

— Et d'où savez-vous donc que nous sommes de Popielnia ? demanda Iermola.

— Bah ! ce n'est pas bien malin à savoir. Tous les gens de Popielnia portent une marque.

— Comment ! une marque ? Nous fait-on, comme aux moutons, une croix rouge sur le dos ?

— Mais vous ne savez donc pas, — répliqua l'inconnu, — que les tailleurs de votre village vous taillent vos capuchons tout autrement qu'on ne les fait partout ailleurs dans le monde.

De temps immémorial, en effet, les soukmanes à capuchons des habitants de Popielnia étaient taillées et cousues d'une façon toute particulière, ce dont Iermola et Chwedko ne se souvenaient plus en ce moment. Eux aussi avaient à cœur de conserver la tradition antique, et n'auraient point acheté ni porté une capote dont la forme ne fût pas exactement celle qu'avaient adoptée leurs ancêtres.

— Et vous, d'où donc êtes-vous ? — demanda Chwedko au jeune inconnu.

— D'un pays qui est au-delà de la septième mer, de la septième rivière et de la septième montagne, — répondit le joyeux farceur.

— Ah ! ah ! et dans ce pays lointain, on connaît, à ce qu'il paraît, les gens de Popielnia... C'est bien de l'honneur pour nous... Mais, sans plaisanter, monsieur mon frère, dites-nous de quel endroit le Seigneur Dieu vous a amené.

— De Mrozowica, compère.

Mrozowica était une grande colonie d'hommes libres, de la basse classe, payant l'impôt au gouvernement au lieu de remplir la corvée ; c'était là précisément qu'habitaient les potiers auprès desquels se rendait Iermola ; le vieillard se sentit donc battre le cœur lorsqu'il entendit prononcer ce nom.

— De Mrozowica ? — répéta-t-il avec empressement.

— Et où allez-vous ? Est-il permis de vous le demander ?

— Je m'en vais de par le monde, aussi loin que mes jambes pourront me porter.

— De par le monde ! Oh ! c'est bien loin.

— Eh bien, oui ; mais je m'ennuie à la fin de rester toujours à la même place, les jambes croisées, assis par terre ; je me suis mis en route, cherchant la misère par les chemins.

— A quoi bon la chercher ? — dit Chwedko, — elle vient bien toute seule.

— Qu'elle vienne ; je ne la crains pas, nous nous querellerons ensemble. — répliqua le joyeux étranger.

— Ne seriez-vous pas tailleur, par hasard ? — demanda Iermola timidement, — vous avez si bien reconnu la forme de nos capotes.

— Pourquoi pas ? Qui vous dit que je ne sois pas tailleur ? — répliqua le garçon mettant les poings sur les hanches. — Demandez-moi plutôt ce que je n'ai pas été. J'ai été fermier, j'ai été forgeron, j'ai été charpentier, j'ai été tailleur, j'ai été tisserand, musicien et cordonnier.. Fi !... fi !... tout ça des états à mourir de faim, des métiers misérables !.. A présent, je ne serai plus si sot, je veux être seigneur.

— C'est là votre avis ? Ma foi, vous ne choisissez pas mal, — dit Chwedko en éclatant de rire. — Pas mal trouvé, monsieur mon frère... — Je vous salu, monseigneur. Et ôtant son bonnet, il s'inclina jusqu'à terre.

— Mais il me semble, — reprit Iermola, — que comme vous vous êtes ennuyé promptement de toutes vos occupations diverses, peut-être aussi vous vous lasserez vite de rester seigneur ?

— Eh bien, alors je deviendrai mendiant ; c'est un bon métier, et du reste tout cela m'est égal, — répondit le garçon qui se prit à chanter :

> Mon bâton est mon ami,
> Ma besace est ma femme.

— Voilà, ma foi, un joyeux et plaisant garçon, et qui se trouve ici juste à point, — murmura Iermola — Tandis que la Grise va manger son foin, et que Chwedko finira son oignon et son verre d'eau-de-vie, je parviendrai bien à savoir quelque chose des potiers de Mrozowica... Eh! frère, — reprit-il en s'approchant du jeune étranger, — ne boirais-tu pas bien un verre d'eau-de-vie ?

— Si vous me le payez, pourquoi non ? Un bohémien se ferait pendre pour le plaisir d'être en compagnie.

— Iuk, donnez donc ici un bon verre de votre meilleure eau-de-vie de Bebnow.

— Donne donc, Iuk chien de païen, entends-tu ? — répéta le jeune garçon de Mrozowica.

— C'est que, — dit Iermola en s'approchant — j'allais justement à Mrozowica pour...

— Ah ! ayez soin alors de prendre deux bâtons, et de bien coudre vos poches, car ce sont tous des coquins et des voleurs.

— Ah ! vous voulez plaisanter.

— Ouais ! demandez à ceux qui y ont été avant moi ; il n'y a pas là une seule âme honnête.

— Mais les potiers ?

— Bah ! ce sont encore les plus mauvais de tous.

— Voyez donc ; me voilà bien tombé.

— Et pourquoi ?

— Oh ! il y aurait là-dessus peu à écouter et beaucoup à dire.

— Ma foi, je ne vous engage pas à y aller, — continua le jeune homme — Si vous avez besoin d'un pot fêlé, vous êtes sûr de le trouver là.

— Mais, voyez-vous, ce n'est pas là mon affaire.

— Qu'allez vous donc chercher alors ?

— C'est que... c'est que, — répondit Iermola en se grattant la tête.

En ce moment Chwedko, qui s'était fortifié en dégustant un bon verre d'eau-de-vie et qui avait pris la résolution de servir d'interprète, interrompit sans façon le discours commencé.

Un homme sain a toujours énormément de peine à s'entendre avec un homme ivre, mais rien de plus facile à un homme ivre que de s'entendre avec un homme qui l'est à moitié.

— C'est que,.... voyez-vous, murmura Chwedko à l'oreille du jeune garçon, — Iermola, que voici., est une espèce de potier... Seulement il ne sait pas, mais pas du tout, vernir les poteries !.. Et il voudrait apprendre à vernisser, voilà.

— Fi ! fi... et pourquoi donc alors veut-il aller à Mrozowica ?

— Dame ; où irait-il alors ?

— Eh bien, moi, je lui apprendrai !... Que me donnera-t-il pour cela ?

Iermola et Chwedko, frappés du plus profond étonnement, se regardèrent dans un grand silence.

— Vous voulez plaisanter ?... Est-ce que vous êtes potier, vous ?

— Je suis le fils d'un potier, et j'ai travaillé six ans aux poteries vernissées, mais c'est un sot métier, je me suis lassé de le faire, — répondit le gars de Mrozowica. — Barbotte dans la glaise, noircis-toi dans les mélanges, rôtis-toi dans le feu, voilà tout le plaisir qu'on y trouve. J'ai craché dessus et je suis parti, mais cela n'empêche pas que, longtemps auparavant, j'avais aidé le père Martin, et que je me connais bien au vernissage, que ce soit de telle ou telle couleur... Et c'est que le vernis de mes pots est lisse et brillant comme du verre.

— En vérité ?

— Dame, si vous le voulez, je vous en donnerai la preuve.

— Que demandez-vous pour cela ? — dit Iermola avec un joyeux sourire.

— Que me donnerez-vous ?

Iuk, entendant que l'on engageait un marché tout auprès de lui, sans pouvoir comprendre de quoi il était question, se précipita soudain au milieu d'eux, plantant son museau entre les deux visages et craignant que quelque occasion de vendre ne lui passât sous le nez.

— Qu'est-ce que vous marchandez-là ? — murmura-t-il.

— Un chat dans un sac, — répartit le gars de Mrozowica.

— Allons ? allons ? pourquoi plaisanter ainsi ? — répartit le cabaretier. — Qu'y a-t-il à vendre ? je l'achète.

— Ils marchandent le prix du vernissage des cruches, — répondit Chwedko.

Le Juif ne pouvant rien comprendre, haussa les épaules et s'éloigna de quelques pas, surveillant, de son coin auprès du poêle, les acheteurs qui pouvaient avoir besoin de lui pour boire le coup des accords.

Après avoir dûment marchandé, on finit par conclure l'affaire moyennant un payement de cinq roubles. On se donna la main, on but une rasade d'eau-de-vie de Bebnow, et Iermola, accompagné du gars de Mrozowica, se prépara à retourner au village.

— Si c'est ainsi, je n'irai pas à la ville aujourd'hui, — balbutia Chwedko, un peu confus, — la pluie m'attraperait bien certainement en route.

Iermola et Siepak (tel était le nom du nouveau venu), s'assirent à côté de lui sur le siége, et ils retournèrent tous ensemble à Popielnia, au grand désespoir d'Iuk, qui ne pouvait parvenir à comprendre l'affaire, et qui flairait vaguement au fond de tout ceci, une somme d'argent qu'il ne pouvait toucher.

Ce fut ainsi que l'art de vernisser les poteries fut introduit à Popielnia, et que Iermola en remercia Dieu comme il l'aurait remercié d'un miracle.

XIV

PERFECTIONNEMENT ET DÉCEPTION

Il était environ midi, — car on ne s'était pas fort pressé sur le chemin, et l'on s'était longtemps arrêté à l'auberge, — lorsque nos voyageurs, ayant décidé la Grise à faire retraite, disparurent du village et s'arrêtèrent avec Siepak devant le seuil du vieux cabaret.

Devant la porte se tenaient Radionek, tournant activement une énorme écuelle, et Huluk qui l'aidait, tout en causant joyeusement avec lui

Aussitôt qu'il aperçut son père, Radionek, surpris et effrayé à la fois, s'élança promptement pour l'aider à descendre.

— Vous voilà, père ?... Vous est-il arrivé quelque chose en route, que vous revenez sitôt?

— Rien; non rien, mon enfant; seulement j'ai rencontré cet honnête garçon qui a travaillé longtemps chez les potiers de Mrozowica, et qui s'est offert pour m'apprendre à vernisser les poteries.

Radionek, au comble de la joie, fit un saut en poussant un cri : « En vérité, est-ce bien possible !

— Mais oui, je sais vernisser, tel que vous me voyez-là, — s'écria le joyeux Siepak, — et je serai fort content quand même, de jouer un bon tour à mes chers voisins de Mrozowica ; car je n'oublierai pas de sitôt la coquinerie de ces drôles :

« Je ne suis pas ton frère, tu n'es pas mon père. »

C'est ainsi que Siépak chantait, les poings sur les hanches, debout sur le haut du chariot. Puis, sautant légèrement à terre, il se mit à examiner, d'un air de connaisseur, tous les instruments destinés à la fabrication des poteries ; mais il était aisé de reconnaître en lui l'un de ces flâneurs bavards, et de ces fanfarons de village, qui regardent toutes choses du haut de leur grandeur, et se moquent de tout ce que font les autres. Les ustensiles de travail qui composaient l'attirail du pauvre potier, lui parurent tellement misérables ; en les voyant, il haussa si dédaigneusement les épaules, et se tint si joyeusement les côtes en les examinant, que Iermola et Radionek en devinrent tout confus et tout tristes.

Siepak manifesta un mépris au moins égal à l'égard de leurs produits ; il les compara, sans se gêner, à autant de tessons et d'ordures, les jeta de côté, en fêla quelques-uns, et s'étalant sur la banquette, se mit à vanter hautement tout ce qu'il savait et ce qu'il faisait, au-dessus de ce que savaient et de ce que faisaient les autres.

Cette conduite ne plut point à Iermola, qui se connaissait en hommes; mais il supporta en silence les ridicules fanfaronnades de Siepak, espérant toujours qu'il tirerait quelque profit de ses enseignements, bien qu'en le voyant ainsi se comporter, il commença à sentir de beaucoup diminuer sa confiance.

Pendant ce temps, le gars de Mrozowica avait demandé qu'on lui fît frire un morceau de lard, qu'on lui servît une pinte d'eau-de-vie, puis il se coucha au soleil pour dormir, et, vers le soir, se rendit au cabaret.

Le lendemain, Iermola dut se rendre à la ville pour acheter de la litharge, des couleurs et d'autres ingrédients nécessaires au vernissage des poteries, tandis que Radionek sous la direction de Siepak, qui plaisantait et chantait toujours, préparait les vases où seraient contenus les mélanges destinés au vernissage.

Lorsqu'on en vint enfin à la préparation des vernis, Siepak se montra adroit et habile au-delà de toute attente, et, de cette manière, n'étonna pas moins ses compagnons qu'il ne les avait d'abord étonnés par ses forfanteries. Mais à peine avait-il passé une demi-heure au travail, dans la cabane, qu'il n'y pouvait plus tenir et s'enfuyait au cabaret, où il louait des musiciens, convoquait la moitié du village, et faisant placer au milieu de l'assemblée un seau plein d'eau-de-vie, conduisait la débauche et la danse jusque vers le milieu de la nuit.

Le soir, fort tard, deux camarades de Siepak, presque aussi ivres que lui, le ramenaient, chancelant, criant, chantant, et le couchaient à terre, devant la porte de Iermola ; Huluk et Radionek le regardaient avec un étonnement très-vif mêlé d'une profonde pitié.

Quelque temps se passa avant qu'on en vint à l'épreuve décisive ; mais pendant ce temps, le fils adoptif de Iermola, doué d'une intelligence aussi tenace que prompte, avait tellement profité de l'exemple et des leçons du jeune manœuvre, et ayant vu quelques travaux, avait si bien deviné le reste, que tous les travaux de la préparation ne lui étaient plus étrangers. Il devait en être ainsi pour tout le reste ; il suffisait de lui donner quelques indications, de le mettre sur la voie, de lui expliquer quelques procédés, et la conception ingénieuse de l'enfant, son sens pratique suppléaient à ce qui pouvait manquer à l'instituteur. Iermola aurait vivement désiré pouvoir se débarrasser le plus tôt possible de la présence du gars de Mrozowica, dont il redoutait pour Radionek le funeste contact ; mais, en réalité, il semblait que l'étourdi Siepak fût choisi exprès par le sort pour dégoûter l'enfant d'un genre de vie dont il pouvait chaque jour constater le vide effrayant et les jouissances misérables. Siepak, il faut bien le dire, offrait à l'examen un type moral curieux, type que souvent l'on rencontre parmi le peuple, dans toute son étrange naiveté : intelligent, adroit, vif et avantageusement doué, il gaspillait également le plaisir et le travail, se lassant de celui-ci, et ne pouvant se rassasier de l'autre.

Quelquefois, pendant des jours entiers, épuisé par l'excès de ses débauches, il gisait étendu sur le dos, dans le foin, chantant à plein gosier ou poussant des soupirs à fendre l'âme, comme si, dans quelques moments, il allait expirer. Puis il se mettait au travail avec acharnement pour une heure, et sa main, qui tremblait d'abord et refusait de le servir, acquérait en quelques instants une adresse et une dextérité étonnante ; mais à peine était-il arrivé là, qu'il se lassait, abandonnait tout, interpellait le premier passant, entamait avec lui une conversation sur le ton de la plaisanterie, et, le plus souvent, finissait par se rendre au cabaret, derrière la table duquel il passait la plus grande partie de sa vie.

Après quelques tentatives qui n'avaient point trop mal réussi, Radionek commençait sous sa direction à pratiquer assez facilement le vernis sur des potéries, lorsque Siepak, qui s'ennuyait déjà de son séjour à Popielnia, de Szmula, du vieux cabaret et de la tranquillité qui régnait au village, ne trouvant pas de compagnons dont les goûts s'accordassent avec les siens, demanda au vieux potier le reste de la somme qui lui revenait, et muni de cet argent, alla s'établir chez Szmula, où, trois jours durant, régna une orgie sans limites accompagnée d'une musique folle.

Le quatrième jour, ayant placé sa valise sur ses épaules et pris son bâton de voyage à la main, Siepak se mit en route et disparut, sans dire adieu à personne, et au grand regret du cabaretier juif et de quelques compagnons de débauche qui, chaque soir, à ses frais, passaient d'agréables soirées. A partir de ce moment, on ne le revit plus à Popielnia.

Alors, l'ancienne paix, un moment troublée, revint dans la modeste demeure. Radionek se livra au travail avec ardeur, et, d'abord, voulait vernisser toutes les poteries, mais le vieillard le retint par de sages observations.

— Rappelle-toi, — lui dit-il, — que ce n'est pas tout de fabriquer, il faut vendre encore, afin que nous puissions réussir. Nous ne savons pas comment nos nouveaux produits seront reçus sur le marché. Si l'on ne veut pas nous acheter nos cruches et nos plats vernissés, ou si l'on nous les paye mal, nous aurons du moins un peu de bénéfice sur nos poteries communes, qui se vendent parfaitement. Dieu sait s'il nous réussira de vendre de plus fine vaisselle; et si nous ne faisions plus de pots noirs et de grosses marmites, nous habituerions les gens à aller les chercher ailleurs.

Ce fut de cette façon que Iermola parvint à persuader l'enfant, qui se résigna à ne vernisser que la moitié de la cuite. Jusqu'alors, le métier avait toujours été fort bien; le vieillard craignait qu'il ne vint à se gâter par suite de ce changement de système; mais Radionek voulait faire du nouveau et ne savait pas compter; aussi les craintes de son père lui paraissaient puériles et vaines. Cependant, chez les gens du peuple, rien ne s'accepte et ne s'adopte tout d'abord ; il faut procéder lentement et avec discrétion pour introduire chaque coutume nouvelle ; car, obéissant à son instinct conservateur, le peuple tient fortement aux mœurs, aux habitudes et même aux préjugés que lui ont légués ses ancêtres.

C'est ce que l'on put voir, après la cuite des poteries ordinaires et des poteries vernissées. Le jour du grand *pardon* arriva, et aussi la semaine de la foire à la ville. La provision de pots et de vaisselle fut complétée ; la jument de Chwedko, louée pour ce jour-là ; on chargea soigneusement le chariot, et le vieillard et l'enfant, partis de Popielnia à minuit, arrivèrent au point du jour dans la petite ville. Ils avaient l'habitude d'étaler leurs marchandises toujours au même endroit, sous l'auvent de la plus grande auberge juive de la place, où tous les gens de la foire accoutumés à les retrouver à la même place, venaient à eux et auraient pu les rencontrer les yeux fermés. Depuis le matin jusqu'au soir, on s'assemblait autour d'eux, et, d'ordinaire, la vente était énorme. Nos potiers se hâtèrent de déballer leurs marchandises, dès qu'ils se furent placés dans leur petit coin favori, et firent deux parts de leurs produits, les poteries communes et les poteries vernissées. Radionek, attendant les chalands, palpitait d'espoir ; Iermola tremblait de crainte. Lorsque le jour parut, le monde commença à s'assembler, et, tout d'abord, se pressa autour de l'étalage.

Mais ce fut en vain que les deux marchands présentèrent aux acheteurs leurs plats les mieux réussis, leurs cruches les mieux vernissées, et de formes les plus diverses, à des prix très-modiques; la plupart des ménagères secouaient gravement la tête sans rien dire; d'autres déclaraient franchement qu'elles préféraient s'approvisionner chez les potiers de Mrozowica.

En un mot, la coutume prévalut, et ni la beauté des produits, ni le modicité de leur prix ne purent décider personne; en vain Iermola et Radionek en firent ressortir les mérites, en vantèrent la bonté; les chalands écoutaient ces éloges d'un air railleur et incrédule, et allaient se fournir chez les marchands depuis longtemps connus, Radionek pleurait en silence, et le vieillard alors le consolait, en lui représentant que, dans le commencement, il en devait être ainsi, et qu'ils devaient se résigner à prendre patience et à savoir attendre.

Vers le soir, une partie de la vaisselle vernissée se vendit à des gens inconnus, et à l'étalage de Iermola, il n'y avait plus de poterie commune.

Mais, quant aux autres vases, il en restait beaucoup, et le Juif de la petite ville les acheta en masse à moitié prix, parce que le vieillard ne voulait pas avoir à remporter sa marchandise.

Lorsque Iermola et Radionek eurent compté tous les frais, ils se trouvèrent en perte. L'enfant s'attrista considérablement tout le long du chemin, le vieillard le consola du mieux qu'il put, le préparant, par cette première déception, aux futures et aux grandes amertumes de la vie qui, cependant, ne doivent détruire chez l'homme, ni le courage, ni l'espoir.

XI

L'AUTRE PÈRE

Nous avons décrit soigneusement la vie de ces petits et de ces pauvres, et les événements les plus importants qui l'avaient marquée; les changements dans leurs travaux, l'acquisition de nouvelles connaissances, la légère amélioration de leur bien-être. Leurs jours s'écoulaient dans une profonde uniformité, et dans une paix également profonde : Radionek, du moins, ne concevait pas d'existence plus heureuse que celle qui lui était échue en partage. Son père l'aimait et, autant que possible, satisfaisait à ses désirs; tout lui réussissait; il avait de quoi s'occuper, s'amuser, et l'avenir lointain, l'avenir inconnu s'annonçait comme devant être souriant et tranquille.

Parfois, il est vrai, l'enfant, tout rêveur, s'asseyait sur le seuil de la cabane et fixait son regard sur les eaux de la rivière Horyn, sur les bois et les champs, payant, par un moment de tristesse inexprimée, sa dette aux désirs infinis et aux vagues aspirations qui naissent dans l'âme de l'homme, pendant tout le cours de sa vie. Alors lui revenait à l'esprit le souvenir des choses que lui avait racontées son père, de la manière étrange dont il avait été trouvé sous le chêne, de sa mystérieuse origine et de la singulière destinée qui sans qu'on sut pourquoi, l'avait jeté dans les bras de l'honnête vieillard. Radionek ne pouvait comprendre pourquoi on l'oubliait, pourquoi on l'avait abondonné; quelque chose lui disait qu'on se souviendrait de lui un jour; parfois il prêtait l'oreille au milieu du silence, comme s'il allait entendre le bruit des roues et le pas des chevaux lui annonçant l'arrivée des hôtes qu'il attendait, des hôtes effrayants, des hôtes inconnus.

Son imagination lui peignait souvent, des couleurs les plus diverses, ces parents qu'il ne connaissait pas, mais chaque fois qu'il se représentait la douleur que son départ causerait au vieil Iermola, les amertumes de la séparation, de la solitude continuelle, il fondait en pleurs et prenait la résolution de ne jamais le quitter. En lui, comme en tout être ardent et jeune, s'éveillait le désir de voir des choses nouvelles, de se faire un nouveau destin, mais il sentait au fond du cœur que s'il devait gagner extérieurement à un changement de position, il y perdrait assurément une partie au moins de son bonheur véritable. Où pouvait-il se trouver mieux? où plus tranquille et plus libre? Il ne travaillait qu'autant qu'il voulait, variait ses occupations, et le vieillard trouvait rarement une observation à lui faire; il est vrai qu'il l'avait d'abord élevé de façon à pouvoir le conduire uniquemeut par des encouragements, par des paroles raisonnables, et qu'il n'était nullement besoin de le menacer. Le vieillard s'était fait enfant pour se faire comprendre de Radionek; l'enfant s'efforçait d'atteindre à la maturité du vieillard; ils se partageaient le temps et les années comme ils se partageaient toutes les autres choses de la vie.

Les jours et les mois s'écoulaient dans cette paix profonde, que pouvait à chaque instant troubler un changement subit, lorsqu'un soir Chwedko, revenant de Malyczki, passa devant le vieux cabaret, parce que le petit pont avait été emporté sur l'autre route, et, voulant allumer sa pipe, entra chez Iermola. La Grise, qui se souciait peu d'allonger ainsi sa tournée, fit à la vérité quelques façons pour s'arrêter, sentant que l'écurie n'était pas loin, mais elle finit cependant par se laisser convaincre.

Le vieux potier et l'enfant étaient assis sur le seuil ; le premier fumait sa pipe, l'autre faisait à haute voix ses projets d'avenir, lorsque Chwedko s'arrêta devant eux avec sa charrette, et les salua, à la façon ordinaire, en leur disant :

— Gloire à Dieu !

— Dans les siècles des siècles !... Et d'où venez-vous donc ?

— De Malyczki.

— Vous y avez été tout seul ?

— J'ai mené à Mikita les pommes de terre que je lui avais vendues.

— Qu'y a-t-il de nouveau, là-bas ?

— Oh ! il y a quelque chose de nouveau, il y a bien des choses même ! — répondit Chwedko, s'asseyant sur un tronc d'arbre renversé. — Le vieux chef d'escadron est mort.

— Il est mort, le vieux ! — repartit Iermola. — Paix éternelle à son âme ; il a assez longtemps souffert.

— Et il s'entendait joliment à faire souffrir les autres.

— Il est mort ! en vérité ! — répéta Iermola. — Voyez un peu ! que les vieillards prennent garde ; voici que la mort les appelle... Pourvu qu'elle ne se souvienne pas de nous bientôt !

— Il était bien malade, — dit Chwedko, — et je ne comprends pas comment il a pu résister tant d'années... Mais c'en est un bouleversement au *dwor* !

— Et son fils ?

— Son fils, et ses gens, et tous ceux qu'il a tourmentés si bien, pleurent sur lui comme des fontaines. Tous les gens du village sont dans la cour ; c'est une désolation à faire pitié.

— Telle est la destinée de chacun sur la terre, — repartit Iermola avec un soupir.

— Oui, assurément, — continua Chwedko, mais à

dire vrai, le seigneur chef d'escadron était un fameux tyran pour ses proches. Tout malade, impotent et infirme qu'il était, il n'a lâché jusqu'à sa mort ni les clés, ni le gouvernement de tout le ménage, ne se confiant pas même à son fils, ni à cette jeune parente qui le servait. Son fils a vieilli à son service sans jouir de sa fortune et sans pouvoir songer à diriger sa maison : il ne lui a pas permis de se marier, il n'a pas souffert qu'il s'éloignât. Il a tenu la demoiselle dans un pareil esclavage, et, sachant qu'ils s'aimaient tous deux, il leur a toujours défendu de se marier sous peine de recevoir sa malédiction.

— Eh bien, ils se marieront, — dit Iermola.

— Mais vous ne savez donc pas ? Ils se sont déjà mariés depuis longtemps ; seulement personne n'en savait rien au *dwor*, à l'exception de la vieille femme de charge... Le curé de la paroisse les a mariés ; il y a eu des témoins, mais à quoi cela leur servait-il ? Ils ne pouvaient pas vivre ensemble, puisque le vieux père les tenait toujours auprès de son lit nuit et jour ; il voulait avoir toujours près de lui, tantôt l'un, tantôt l'autre. Avec cela, les choses étaient arrangées au *dwor* d'une telle manière que les économes et les domestiques devaient raconter au maître ce qu'ils voyaient faire au jeune seigneur, sans quoi il rudoyait et maltraitait tout le monde, et il avait assuré son fils de sa malédiction, si jamais il osait penser à un tel mariage.

— Le vieux était un peu roide, il est vrai, — dit Iermola — mais il avait son bon côté. Et, du reste, il souffrait beaucoup, tellement que, parfois, pendant les longues nuits, on l'entendait à chaque instant s'écrier : « Dieu de bonté, sois-moi miséricordieux et retire-moi de ce monde ! » Mais, pour les étrangers, il était affable et doux comme un agneau ; c'est lui qui a si bien fait que Procope m'a appris à fabriquer la poterie, et quand j'allais le voir, il se mettait à causer, et à raconter des histoires d'autrefois, et de plaisanter, et de rire !... Mais c'est qu'aussi c'était un ancien ami de mon maître !

Les vieillards continuèrent pendant longtemps encore, à parler du chef d'escadron, se racontant tour à tour les moindres particularités de sa vie, et plaignant, regrettant le mort, comme on le fait en général ; car chacun, en sortant de ce monde, laisse après soi quelques regrets et quelques souvenirs. Ils causaient encore, lorsque le bruit des roues d'une voiture se fit entendre du côté de Malyczki, et de loin, ils purent reconnaître que le véhicule qui s'avançait n'était pas le chariot d'un paysan.

— C'est certainement Hudny qui retourne à la maison, — dit Iermola, — rentrons dans la cabane il vaut mieux qu'il ne nous voie pas.

— Oh non ! ce n'est pas lui, — répondit Chwedko — ce doit être un étranger. Au bruit des roues, on dirait un chariot couvert. Quelqu'un s'est égaré sûrement.

Curieux de savoir qui cela pouvait être, ils tinrent alors les yeux fixés sur le côté de la prairie qui s'étendait au-delà des chênes, et qui était traversé par un petit sentier. Bientôt, en effet, parut un chariot couvert, très-propre et presque élégant, qui s'avançait au grand trot vers le village.

Qui serait-ce donc ?— murmura Iermola.

— Ce sont les chevaux du chef d'escadron. Voici le jeune seigneur de Malyczki et sa femme, je le connais bien. Mais que viennent-ils faire ici ?

La voiture approchait toujours rapidement, et au lieu de dépasser le vieux cabaret, devant lequel se tenaient l'enfant et les deux vieillards, la considérant avec une mine étonnée, elle s'arrêta soudain, en face d'eux.

Un homme de trente et quelques années, et une femme jeune encore, se précipitèrent à terre en même temps, et coururent à Iermola ; mais avant d'arriver jusqu'à lui, ils s'arrêtèrent ; un cri ému, des sanglots et des pleurs se firent entendre. La jeune femme s'élança vers Radionek ; l'étranger fit aussi quelques pas du côté du jeune garçon, qui recula effrayé.

Déjà Iermola avait deviné tout : il pâlit, il chancela et fut forcé de s'asssoir tant il se sentait accablé et faible ; elle venait de sonner pour lui cette heure fatale, dont il avait toujours repoussé la pensée avec un effroi mortel.

— Mon fils ! mon cher enfant ! — s'écriait la dame.

— Marie, calme-toi, pour l'amour de Dieu, et parlons-leur d'abord.

L'enfant, qui attachait sur sa mère de grands yeux

brillants tout étonnés, se jeta dans les bras de Iermola, comme s'il voulait l'appeler à son secours.

— Il ne me connaît pas ! — s'écria la jeune femme d'un ton douloureux. — Il ne me connaît pas, et il ne peut pas me connaître ; il me fuit, il me repousse... Il ne peut pas en être autrement... Oh ! il valait mieux renoncer à tout, attirer la malédiction paternelle sur nos têtes, et ne pas abandonner notre enfant... Il n'est plus à nous, nous l'avons perdu !

En parlant ainsi, elle pleurait amèrement et se tordait les mains.

— Marie, calme-toi, je t'en prie ! répétait le jeune homme.

Au milieu de cette scène de trouble et de douleur Iermola avait eu le temps de se tranquilliser un peu, son visage avait pris une expression sérieuse et triste.

— Cet enfant, dit alors le père d'une voix entrecoupée et profondément émue, — cet enfant qu'il y a douze ans tu as trouvé sous les chênes.... c'est notre fils. Pour échapper à la malédiction dont nous avait menacé notre père, et à l'espionnage des gens qui nous auraient accusés devant lui, s'ils avaient eu connaissance de notre mariage secret, nous avons dû le rejeter loin de nous, l'abandonner pour un temps... et l'oublier... Mais le prêtre qui nous a mariés et qui a baptisé l'enfant, nous rendra témoignage ; l'homme qui l'a déposé ici...,

— Il a pu être, en effet, votre fils, — répondit lentement le vieillard, auquel la force revenait en ce moment décisif, — mais aujourd'hui il est à moi seul, il est mon enfant. Vous voyez qu'il ne connaît pas sa mère ; que, lorsque son père l'appelle, il se réfugie près de moi... Je l'ai élevé par le travail de ma vieillesse, en me retirant le pain des lèvres. Personne ne peut me l'ôter. Radionek ne me quittera pas.

La mère, en l'écoutant, éclatait en sanglots. Jean Druzina la retint, mais lui-même, il rougissait, il frémissait et les sentiments les plus divers se peignaient sur son visage.

— Écoute, vieillard, — s'écria-t-il, — que tu le veuilles ou non, il faut que tu nous rendes cet enfant, dont nous avons en vain attendu les caresses depuis tant d'années.

— Si même je vous le rendais, il ne vous suivrait pas, — répondit Iermola, — il ne vous connaît pas ; il ne voudrait pas abandonner le vieillard qui l'a élevé.

Radionek, debout, immobile, était pâle et troublé. Sa mère étendait ses mains vers lui ; ses regards cherchaient les regards de son enfant ; ses lèvres cherchaient ses lèvres ; la force mystérieuse du sentiment maternel s'éveillait pour l'attirer vers elle et des larmes commençaient à rouler dans les yeux du jeune garçon,

— Tout pour notre fils, tout ce que tu peux désirer ! s'écria Jean Druzyna.

— Et que puis-je attendre de vous ? s'écria le vieillard indigné ; que voulez-vous me donner qui remplace mon bien-aimé, mon unique enfant ? Je ne vous demande rien, rien que la permission de mourir près de lui, et de mourir tranquille.

En parlant ainsi, le vieillard fondit en larmes ; ses jambes chancelaient sous lui ; il s'appuya au mur pour ne pas défaillir. Radionek le soutint et l'aida à s'asseoir sur le seuil, et Iermola, entourant de ses bras la tête blonde de l'enfant, la pressa ardemment sur ses lèvres. La jeune mère se tordait les mains de désespoir ; sa douleur croissait et allait jusqu'à la rage ; à la fin, elle s'élança sur l'enfant, ardente et forte comme une lionne, et l'étreignit dans ses bras maternels.

— Tu es à moi ! — cria-t-elle suffoquée par les pleurs ; — tu es à moi !

Et déjà Radionek ne cherchait plus à se soustraire à ses caresses ; il venait de recevoir le premier baiser de sa mère, baiser si doux, si pénétrant et si longtemps attendu.

Le père tremblant s'approcha aussi de l'enfant, et commença à l'embrasser en fondant en larmes.

Iermola les considérait d'un regard, tantôt sombre et désespéré, tantôt étincelant et brûlant de jalousie ; un seul instant, un seul mot, avaient suffi pour lui ravir son trésor.

— C'était assez de bonheur pour moi, — murmurat-il — Dieu me reprend le reste... il faut le rendre ; le sort me l'avait prêté seulement... Et je ne vivrai pas longtemps sans doute !... Monsieur, — s'écria-t-il alors d'une voix pleine de larmes et d'émotion, — vous le voyez ; c'est moi maintenant qui vous supplie. Je suis vieux, je ne vivrai pas longtemps, laissez-moi mon enfant, seulement jusqu'à ma mort. Je mourrai bientôt ; je suis très-vieux ; alors vous l'arracherez de mon cercueil, comment pourrais-je exister sans lui ? Ah ! ne me laissez pas seul pour les derniers jours que j'ai à passer dans ce monde ; ne me punissez pas, ne me tuez pas, pour cela seul que j'ai recueilli et élevé votre enfant !

— Nous t'emmènerons avec le petit, — s'écria Jean.

— Viens avec lui ; Nous avons pour toi une reconnaissance que toutes nos paroles ne sauraient exprimer...

Le vieillard l'interrompit en éclatant en sanglots, et Radionek s'empressa d'accourir auprès de Iermola aussitôt qu'il l'entendit pleurer ; il s'agenouilla à côté de lui, à terre, et mit en pleurant sa tête sur ses genoux.

— Mon père ! mon père ! — s'écria-t-il, — ne pleurez pas ; je ne vous abandonnerai jamais. Nous ne quitterons pas votre cabane ; nous y resterons ensemble... Je me trouve si bien avec vous ; je ne veux rien de plus.

La mère alors, se voyant encore abandonnée, se prit à sangloter de nouveau, et fut sur le point de défaillir. Les voisins, attirés par le bruit, s'étaient rassemblés et assistaient à cette scène. La veuve du cosaque, Chwedko, Huluk et les autres versaient de ces larmes compatissantes que le peuple a toujours, même pour les douleurs et les misères qu'il ne comprend point, car il lui suffit de voir les autres pleurer pour qu'il s'attendrisse.

Enfin le père sortit de l'état de stupéfaction momentanée où les paroles de l'enfant l'avaient jeté; il soupira, et s'approchant de sa femme, lui parla tout bas un instant.

— Que vous le vouliez ou non, — reprit-il tout haut d'un ton sévère, — vous serez forcé de nous rendre l'enfant; il est bien à nous, nous avons des témoins. Mais vous pouvez nous demander ce que vous voulez, en échange.

Iermola tressaillit et se releva brusquement sur ses pieds.

— L'enfant ne vous connaît pas, s'écria-t-il, — vous devrez le reprendre par force; je ne vous le rendrai point de ma propre volonté, car ce n'est pas votre enfant. A vos témoins, j'en opposerai d'autres : ce n'est point là l'enfant d'un gentilhomme, c'est un villageois; un ouvrier, un orphelin... Appelez-le, — quoique vous ne sachiez pas quel nom lui donner, même, — et il n'écoutera pas votre voix qui lui est étrangère.

Mais ce vieillard est insensé ! — s'écria Jean Druzyna, frémissant de colère.

— C'est bien; nous serons forcés de recourir à d'autres moyens, à ceux que nous accordent nos droits... Veux-tu donc priver l'enfant des avantages et des douceurs de sa position, que sa destinée lui préparent.

— De quelle position? de quel sort? — répondit le vieillard avec fierté. — Demandez-lui s'il s'est trouvé malheureux chez moi? s'il désirait plus, s'il lui manquait quelque chose?... Je connais votre genre de vie et l'espèce de bonheur qui gîte dans les *dwors*, où j'ai vécu... Ne détruisez pas ma paix, ne désolez pas ma vieillesse, ne m'enlevez pas mon enfant!

La jeune mère s'approcha alors, et le prit par la main.

— Mon frère, mon père, — dit-elle, — je comprends ta douleur; je sais ce que tu perds en perdant cet enfant; mais moi, pendant douze années n'ai-je pas dévoré mes larmes? auras-tu le cœur de refuser à une malheureuse mère sa plus chère joie, son unique trésor?... Serais-tu cruel au point de nous contraindre à l'ingratitude! Non, tu viendras avec nous; tu te réjouiras en voyant le bonheur de l'enfant, et tu partageras le nôtre.

Ces paroles de la mère allèrent bien mieux au cœur de Iermola, qui revint à lui peu à peu, essuya ses pleurs et répondit à voix basse :

— Oh! il est arrivé, ce moment avant lequel j'aurais dû mourir! Pendant bien des années, je l'avais vu dans tous mes songes; j'avais peur d'une ombre, je redoutais chaque étranger, pensant qu'il venait m'enlever l'enfant de ma vieillesse!... Je tremblais, je priais

Dieu qu'il me fît d'abord mourir, mais il a prolongé comme à dessein mes années... Qu'il accueille donc l'heure présente comme une expiation amère pour mes péchés ! »

Pendant cette conversation, Radionek, ému, troublé et ne sachant que faire, regardait tantôt le vieillard, tantôt ses parents. Les yeux de son père exprimaient une vive impatience, mêlée d'attendrissement et d'une certaine irritation; les regards de sa mère avaient une expression inquiète, plus compatissante et plus douce. Iermola sentait de nouveau ses forces l'abandonner; il était retombé assis, la tête inclinée, les mains jointes.

La conversation ainsi brusquement interrompue, s'était ranimée, mais avait pris peu à peu un ton plus tranquille et plus ordinaire. Druzyna avait eu évidemment l'intention d'emmener son fils dès l'abord, mais l'heure s'écoulait, la nuit devenait plus noire, et il ne savait que faire. Iermola, abattu, ne lui opposait plus aucune résistance ; il se taisait épuisé et n'interrogeait plus l'enfant que du regard.

— Partons, — dit enfin le jeune homme en se penchant vers sa femme. — Nous reviendrons le chercher demain.

— Mais l'enfant ?...

Radionek avait entendu ces paroles; tout effrayé, il s'élança dans les bras de son père adoptif, et Iermola, ému et reconnaissant, le pressa sur sa poitrine.

— Tu es un bon et cher enfant, — s'écria-t-il ; — tu ne me quitteras pas, tu ne me laisseras pas seul, tu n'oublieras pas ton vieux père. Tu sais que je mourrais sans toi ; tu feras ce que tu voudras quand tu m'auras fermé les yeux; que Dieu t'accompagne alors de ses bénédictions éternelles.

Druzyna, qui considérait cette scène en silence, emmena enfin sa femme, ou plutôt l'arracha de force, et la transporta dans sa voiture, ordonnant au cocher de retourner à la maison. Chwedko se dirigea vers le village, où il allait répandre cette importante nouvelle.

Rien ne se trouva changé dans l'intérieur du vieux cabaret, aussitôt que Druzyna en fut parti, mais déjà s'étaient envolés de dessous le toit de chaume, la paix et le bonheur qui y régnaient la veille. Iermola, muet et immobile, était assis sur le seuil ; Radionek parfois pleurait tout bas ; d'autres fois s'abandonnait à une fiévreuse rêverie. Puis ils se rapprochaient l'un de l'autre, et se disaient tout bas quelques paroles tristes et tendres. Le matin les trouva ainsi, à demi endormis sur le seuil et blottis dans les bras l'un de l'autre, comme s'ils avaient craint qu'on ne vînt les séparer.

Le grand jour, en ouvrant leurs yeux à la lumière du soleil qui dissipe les terreurs des ombres et rappelle les forces de la vie, leur rendit le souvenir des événements de la veille, mais il les leur présenta sous un autre jour, et éveilla en eux d'autres sentiments. qui accompagnent chaque événement, chaque sérieuse pensée, comme des serviteurs mercenaires groupés autour d'un cercueil. Mille idées, mille impressions confuses se pressaient dans leur esprit, et tout en s'y faisant jour, s'y combattaient l'une l'autre.

Ni le vieillard, ni Radionek ne se sentaient capables de travailler ce jour-là ; le cours ordinaire de leur vie était interrompu ; ils ne savaient plus que faire d'eux-mêmes. Dans l'esprit de l'enfant s'élevaient, tantôt mille images d'un avenir brillant, d'un avenir inconnu, tantôt le regret des jours passés, remplis de tant de bonheur, et qui ne devaient plus revenir.

Il cherchait à se rappeler les traits de sa mère, de son jeune père qu'il avait entrevus dans la lueur douteuse du crépuscule ; parfois son cœur l'entraînait vers eux, parfois il frémissait, agité par un sentiment de crainte. Que deviendrait-il près d'eux? Serait-il mieux qu'ici où plus mal? Et, dans tous les cas, il lui fallait commencer une nouvelle vie, quitter son coin tranquille, pénétrer chez des inconnus, renoncer à son bonheur de la veille et dire adieu à ce qu'il avait tant aimé.

Iermola rêvait aussi ; le jour nouveau lui avait apporté des pensées nouvelles. Selon son habitude, il s'en alla trouver la veuve, comme il le faisait quand il éprouvait le besoin de causer.

— Etes-vous devenu fou ? — s'écria la vieille femme en l'apercevant. — Comment avez-vous pu, hier soir, vous obstiner ainsi à vouloir garder l'enfant, comme si vous aviez je ne sais quel sort à lui donner? Et pourtant, c'est l'enfant d'un seigneur ; il a un sort tout fait. Et cela vous fera-t-il tant de mal d'aller demeurer au *dwor* avec Radionek, et de vivre tranquillement en jouissant de son bonheur?

— Oui, oui, comme si je pouvais être là pour lui ce que j'ai été jusqu'à ce jour? Je ne serai plus son père, je deviendrai son serviteur. Ils me reprendront son cœur peu à peu ; ils me gâteront, me perdront mon enfant. Comme si je ne connaissais pas la vie des seigneurs et des riches! Une nourriture un peu plus délicate, des habits un peu plus fins, des paroles un peu plus douces, mais sont-ils plus heureux? Dieu le sait, et nous n'y voyons rien. Demandez-leur s'ils ne pleurent pas en secret, s'il n'y pas aussi de tristes heures sous leur toit, si leur bonheur est aussi grand, aussi pur, qu'il nous le paraît de loin?

— C'est sans doute votre grand chagrin qui vous fait parler ainsi, — s'écria la veuve en haussant les épaules. — Leur vie n'est pas la nôtre, c'est ce qu'il y a de certain... Si notre sort était le meilleur des deux, est-ce que tous ne voudraient pas vivre comme nous? Et pourtant il est bien rare qu'un grand seigneur se résigne de sa bonne volonté à vivre comme nous, tandis que chacun de nous, au contraire, voudrait goûter de leur pain. Il faut dire ce qui est vrai, pourtant.

Iermola, la tête appuyée sur sa main, garda quelque temps le silence.

— Ma commère, — répondit-il enfin, — lorsqu'il nous faudra mourir, il nous sera alors fort indifférent d'avoir, pendant notre vie, mangé du pain de fleur de froment ou du gros pain de seigle ; que l'homme ait vécu, d'une façon ou de l'autre, cela lui revient au même, pourvu qu'il ait les mains et la conscience pures pour se présenter devant Dieu. Et quant à savoir si mon enfant aura alors été plus heureux, seigneur dans la maison de son père, ou auprès de moi potier, dans le vieux cabaret, par ma foi, c'est une grave question à laquelle je ne me charge pas de répondre.

— Mais, vous serez pourtant bien forcé de le rendre ; il n'y a pas moyen de le refuser.

— Je ne l'empêcherai pas de les suivre, naturellement, mais il faudra qu'il choisisse entre nous ; parce que, moi je veux mourir où j'ai vécu ; je déposerai mes os dans notre vieux cimetière. J'ai déjà goûté le pain de la servitude ; je n'irai pas, dans mes dernières années, tendre la main et me prosterner devant de jeunes fous qui riraient de moi, pour toute récompense... je resterai à Popielnia ; quant à Radionek, s'il le veut, qu'il aille faire le seigneur à Malyczki.

— Et comment ferez-vous pour vivre sans lui, pauvre vieil homme ?

— Et vous, comment faites-vous pour vivre sans votre Horpyna, sans vos petits enfants ? A moins que vous ne les voyiez en cachette.

— Ah ! ce qui est vrai est vrai ! — soupira la veuve. — Dans les angoisses et dans les larmes, nous élevons nos enfants, pour qu'ensuite, quand ils ont des ailes, ils s'envolent hors du nid; pour que nous restions là, tout triste, les ailes brisées, à les regarder de loin !

— Ce n'est pas pour longtemps, du moins, — ajouta Iermola avec un triste sourire, — nos jours sont comptés. Qu'il s'en passe encore un ou deux, et alors la mort approche tout doucement, frappe un coup à la fenêtre... les yeux se ferment, et tout est fini. Il ne reste qu'à compter avec le Seigneur Dieu.

— Ah ! vos paroles sont tristes, compère !

— Parce que, voyez-vous, mon cœur n'est pas gai.

Pendant que cette conversation avait lieu dans la maison de la veuve, Radionek, qui n'avait pas le cœur à se mettre à l'ouvrage, médite et rêve, assis sur le seuil ; tantôt son cœur l'entraîne vers ce monde inconnu, tantôt sa tendresse pour le vieillard le retient et le rappelle.

Des parents ! une mère ! ce sont de douces pensées, des mots sacrés, qui ont une grande puissance sur le cœur d'un orphelin, car personne ne remplace un père, personne ne remplace une mère.

L'idée de vivre au dwor, d'être riche, d'être maître, lui souriait assurément, mais ne connaissant pas d'autre genre de vie que celui qu'il a mené jusqu'à ce moment, il ne sait pas ce qui l'attend dans cette noble existence ; sa curiosité ardente, enfantine, peut seule lui peindre l'avenir inconnu. Puis, il se dit qu'il sera

14.

bien pénible au vieillard de se séparer de lui, il se rappelle tout ce qu'il a fait pour lui, combien il l'a aimé; il ne sait si la tendresse maternelle elle-même, si puissante et inspirée de Dieu, pourra égaler cet amour.

Tandis qu'il réfléchit ainsi, la voiture qu'il a vue la veille approche, arrive et s'arrête. Radionek peut fuir, se cacher; il n'en a pas la force, sa mère l'a aperçu de loin, elle lui a fait un geste de la main et il reste immobile. Ses parents courent à lui, et l'embrassent, et pleurent.

— C'est vrai, c'est bien vrai, n'est-ce pas, que tu viendras avec nous? — s'écria Marie Druzyna en attachant ses regards émus sur le jeune et beau garçon dont elle voyait avec peine les vêtements de paysan et la casaque grossière. — Tu verras, ajouta-t-elle, comme tu seras bien près de nous; tu as souffert, mais tout cela sera vite oublié.

— Mais je n'ai pas souffert! — s'écria Radionek qui commençait à s'enhardir, — et je n'oublierai jamais mon vieux père. Et j'aurai tant de peine, tant de peine à le quitter!

— Ton père, c'est moi! — répondit Jean Druzyna, avec une expression douloureuse et irritée, — appelle ce vieillard comme tu voudras, mais ne lui donne pas mon nom.

— Oh! il a été longtemps un père pour moi, et il le sera jusqu'à sa mort. Il m'a tant aimé!

— Et nous, donc? ne t'aimions-nous pas? Ne sais-tu pas combien tu nous as coûté de larmes?

— Je ne les ai pas vues couler... Mais je sais que le vieillard a pleuré sur moi, et, plus d'une fois, j'ai vu tomber ses pleurs.

— Nous l'emmènerons avec nous.

— Il ne voudra pas y aller, — murmura Radionek.

En ce moment, comme s'il eût été mû par un douloureux pressentiment, arriva Iermola qui, ayant aperçu le chariot, accourait à perdre haleine, tremblant, suffoqué à demi, craignant de ne plus retrouver l'enfant.

Les deux époux lui firent un accueil assez affable, mais froid et réservé ; il n'eut pour eux qu'un regard d'indifférence.

— Aujourd'hui, — dit Jean Druzyna d'un ton résolu, — il faut que tu te décides à nous rendre l'enfant. Nous ne pouvons nous passer de lui, et il doit assister à l'enterrement de son grand-père.

— Qu'il fasse ce qu'il lui plaira, — répondit le vieillard, — qu'il vous suive, je ne m'y oppose pas, je ne le retiens plus.

— Tu viendras ! tu viendras ! — s'écria la mère en s'élançant vers lui.

L'enfant hésita, pâlit et fondit en larmes.

— Non, non, je ne peux pas, murmura-t-il, je ne peux pas vous quitter, mon père.

— Tu reviendras le voir, aussi souvent que tu voudras, — dit Jean s'efforçant de se contenir et de parler avec douceur.

Il y eut un moment de silence; l'enfant éperdu se tournait, tantôt vers le vieillard rêveur et triste, tantôt vers sa mère, qui semblait l'implorer des yeux pour qu'il ne la repoussât point.

— Faites de moi ce que vous voudrez, — dit à la fin Radionek, — je ne sais moi-même que faire, je perds la tête; je me sens tout faible et tout triste. Je voudrais ne pas vous quitter, et, en même temps rester toujours ici. Pourquoi ne voudriez-vous pas demeurer avec nous?

Ainsi les instances, les prières, les promesses, continuèrent à s'échanger et durèrent près de la moitié du jour, et le chariot, en s'éloignant du vieux cabaret, finit par emmener avec lui le pauvre Radionek, qui pleurait, tendait les mains à Iermola, et lui promettait de revenir dès le lendemain l'embrasser.

XVI

SEUL !

Celui qui se repose et bâtit sur le cœur humain doit y pénétrer bien avant, y poser des assises bien profondes, pour que l'édifice de ses espérances ne s'ébranle et ne s'écroule pas, faute de bases solides. Le cœur humain, dans ses profondeurs, n'est que fange et que vase ; par instants, ce fond troublé s'épaissit et se condense, mais bientôt il s'humecte et se dissout sous les flots de mille ruisseaux cachés.

Il y a cependant des cœurs élus, formés de matériaux plus durables, dans lesquels le sillon creusé une fois, ne s'efface jamais. Le vieil Iermola, qui n'avait aimé qu'une fois dans sa vie, n'ayant trouvé qu'un seul être auquel il pût prodiguer toutes les forces de son amour, et auquel il s'était attaché par toutes les fibres de son âme, sentait que rien ne pourrait jamais remplacer pour lui cet enfant qu'il avait aimé et dont il ne saurait supporter la perte.

La douleur qu'il éprouva en voyant s'éloigner la voiture qui emportait Radionek n'est pas de celles qui peuvent se décrire : ce n'était point un désespoir violent et passionné, ni une tempête de regrets, de désirs et d'amertume ; mais c'était un sentiment vaste, profond, amer, mortel comme un poison, lent et glacial comme la gelée des montagnes. Ses yeux éplorés se séchèrent brusquement et devinrent hagards, étranges, constamment fixés dans une même direction. Il n'entendait rien, il ne pensait à rien ; une confusion indescriptible avait envahi son cerveau, qui était comme enveloppé dans les méandres d'un noir écheveau de fils emmêlés et tenaces. Il avait perdu la conscience de soi-même, la force, la volonté d'agir ; il était là pétrifié, à demi glacé sur le seuil, la main étendue, les lèvres entr'ouvertes, et il resta ainsi longtemps, bien longtemps, sans compter les instants ni les heures, laissant couler, sans le sentir, le temps qui passait sur lui.

Huluk, qui était un bon garçon, voyant qu'il ne pouvait l'arracher à cet engourdissement, ni en le tirant par la manche, ni en l'appelant à voix haute, — car le vieillard ne l'entendait pas, et ne l'aurait pas compris, même s'il l'eût entendu, — courut chez la veuve pour l'appeler au secours.

La bonne femme arriva aussitôt, un peu émue, et blâmant vertement le vieillard de ce qu'elle appelait sa déraison.

— Vous n'êtes qu'un enfant! — s'écria-t-elle. — Comment peut-on être aussi fou à votre âge!... Vous devriez vous réjouir du bonheur de Radionek.

Elle commença ainsi à le sermonner de loin, aussitôt qu'elle l'aperçut; mais, en approchant, elle reconnut avec effroi qu'il ne pouvait pas l'entendre; il ne détournait pas la tête, il ne donnait pas signe de vie.

Il avait les yeux tournés du côté des chênes, les lèvres pendantes, la tête inclinée, les mains étendues, roides et déjà presque engourdies.

La veuve du cosaque, accourant à lui, se mit à le secouer rudement et à l'apostropher de même, n'épargnant pas les gros mots ni les reproches, car elle ne connaissait pas d'autre moyen puissant.

— Tu es donc vraiment devenu fou, vieil imbécile!... Crois-tu qu'on te l'a enlevé pour le mener à la boucherie?... Fi donc, fi donc! demande pardon à Dieu, c'est un véritable péché.

Mais elle dut le sermonner et le secouer longtemps avant de le voir se ranimer et reprendre connaissance. Enfin, il fondit en larmes, commença à sangloter, à murmurer des paroles indistinctes, et retrouva ainsi le sentiment de la raison.

— C'est fini, dit-il, — tout mon bonheur est passé, je n'ai plus mon chéri, mon trésor, mon Radionek. Il est maintenant riche et grand seigneur à Malyczki; mais, chez moi, il n'y a pas d'enfant, et il n'y en aura plus jamais.

Et il se mit alors à briser ses cruches, ses écuelles et ses instruments de potier, les jetant hors de la porte.

— A quoi tout cela me servirait-il? Je veux revenir à mon ancienne vie, oublier que l'enfant a été à moi, que j'ai eu un fils. Je sais ce qu'ils feront de lui ; ils le gâteront, ils lui tourneront la tête ; Radionek sera perdu pour moi. Le doux enfant ne pourra plus me parler et me sourire de tout son cœur, ainsi qu'il le faisait jadis ; il soupirera toujours après leur riche maison, leur maison murée ; il aura froid dans ma chaumière ; l'eau fraîche et le pain dur lui sembleront mauvais ; Iermola sera pour lui un vieux grondeur, bavard et insupportable... Oh! j'ai été faible et lâche ; j'ai été insensé! je devais m'enfuir, m'enfuir avec lui bien loin, dans quelque endroit où ils n'auraient pas su nous trouver, et où ils n'auraient pas pu me le prendre.

La veuve du cosaque l'écoutait en haussant les épaules ; de temps en temps, elle essayait de lui dire une parole amie, mais elle savait qu'il faut permettre à une grande douleur de se répandre et de se dissiper d'elle-même ; aussi elle laissait gémir et pleurer Iermola. A chaque pas, le vieillard rencontrait quelques souvenirs de l'enfant dans cette chambre qui était encore toute pleine de lui : ici, c'était sa capote de bure ; là, une petite cruche peinte qu'il avait fabriquée lui-même, premier vase vernissé et orné de fleurs qu'il eût confectionné avec amour ; ailleurs sa toque carrée bordée de lisières rouges, selon la mode de Polésie, et, dans un coin, le petit banc sur lequel il aimait à s'asseoir, l'écuelle dans laquelle il prenait ses repas, le chevreau avec lequel il jouait, et qui bêlait tristement parce qu'il ne le voyait plus.

— Oh! il faudra que je finisse par me casser la tête contre les murs! — s'écria Iermola, — comment pourrais-je vivre ici sans lui? Il me semble que mon enfant est mort!

La veuve alors, qui commençait à s'effrayer, parce qu'elle croyait que le chagrin de Iermola n'était pas de ceux qui passent vite, envoya Huluk prier Chwedko de se rendre aussitôt au vieux cabaret. Chwedko était averti de ce qui se passait, et comptant sur l'eau-de-vie comme sur un puissant moyen de consolation, eut bien soin d'en apporter sur lui une bouteille pleine; il commença par plaisanter doucement, et même par féliciter son malheureux ami; puis compara mélancoliquement l'attachement du vieillard pour Radionek à celui que lui-même portait à sa jument grise : puis, étant arrivé au bout de son éloquence et ne sachant plus que faire, il tira la bouteille de sa sacoche et la posa sur la table.

Les yeux de Iermola étincelèrent à cette vue; il saisit la bouteille et la vida d'un seul trait, jusqu'au fond! Mais il y a chez l'homme des moments d'ébranlement intérieur si profond et si intense, que les effets des choses qui le touchent et qui l'entourent ne se manifestent plus en lui selon les lois générales de la

15

nature : l'être humain, arrivé à un semblable état de surexcitation et d'angoisses, ne ressent plus ni les atteintes de la faim ni celles du froid, et résisterait même à celles du poison. Ainsi, dans la chaleur du combat, sur un champ de bataille, le soldat absorbe sans s'enivrer une énorme quantité de boisson, qui, en un autre temps, le mettrait infailliblement à terre. Il en fut de même avec Iermola, qui voulait s'enivrer, et ne put y parvenir, ne sentant aucun trouble et aucun étourdissement, en dépit de la grande quantité d'eau-de-vie qu'il avait avalée.

— Il faut qu'il en ait une tête !... Supporter ainsi une pinte de fort genièvre ! — murmura Chwedko avec une sorte de respect.

— Ce n'est pas sa tête qui est forte, c'est sa douleur, — disait tout bas la veuve. — Donnez-lui-en un seau à présent, et vous ne le griserez pas ; le chagrin le réveille.

Vers le soir, ils firent tous leurs efforts pour l'emmener passer la nuit dans la chaumière de la veuve ; mais ils ne purent l'y décider. Le vieillard s'assit de nouveau sur le seuil, recommença à rêver, à soupirer, à fixer ses yeux sur le bouquet de chênes. Comme les deux voisins étaient rappelés chez eux par des affaires pressantes, Chwedko se souvenant qu'il était temps d'abreuver sa jument, la veuve devant aller préparer son souper et traire sa vache, ils furent forcés de le quitter tous les deux, et Huluk, le pauvre orphelin, resta seul avec lui, tout en larmes.

La soirée s'avança, la nuit vint, et Iermola ne bougea point de sa place; il y sommeilla quelques instants, car la douleur l'avait brisé. Puis il s'éveilla brusquement, et resta désormais éveillé, immobile. Huluk, accablé de sommeil, le surveillait et gémissait tout bas.

Déjà le premier chant du coq avait retenti, lorsqu'une ombre qui s'agitait apparut soudainement devant le seuil de la cabane. Huluk, qui avait des yeux de lynx, reconnut aussitôt Radionek qui accourait, venant du côté de Malyczki. Le vieillard ne l'avait pas aperçu, mais il l'avait senti venir; il tressaillit, jeta un regard autour de lui et s'écria :

— Radionek!

— Oui, c'est moi, mon père.

— C'est toi, mon brave enfant... Ah! que Dieu te récompense! Sans toi, j'allais mourir, vois-tu, et tu es venu m'apporter la vie. Mais comment es-tu venu ? A pied?

— A pied, père. Est-ce que je ne connais pas la route ? Ou bien est-ce que j'aurais peur de marcher la nuit?

— Es-tu venu seul?

— Avec mon bâton.

— Et ils t'ont permis de venir?

— Bah! je ne le leur ai pas demandé. Ils m'ont fait mettre au lit, mais j'avais tant de chagrin que je n'ai pas pu fermer l'œil... Je ne sais quelle inquiétude m'avait saisi; j'avais besoin de revenir vers vous. Du reste, lorsque, ce matin, ils ne me trouveront pas, ils sauront bien où ils doivent me chercher.

Iermola, en l'embrassant, sentait la force et la présence d'esprit lui revenir, et se pressait à revivre.

— Huluk, — s'écria-t-il d'une voix forte et joyeuse, — le pauvre enfant a froid sans doute; il a faim, bien sûr on ne lui aura pas donné à manger. Allume vite le feu. Y a-t-il quelque chose à manger? Et moi aussi il me semble que j'ai l'estomac vide.

— C'est bien étonnant! — murmura le jeune garçon, — quand, toute la journée d'hier, ils n'ont rien mangé ni l'un ni l'autre.

— Ah! c'est ma foi vrai!

— C'est moi qui vais vous allumer du feu et vous préparer votre déjeuner, mon père, — reprit Radionek, — permettez-moi de vous servir comme autrefois.

— Ah! non, non, mon enfant; assieds-toi près de moi; demain ils te reprendront de nouveau; ne me quitte pas, je t'en prie... Mais tu auras froid ici, la rosée tombe; rentrons, mon enfant.

Lorsque le feu, allumé par Huluk, commença d'éclairer la chambre de ses flammes rouges et brillantes, le vieillard, en regardant Radionek, s'aperçut que ses parents, quoiqu'ils n'eussent pas eu le temps de le vêtir d'un habillement complet, avaient cependant modifié quelque peu son costume. Sa mère avait trouvé pour lui, dans ses armoires, une fine chemise blanche, lui avait passé une jolie cravate autour du cou, avait lavé, peigné et bouclé ses beaux cheveux d'or; avait noué sa taille dans une ceinture de soie, l'avait coiffé d'une toque de son père et avait versé sur ses vêtements une essence parfumée. Ces divers détails de la parure de l'enfant semblèrent à Iermola autant de signes d'abjuration, d'esclavage, autant d'entraves nouvelles apportées par son état nouveau; il soupira en les examinant, et pourtant l'enfant était charmant à voir, ainsi paré et à demi vêtu. Ils gardèrent un instant le silence; car le vieillard était redevenu triste, il regardait l'enfant, et souffrait en pensant à son avenir.

— Demain, se disait-il, ils viendront le chercher, ils l'emmèneront encore; le pauvre enfant ne pourra plus revenir à moi; ils le tiendront sous bonne garde. Qui sait? peut-être le puniront-ils pour être revenu consoler son vieux père?... Etais-tu mieux auprès d'eux? — lui demanda-t-il au bout d'un instant. — Console-moi donc au moins en me disant que tu étais heureux.

— J'étais bien, mais j'étais triste, — répondit le jeune garçon.— Le corps de mon grand père est étendu sur un lit, les prêtres chantent dans la grande salle; ma mère m'a gardé près d'elle toute la journée, et m'a questionné pour savoir ce que je faisais ici. J'ai dû lui raconter notre vie tout entière; elle joignait les mains, elle s'écriait, et à chaque instant elle vous remerciait et elle remerciait Dieu... Ils m'ont donné à manger, il m'ont caressé, embrassé; ils voulaient me vêtir tout à fait autrement; seulement je les ai tant priés, qu'ils ont fini par me laisser tranquille, mais ils ont envoyé chercher le tailleur pour me faire de nouveaux vêtements. Mon père a dit, — ce nom donné par Radionek au seigneur Jean Druzyna, vibra douloureusement aux oreilles du pauvre vieillard, — mon père a dit qu'il prendra un précepteur pour m'instruire; il m'a donné un joli petit cheval.

— Dieu fasse que tu sois toujours heureux là-bas ! — soupira le vieillard. — Je suis sûr qu'ils t'aimeront; mais, je suis sûr aussi que, plus d'une fois, tu regretteras notre cabane, et les jours tranquilles que tu as vécu.

Ils auraient, tout en causant ainsi, passé le reste de la nuit sans dormir, si Iermola, craignant que Radionek ne devînt malade, ne l'avait forcé de se coucher ; il s'assit alors à côté de lui pour le veiller et le regarder dormir. Dans la matinée, arriva le père fort inquiet, et quoiqu'il ne grondât point l'enfant, il lui représenta doucement les craintes mortelles que son imprudence avait causées à sa mère. Radionek, attristé, baissait les yeux et ne répondait point.

— Pour que pareille aventure ne se renouvelle plus, — dit Druzyna, — nous emmènerons Iermola à Malyczki, il y a une chambre libre à la maison, et nous le soignerons comme il t'a soigné !

— Non, non, — répondit le vieillard en secouant la tête, — je n'irai point demeurer chez vous : j'aime tendrement mon enfant, mais je ne sortirai point.

Je suis habitué maintenant à être le maître chez moi ; il me serait trop pénible de manger le pain d'autrui, dans ma vieillesse. Je ne tarderais pas longtemps à m'en repentir, à m'ennuyer ; l'un ou l'autre se rirait de moi, m'offenserait par ses paroles : cela me ferait souffrir, et ferait aussi souffrir l'enfant. Vos serviteurs n'auraient point d'égards pour l'étranger ; il leur semblerait qu'ils me font une grâce... Non, mille fois non ; je resterai ici.

Ce fut en vain que le père de Radionek pria, supplia, et s'efforça de persuader le vieillard. Iermola embrassa et serra dans ses bras son cher enfant, il le retint près de lui, pleura sur lui, le bénit, et, enfin, s'assit sur le seuil, attendant la mort.

Bien étranges souvent sont les destins des hommes et les arrêts de Dieu. Chez les uns, le fil de la vie se rompt, quoiqu'il soit tissé d'or pur et de soie éclatante ; chez les autres, la souffrance et la douleur ne peuvent parvenir à briser le fil sombre et noir qu'elles agitent et secouent de leurs mains cruelles. Iermola survécut à la séparation et ne parvint pas à mourir. Il fut malade, il vieillit pour la seconde fois, il se courba, il devint taciturne et sombre ; il entra dans une nouvelle époque de sa vie, mais ses forces vitales, qu'il n'avait point prodiguées, le soutinrent encore. Le sort l'avait réduit à ne plus voir l'enfant que de loin, à se tourmenter, à regretter, et à se consoler par ses souvenirs.

Dès que Radionek fut parti, il abandonna son métier de potier, laissant tous ses instruments et ses matériaux à Huluk, qui avait un peu appris en le regardant faire. Pour lui, il se contenta désormais du jardinet et du petit coin qu'il s'était réservé, passant son temps tantôt à rêver et à méditer dans cette chambre où il avait élevé son enfant; tantôt à faire de longues visites, et à causer longuement avec la veuve, son amie.

Il n'y avait qu'elle, en effet, qui sût le comprendre, et qui l'écoutât patiemment. Leur situation commune avait établi entre eux une véritable sympathie. Il était plein de compassion pour elle, parce qu'elle était privée de la présence de son Horpyna qui, devenue tout à fait grande dame, ne venait plus voir sa mère; elle, presque autant que lui, regrettait et pleurait Radionek.

Ils passaient de longues heures devant le foyer à causer ensemble, à se rappeler les temps heureux, et bien qu'ils eussent répété cent fois la même histoire, chacun d'eux cependant savait l'écouter patiemment lorsque l'enchaînement des souvenirs la ramenait sur leurs lèvres.

— Rappelle-toi comme mon Horpina était belle, alors que le dimanche elle s'habillait pour aller à *la cerkiew* ; aujourd'hui, tu ne la reconnaîtrais plus, tant, après avoir nourri ses cinq enfants, elle est maigrie et changée, quoiqu'elle ait du pain bien blanc, et la vie d'une grande dame. Oh! ce n'est pas une vie saine; le cœur et le corps s'y perdent également.

— Et mon Radionek? — répliquait le vieillard, —

n'était-il pas plus joli, avec sa petite soukmane et sa tête rasée, qu'avec les beaux habits qu'on lui fait porter à présent?

Dans les premiers temps, Radionek venait voir presque chaque jour son père nourricier, tantôt seul, tantôt avec un domestique, ou avec son père ou sa mère; ensuite il ne parut plus à Popielnia qu'en voiture, le dimanche; enfin on ne le vit plus venir, et il fallut que le vieillard, tous les mois à peu près, lorsqu'il se sentait une trop grande envie de voir son enfant, se traînât avec son bâton jusqu'aux lieux où vivait son cher pupille, dans l'espérance de le voir, rien que pour un moment, et de loin.

Dans les commencements aussi, Radionek s'élançait vers le vieillard aussitôt qu'il l'apercevait; personne n'aurait pu l'arrêter, tant son émotion était grande et son élan irrésistible.

Puis Iermola, se faisant annoncer, dut l'attendre un moment; peu à peu, il en vint à attendre parfois une heure, et il arriva même qu'étant resté en vain un jour entier à la porte, il ne put voir son enfant, et se retira tout en pleurs.

On le renvoya à la ferme, on lui donna à manger; mais ce n'était pas la nourriture du corps qu'il fallait au vieillard, c'était le bonheur de retrouver son enfant, de se repaître et de se soutenir de sa vue; cela seul pouvait le satisfaire et le renvoyer calme et bien portant chez lui.

Iermola ne se plaignait point; il savait bien que

son enfant, son cher enfant, n'était point coupable de cet oubli et de cet abandon ; que les parents et les instituteurs de Radionek s'efforçaient, par tous les moyens en leur pouvoir, de lui faire oublier l'existence de son père adoptif, et que l'enfant, lorsqu'il pouvait le voir, lui murmurait tout bas, et toujours avec des larmes, qu'il voudrait bien s'enfuir et retourner à Popielnia.

XVII

EN ESCLAVAGE

—

Le pupille de Iermola était bientôt devenu méconnaissable ; le robuste enfant du village, lorsqu'on l'eût revêtu de l'habillement des nobles, nourri d'aliments recherchés et délicats, et renfermé entre quatre murs, commença à pâlir, à dépérir promptement.

Et quoiqu'il dût à une rapide croissance, une taille svelte et élevée, il était semblable à l'une de ces plantes hautes et frêles, que le moindre souffle de vent peu renverser.

Sa mère se lamentait, son père lui-même conçut quelques inquiétudes ; on redoublait pour lui d'égards et d'attention, on s'efforçait de le distraire ; mais plus ils l'entouraient de soins et de précautions assidues, plus le jeune garçon paraissait s'attrister et s'affaiblir. Souvent, pendant l'heure des leçons ou au milieu des plus tendres caresses, on le voyait devenir rêveur ; une larme brillait dans ses yeux, et lorsqu'on lui demandait ce qu'il pouvait avoir, il ne répondait qu'en souriant, afin de cacher ses larmes.

Les souvenirs de l'ancienne vie, des premières années de la jeunesse écoulées dans la douce indépendance des champs, dans le travail libre et la joie insouciante, pesaient aujourd'hui sur le cœur de l'enfant comme une montagne de pierres ; le changement d'existence, pénible et violent, accablait cet enfant, frêle et maladif comme une plante brusquement transplantée. La nuit, dans ses songes, il revoyait la chaumière, les joyeuses matinées qu'il passait à tourner ses pots, les promenades sur la rivière et dans les bois, et ces libres excursions, ces continuelles allées et avenues, dans les environs, dans les villages, dans ce petit monde où il se sentait fort, indépendant, actif, vivant de sa propre vie. A la maison de son père se rattachaient des liens bien doux à la vérité, mais tenaces et sérieux ; on l'avait, en quelque sorte, ramené à l'enfance, entouré de minutieuses recommandations et des soins inutiles, on craignait, on s'agitait pour lui ; on ne le laissait ni développer ses forces, ni exercer sa volonté.

Privé qu'il était de la nature, de l'air, du soleil auxquels il était accoutumé, il soupirait pour toutes ces choses comme il soupirait pour son vieux Iermola. Il se trouvait bien sans doute près de son père et de sa mère, mais il regrettait son ancienne vie, sa douce vie d'orphelin ; enfin, ces désirs, ces combats continuels l'accablèrent sérieusement, et il tomba malade.

Les parents, ne comprenant pas l'état véritable de l'enfant, au lieu de la cicatriser, irritèrent la blessure ; attribuant cette pénible langueur à l'influence du vieillard, ils s'efforcèrent de l'éloigner de Radionek, commettant ainsi, à la fois, une maladresse et une injustice. Mais plus ils cherchaient à détacher l'enfant de son vieux Iermola, plus il se rattachait à lui de toute la force de sa tendresse ; le sentiment de l'injustice qui lui était faite, de l'ingratitude que l'on témoignait à son égard, s'ajoutait à ses sentiments de pitié et d'affection, et lui serrait le cœur.

Il n'osait rien dire en présence de son père, dont la sévérité rappelait un côté du caractère paternel ; et il voyait bien que son affection pour le vieillard affligeait sa mère, qui en ressentait une secrète jalousie, la reprochant à son fils comme une faiblesse et un péché.

Un événement important modifia bientôt le sort de Radionek ; la famille s'accrut d'un petit frère, qui reçut le nom de Wladio et sur lequel le père et la mère reportèrent la plus grande partie de la tendresse qu'ils témoignaient à leur premier-né, lui laissant voir bientôt leur changement à son égard et leur indifférence, et le raillant même fréquemment au sujet de Iermola. Toutes ces influences réunies venaient promptement à bout de briser les forces de cet enfant, qui jadis se développait si libre et si heureux, et qu'oppressait maintenant le sentiment de sa position dépendante et misérable.

Radionek, autrefois franc, jovial et gai, était devenu rêveur, craintif et sombre ; il passait des nuits entières à pleurer le bonheur perdu, le bonheur des jours passés auprès du vieillard tant aimé. Son cœur se fendait lorsqu'il lui arrivait d'apercevoir Iermola, se traînant à pied, appuyé sur son bâton, de Popielnia à Malyczki, s'arrêtant auprès du perron, et attendant comme une aumône la faveur de voir son cher enfant.

Si on le laissait pénétrer, des surveillants étaient là, pour que Radionek ne s'attendrit point, ne parlât pas beaucoup, ne restât pas longtemps, et ne se plaignît de personne ; et souvent, très-souvent, le pauvre enfant devait se contenter de regarder le pauvre homme par la fenêtre. Le vieillard, appuyé aux colonnes du perron, passait là de longues, de tristes heures ; les serviteurs le repoussaient ou le raillaient, puis on le renvoyait impitoyablement, et, à la fin, à l'approche du crépuscule, il s'en allait, la tête inclinée, regardant à chaque instant derrière soi et se dirigeant vers la maison.

Alors Radionek pleurait, tremblait, avait la fièvre, et l'on attribuait ce redoublement de sa maladie à la conduite importune de Iermola qui, sans communiquer même avec lui, l'agitait et l'affligeait par sa seule présence.

Il est, certes, humiliant et dur d'avoir été tuteur et père, et de n'être plus qu'un mendiant misérable et affamé, attendant aux portes un peu de pitié et de tendresse ; le vieillard ne se plaignait point pourtant ;

il n'adressait à personne des récriminations méritées, ni des reproches amers; il se taisait et dissimulait sa douleur, afin qu'on ne le chassât point tout à fait. Seulement, lorsqu'on l'avait renvoyé deux ou trois fois de suite sans lui permettre de voir l'enfant, il revenait plus souvent encore, s'obstinait dans son entreprise, dans sa patience douloureuse, jusqu'à ce qu'il fût parvenu à saisir son Radionek au passage. Et lorsqu'il avait contemplé le joli visage toujours de plus en plus pâle, les beaux yeux de plus en plus fatigués, lorsqu'il avait entendu la voix languissante et plaintive, alors il sentait en lui bouillonner l'indignation et s'élever la tempête.

Mais le sentiment de sa vieillesse impuissante, de la faiblesse, de la pauvreté et du mépris qui l'accablaient, ne lui permettaient pas de songer à quelque moyen de salut.

Et cependant les choses allaient de plus en plus mal.

La jeune mère, enchantée de son petit Wladzio, s'appesantissait davantage sur les défauts et les faiblesses de son frère; le père menaçait et grondait vainement.

On essaya alors de changer de système; on redoubla de soins et de caresses, on fit venir des médecins. L'un d'eux eut une pensée salutaire en recommandant pour l'enfant un exercice fréquent au soleil et au grand air; un autre, apercevant de profondes traces de chagrin, conseilla d'essayer surtout des influences morales. Et chaque fois que l'on énumérait les maux de Radionek, on en accusait toujours Iermola.

Enfin, Jean Druzyna, inquiet et mécontent, ayant longtemps combattu avec lui-même, résolut de se débarrasser une fois pour toutes du vieillard importun.

Un matin, selon sa coutume, Iermola qui, depuis trois semaines, n'avait aperçu son cher enfant qu'en de rares occasions par la fenêtre, quoiqu'il se traînât tous les jours jusqu'à Malyczki, avait franchi la porte d'entrée et écarté, de son bâton, les chiens que les valets de meute excitaient contre lui.

Les domestiques, convenablement dressés à le houspiller et à en débarrasser la maison, voulaient le chasser, mais le vieillard refusa de se laisser faire. Il resta ainsi jusque vers midi, silencieux, sombre, attendant toujours, comme Lazare à la porte du riche. Alors Jean Druzyna, ennuyé et irrité de cette sombre apparition qui se présentait ainsi à lui comme un vivant reproche de conscience, sortit de la maison et alla lui-même à la rencontre de Iermola.

— Mon cher, — lui dit-il d'un ton sec et bref et s'asseyant sur la banquette placée au centre du perron, — voici quelques jours déjà que je te vois constamment ici; pourquoi t'y tiens-tu aussi obstinément? pourquoi veux-tu tourmenter notre enfant, à chaque instant, en pure perte? Dis-moi ce que tu veux? Nous te donnerons ce qui sera en notre pouvoir; seulement ne trouble plus notre tranquillité. Tu dis que tu aimes notre enfant : ne le tourmente donc pas alors. Ta vue l'agite, le chagrin, l'empêche de s'attacher à nous ; ne devrais-tu pas le comprendre, être plus raisonnable ? Si tu crois, en t'y prenant ainsi, obtenir davantage de nous, tu te trompes. Dis-nous seulement ce que tu veux, et finissons-en.

— Mais, Seigneur, je ne veux rien, rien que voir mon enfant, l'embrasser et le bénir, — répondit Iermola avec plus d'humilité et de douceur encore.

— Voyons, il est bien temps que tu renonces à ces idées-là, qui ne sont qu'autant de folies. Tu l'as élevé, nous avons voulu te récompenser pour cela ; aujourd'hui c'est fini, l'enfant est revenu près de nous ; laisse-le vivre tranquille. Tu l'aimes, à ce que tu dis, et tu le rends malheureux.

— Qui ? Moi, moi, Seigneur !

— Oui, toi, certainement. Regarde ce qu'il est devenu ; il se flétrit, il se consume.

— Et c'est moi..., moi qui en serais la cause, Seigneur ?

— Assurément, ce n'est pas nous...

— C'est vous, c'est vous qui le tuez, — s'écria alors le vieillard à bout de patience. — Je vous l'ai rendu joyeux, vigoureux, bien portant; vous l'avez renfermé; et vous le détruisez à force de le rendre misérable et triste. L'enfant m'aime, et il a raison de m'aimer ; sans cela, il n'aurait pas de cœur, et vous, vous vous efforcez de lui enseigner l'ingratitude.

— Es-tu insensé, vieillard ? – s'écria Jean Druzyna au comble de la colère. — Qu'est-ce que cela signifie ?

qu'oses-tu répliquer? va-t-en d'ici, va-t-en aussitôt, et ne t'avise jamais de remettre le pied dans cette maison d'où je te chasse.

Iermola, à ces mots, pâlit, frissonna, se sentit saisi d'épouvante, et voulut parler, mais les paroles lui manquèrent.

— Vous me chassez, — dit-il enfin, — je m'en irai, ainsi que vous me le dites, et mes pieds ne se poseront plus désormais sur votre seuil. Rappelez-vous, rappelez-vous, homme injuste, qu'ainsi que vous m'avez repris l'enfant, Dieu, qui juge et qui punit, se chargera de vous le reprendre.

Ayant prononcé cette terrible imprécation, que la mère entendit, au moment où elle accourait pour retenir son mari, et qui la fit reculer, effrayée et défaillante, Iermola, désespéré, hors de lui, s'enfuit loin du perron..., en se servant du reste de ses forces, et traversa la grande cour sans tourner la tête pour regarder derrière lui.

Au bout de quelques instants, Jean Druzyna reprit son sang-froid; il reconnut ses torts, les paroles prophétiques du vieillard commencèrent à lui peser sur le cœur. La vue du malheureux, qui s'éloignait rapidement dans le lointain, était pour lui un cruel reproche. Ne sachant que faire, il rentra brusquement dans l'intérieur de la maison, et arriva précisément à temps pour recevoir dans ses bras sa femme presque évanouie.

Elle avait voulu aller chercher Radionek pour l'envoyer sur les pas de Iermola, pour fléchir sa colère, et le ramener à sa famille, mais en entrant dans la chambre de l'enfant, elle l'avait trouvé à terre, pâle et froid comme un marbre, et avant qu'on fut parvenu à le ramener, Iermola était déjà loin.

Quand le soir fut venu, le pauvre homme se traîna tristement vers la demeure de sa vieille amie la veuve, à laquelle il voulait se plaindre et tout conter; il ne l'avait pas vue depuis une semaine, car tous les jours, de grand matin, il partait pour Malyczki ; il ne savait donc pas que, depuis déjà trois jours, la pauvre femme était tombée gravement malade. A peine eut-il mis le pied sur le seuil qu'il vit, selon l'usage populaire, le vitrage des fenêtres retiré de son cadre, un cercueil placé au milieu de la chambre, et à quelque distance de là, la confrérie avec ses bannières, la croix et le prêtre avec le livre, venant pour l'enterrement.

Iermola, alors, comme réveillé d'un songe, regarda le cercueil longtemps, bien longtemps, puis s'agenouilla et se mit en prières.

— Elle aussi ! elle aussi ! — murmura-t-il. — Allons, il est bien temps de mourir. « Il sentait ses veines se glacer sous l'étreinte d'un frisson de mauvais présage : « D'abord, reprit-il, il faut la conduire au cimetière, et jeter une poignée de sable sur son cercueil.... »

Silencieux et sombre, il se tint un instant debout, près de la porte, appuyé sur son bâton ; puis il se joignit au funèbre cortége, dans lequel ne se voyaient ni fille, ni gendre, ni petit-fils ; mais rien que les serviteurs, les voisins et les parents éloignés de la défunte.

Le cimetière se trouvait placé à mi-chemin à peu près du *dwor* et de la chaumière de Iermola ; ce fut donc de ce côté que se dirigea l'enterrement. Au milieu du pâle crépuscule, la longue file des cierges que les membres des confréries portaient à la main, se reflétait en haut sur les plis mouvants des bannières. Chwedor avait déjà creusé la fosse ; un gros tas d'argile jaunâtre était amoncelé sur le bord ; le prêtre la bénit et fit signe d'y placer le corps de la veuve, sur lequel chacun des assistants jeta une poignée de sable en murmurant un dernier adieu. Iermola remplit aussi ce dernier devoir avec ferveur ; puis, à demi égaré, il reprit lentement le chemin de sa chaumière ; rien ne le pressait plus d'y arriver maintenant.

Huluk, qui se considérait déjà à peu près comme le seul maître de la maison et du petit ménage, et qui, quoique bon enfant au fond, trouvait à part lui que Iermola le gênait un peu, était en ce moment appuyé sur le seuil, faisant des rêves d'avenir mêlés d'ambitieuses et de joyeuses espérances. Il lui semblait que si Iermola n'y était plus, il pourrait bien prendre le four à potier et le petit jardin pour lui, épouser la petite Priska, et devenir un maître-ouvrier dans toute la force du terme. Son ancien maître lui avait paru inutile d'abord, puis importun et gênant.

— Qu'y a-t-il de nouveau ici ? La veuve du cosaque

ne m'a-t-elle pas fait demander lorsqu'elle est tombée malade ? dit le vieillard en s'approchant.

— Si, vraiment, Chwedor est venu trois fois de sa part ; elle avait quelque chose à vous dire, mais vous n'étiez pas là.

— Ah ! maintenant, elle ne parlera plus — répliqua Iermola d'une voix morne, presque indifférente, en pénétrant dans la maison ; — à quoi bon en parler davantage ! c'est une affaire finie. Tout dans ce monde a une fin.

Il répétait ces paroles en allant et venant par tous les coins de la chambre, puis il s'assit sur un des bancs et commença à s'assoupir. Huluk, alors, sortit en haussant les épaules.

— A quoi pense ce vieillard ? — dit-il. — Ne ferait-il pas mieux de s'en aller mendier, portant la besace? J'épouserais Pryska, et tout serait pour le mieux ; mais, tant qu'il restera ici, comment y penser? Oh ! quelle misère !

Le désordre et l'abandon régnaient maintenant dans cette chambre autrefois si propre et si bien rangée ; il était aisé de voir que personne ne s'en occupait plus. Huluk avait transporté une partie des meubles dans la pièce voisine ; le vieillard en avait distribué quelques-uns à ses vieux amis ; le reste était épars çà et là et couvert de poussière. Depuis longtemps, il n'y avait pas eu de feu dans le poêle ; plus de tas de bois dans le bûcher, plus de provisions de ménage ; quelques ustensiles de cuisine gisaient dans les coins, poudreux et à demi brisés. Le vieillard n'avait plus le cœur de rien regarder de tout ceci. Lorsqu'il se réveilla le matin, il lui semblait qu'il aurait bien le courage de s'occuper de quelque chose ; mais, peu à peu, tout lui paraissait si triste, si amer, si douloureux ; la chaumière elle-même, avec tous ses souvenirs, lui devint tellement odieuse, que, pour la première fois, l'idée lui vint de la quitter pour toujours. Il ne pouvait même pas se placer sur le seuil, sans que ses regards ne rencontrassent le bouquet de chênes sous lequel jadis il avait aperçu, enveloppé de ses langes blancs, l'enfant, espoir et consolation de ses années de vieillesse. Ces souvenirs étaient encore trop récents, trop douloureux, pour que le vieillard pût les supporter, au milieu d'eux, en s'en faisant, en quelque sorte, un berceau et une nourriture.

— Je m'en irai, oui ; que Dieu leur pardonne ! je m'en irai errer de par le monde, avec le chagrin, avec la prière, — se dit-il ; — j'irai d'église en église prier pour mon enfant ; autrement, que ferais-je ici ? Ici, il n'y a plus de place, il n'y a plus d'amis pour moi. La besace sur le dos, le bâton à la main, et en route ! Je ne sers plus à rien en restant ici.

Il tira de sa cachette ordinaire quelque menue monnaie d'argent et de cuivre afin que, si la mort venait à le surprendre en route ou chez des étrangers, on trouvât sur lui de quoi l'enterrer décemment et faire dire une messe pour le repos de son âme ; il fit un paquet de quelques vêtements et le plaça sur son épaule, mit un peu de linge dans les deux sacs qu'il attacha l'un à l'autre, avec des cordons, les mit sur son dos en manière de besace, et appela Huluk, lorsqu'il fut ainsi tout prêt à marcher. Celui-ci, sortant de la chambre voisine, et voyant son vieux maître en costume de mendiant, tressaillit et se déconcerta, comme s'il avait pu croire que sa pensée avait été devinée ; le cœur lui battit violemment ; il commença à plaindre sincèrement Iermola, à se dégoûter de ses projets favoris, de la future et du ménage.

— Voici que je m'en vais errer de par le monde, mon enfant, — lui dit doucement le vieillard. — Je te laisse tout ce que j'ai ; vis pour Dieu et selon Dieu. Que Dieu te donne en ces lieux le bonheur, un bonheur plus long que le mien. Tout ce qui est ici est à toi ; seulement, si quelque jour je reviens ici, tu ne me refuseras pas un peu de pain et un asile. Mais que les hommes n'aient pas peur, je ne les importunerai pas longtemps.

Huluk alors, fondant en pleurs, tomba aux pieds du vieillard ; car pour le pauvre orphelin, ce généreux don avait une valeur considérable, et Iermola se sentit attendri en le voyant pleurer.

— Est-ce que vous partez déjà ? s'écria le jeune homme.

— Que ferais-je ici ? — soupira le vieillard. — On vient de mettre la veuve en terre ; Chwedko est malade, et peut-être ne se relèvera plus ; dans tout le village, je n'ai plus un seul ami... Et surtout je n'ai plus mon enfant! mon enfant!

En parlant ainsi, il essuya les larmes qui gonflaient ses yeux et lui coulaient sur les joues; il s'avança, franchit le seuil et partit, croyant tout voir tourner autour de lui, la plaine et les chaumières, et les haies et les arbres. Huluk le vit traverser lentement le village ; les chiens, qui le connaissaient, aboyaient autour de lui, puis il s'enfonça dans le bois et disparut prenant la route de la ville.

Trois jours plus tard, lorsque l'enfant, malade et alité, se trouva dans un danger réel, lorsqu'un médecin, plus prudent que les autres et plus au courant du passé, eut déclaré sans détour aux parents qu'il fallait aller chercher le vieil Iermola ; que l'enfant devait être rendu à son ancien genre de vie, aux travaux et à la nourriture auxquels il était accoutumé, le père et la mère accoururent avec lui à Popielnia. Mais quel fut leur étonnement, quel fut le désespoir de Radionek, lorsqu'ils ne trouvèrent plus le vieillard, lorsqu'ils apprirent qu'il était parti mendiant son pain, et surtout cherchant l'oubli du passé, l'oubli de ses tristes souvenirs.

Cette grande et touchante douleur du pauvre père nourricier avait fini par toucher le cœur des parents, qui avaient trop tard reconnu leur erreur, et qui surtout s'effrayaient des regrets et des pleurs de l'enfant, atterré et désespéré à la disparition de son père. On envoya aussitôt de tous côtés des messagers chargés de ramener Iermola, mais ils revinrent désappointés ; toutes les recherches avaient été inutiles. Les parents alors, revenant à leur idée première, n'en furent pas au fond très-fâchés ; ils se dirent que désormais ils n'auraient pas à le craindre, et que Radionek finirait par l'oublier.

Cependant Radionek, qu'on appelait Jules depuis qu'il était revenu chez ses parents, continuait à s'affaiblir et à se faner en dépit des plus tendres caresses ; rien ne l'occupait ni ne l'amusait ; il ne se plaignait point, il s'efforçait même de sourire, mais il était silencieux et triste ; il était évident qu'il regrettait quelque chose : une maladie inconnue, indéfinissable, l'épuisait peu à peu. Il ne paraissait éprouver un peu de satisfaction que lorsqu'on le laissait errer seul dans le jardin ou dans les bois, ou lorsqu'on lui permettait de monter à cheval ; mais les parents redoutaient pour l'enfant la solitude et les fatigues de ces promenades ; aussi le retenaient-ils toujours auprès d'eux.

XVII.

LE DERNIER VOYAGE

Iermola, en quittant le séjour si longtemps habité, erra d'église en église, de village en village ; il allait, venait, priait, changeait constamment de place, s'efforçait de s'accoutumer à cette vie errante, exposée à mille privations toujours nouvelles, ne laissant pas pourtant d'avoir son charme pour l'homme orphelin, qui a pris en haine et en dégoût le petit coin paternel. Mais la douleur l'accompagnait, une douleur ineffaçable et lente résultant de ses souvenirs de joie, de ses espérances brisées, et de la mémoire amère et douce de Radionek, son cher enfant !

Si, du moins, Radionek s'était senti heureux ! Mais dans les courts instants où l'on avait permis au vieillard de l'approcher, le pauvre homme avait non-seulement surpris des traces de chagrin et d'abattement sur le visage de son pupille, mais encore il découvrait son ennui et sa douleur dans ses moindres paroles, rappelant les rêves et les souvenirs du passé. Radionek avait les yeux en larmes lorsqu'il parlait de Popielnia, et des heureux jours passés dans le vieux cabaret, autour du four à fabriquer les poteries; plus d'une fois, il avait laissé échapper ces paroles significatives : « Oh ! si les temps pouvaient revenir ! »

Une inquiétude toujours plus vive pénétrait le vieillard lorsqu'il pensait à Radionek. Il sentait bien que les parents, en l'accoutumant à cette nouvelle vie, l'affaibliraient par un excès de soin et de tendresse, ou le glaceraient par un abord ordinairement sévère et froid. Son père et sa mère l'aimaient sans doute, mais leur affection était bien différente de celle du pauvre Iermola, habitués qu'ils étaient à la sévérité de leur vieux père, ils restaient froids et sérieux à l'égard de l'enfant, tout en le chérissant au fond du cœur. Du reste, ils ne savaient pas comment le traiter, comment l'aborder, même comment lui parler ; car ils ne l'avaient pas bercé et soigné depuis les jours de son enfance. Radionek ne les comprenait guère et les redoutait beaucoup. En un mot, son père adoptif était pour lui un véritable père ; son père véritable n'était, à ses yeux, rien de plus qu'un père adoptif.

Plus le vieillard s'éloignait de Popielnia et de Malyczki, plus il éprouvait de tristes pressentiments et d'ardente inquiétude ; aussi il en vint un jour à s'écarter de sa route, faisant un détour pour se rapprocher de son cher enfant, et résolu fermement à le voir une fois encore, fût-ce même de loin, ou tout au moins à apprendre ce qu'il faisait et à obtenir de ses nouvelles. Il semblait que ses vieilles jambes eussent retrouvé des forces pour faire ce voyage; il ne s'était jamais senti si bien, et quoiqu'il n'eût pas moins de trois grands milles à faire, il les parcourut en un jour, et arriva pour la nuit au domaine de Malyczki.

Pour se rendre au cabaret où il devait trouver un gîte, au risque d'être reconnu, il devait traverser tout le village. Sur son chemin, en faisant ce trajet, il aperçut la cabane de Procope; quel ne fut pas son étonnement de la trouver ruinée, déserte, le jardin envahi par les mauvaises herbes et les broussailles; le vieux poirier ombrageant le four desséché et décrépit, et le four lui-même éboulé et envahi par les ronces et semblable aux ruines qui subsistent après un incendie. Il était évident que personne ne demeurait plus dans la cabane, car les fenêtres en étaient arrachées; une partie du toit manquait, seulement la porte, encore fermée au verrou ne laissait pénétrer personne à l'intérieur.

Il était facile de deviner la cause de cet abandon : la fille de Procope occupait une cabane voisine, plus grande et mieux entretenue; son gendre, quoiqu'il cultivât les terres du vieillard, n'avait pas eu besoin de cette habitation; il ne s'était pas trouvé de locataire pour l'entretenir; aussi la vieille maison, bientôt abandonnée par la servante après la mort du vieillard, n'avait pas tardé à tomber en ruines.

Une pensée étrange et nouvelle vint alors à l'esprit de Iermola.

— Si je louais cette masure ! si je m'y établissais ! — se dit-il — De cette façon, je parviendrais peut-être à voir mon enfant ? Qui saurait que je suis ici ? Peut-être ils ne me reconnaîtraient point ; peut-être ils ne m'apercevraient même pas, et si je ne voyais pas souvent mon Radionek, la nuit, au moins, je pourrais m'en aller sous sa fenêtre.

En parlant ainsi, les larmes lui vinrent aux yeux ; il s'arrêta, se rappelant et regrettant le vieux Procope, lorsqu'une voix de femme, s'élevant du jardin voisin où l'on récoltait le chanvre, se fit entendre tout près de lui.

— Eh ! dites donc, vieux père, pourquoi vous arrêtez-vous ainsi sur la route ?... Vous vous ferez écraser ; voilà les chariots de labour qui descendent de la montagne.

Iermola leva les yeux et reconnut la villageoise qui lui parlait ainsi : c'était précisément Nascia, la fille de Procope, qui, avec les jeunes filles, travaillait dans le jardin. Evidemment, elle ne l'avait point reconnu, et, à en juger par son bon conseil, elle devait être compatissante et douce. Iermola s'approcha d'elle, après avoir réfléchi quelques instants.

Nascia était une femme dans toute la force de l'âge et la fleur de ses années, vermeille, souriante, grande, robuste et fortement bâtie, ayant un beau visage assez régulier, un peu trop rond peut-être, mais offrant par

16.

cela même un type complet de beauté villageoise. Son teint aux vives couleurs, ses grands yeux noirs, ses lèvres de corail respiraient la gaieté, l'insouciance et la force, et ses dents blanches, que montrait fréquemment son sourire, brillaient d'un éclat nacré auprès de ces joues légèrement brunies. Elle était, en réalité, bonne, active, charitable, compatissante, quoiqu'un peu coquette : épouse fidèle et mère tendre, bien qu'elle aimât fort à rire et à plaisanter. Son mari, fils Kolenick, le plus riche laboureur du village, petit de taille, pâle, grêle, languissant et maladif, la respectait autant que son saint patron, et la craignait comme le feu ; au surplus, il l'aimait beaucoup, et pour elle, il aurait toujours été prêt à se battre, et à se laisser battre.

— Vous ne m'avez pas reconnu, Nascia Kolesnikowa, — dit, à voix basse le vieillard qui s'était approché d'elle. — Je suis Iermola, que vous connaissez bien ; vous savez, celui qui a appris à faire les poteries, de Procope, votre père.

— Comment ? c'est vous ? vous qui portez la besace ? Mais, que vous est-il arrivé ? Vous aviez un état, pourtant, et du pain dans la main. Mais, après cela, la vieillesse !...

— Oh ! j'aurais là-dessus bien des choses à vous conter... Vous savez, certainement, que j'ai élevé un fils à votre maître ?

— Je le crois bien ; tout le monde ne fait qu'en parler.

— Eh bien, ils me l'ont repris.

— Dame, que voulez-vous ; c'était leur enfant et non le vôtre.

— Mais, ma bonne Nascia, n'était-il pas un peu à moi aussi? Et maintenant ils ne veulent pas même permettre que je le voie, comme si j'allais, Dieu m'en garde, jeter, un sort à mon pauvre cher garçon. Alors je me suis lassé de vivre : ici, ils ne veulent pas me recevoir ; à Popielnia, je suis tout seul ; il ne m'est resté personne ; ma commère elle-même, la veuve du cosaque, est morte dernièrement. Alors je suis parti, me traînant de par le monde.

— Pauvre vieux, vous êtes donc si triste d'avoir perdu cet enfant?

— C'était, Nascia! c'était tout mon trésor, toute ma joie, toute ma vie, et ils n'ont pas eu pitié de moi ; ils me l'ont enlevé... Aussi il a commencé à sécher, à dépérir ; Dieu sait ce qu'il deviendra. Ils ne me laissent même pas parvenir jusqu'à lui. Dites-moi, ces gens-là ont-ils la crainte de Dieu dans le cœur ? Le seigneur lui-même m'a chassé et m'a défendu de mettre le pied sur ses terres.

— Est-ce bien possible?

— Je vous le jure sur les blessures du Christ ; il m'a impitoyablement chassé.

— Le sang du vieux chef d'escadron ! Il sera comme son cher père, — dit Nascia à voix basse, regardant derrière elle pour s'assurer que personne ne l'écoutait. — Faut-il qu'ils soient injustes ! Ainsi, ils ont chassé leur ami, leur bienfaiteur ?

— Alors, comme je vous l'ai déjà dit, il ne m'est plus resté qu'à me traîner de par le monde. Mais, lorsque je me suis mis en route, je me suis de nouveau senti un tel désir de voir l'enfant, que je n'ai pu y tenir, et je suis revenu, afin de le voir encore.

— Et l'avez-vous vu ?

— Non ; je viens d'arriver ; je ne sais pas moi-même où trouver un gîte.

— Alors, entrez un peu chez nous.

— Dieu vous bénisse, Nascia, et vous le rende en bénissant vos enfants. Mais, je ne puis pas accepter ; on me verrait chez vous ; on irait le leur dire. Je ne veux pas qu'on sache au *dwor* que je suis ici ; je m'en irai quand j'aurai vu l'enfant, quand bien même je ne le verrais que de loin... Mais, dites-moi, la cabane de Procope est vide ?

— Assurément ; nous ne l'avons pas réparée, parce que, lorsque la servante est partie, il ne s'est trouvé personne pour l'habiter ; lorsqu'elle sera tout à fait tombée, le jardin sera plus grand.

— Et avant qu'elle ne tombe ?

— Oh ! bien, elle restera telle qu'elle est.

— Si vous me permettiez d'y demeurer ! seulement une semaine ! je vous payerai le loyer.

Nascia éclata de rire.

— Pourquoi donc payeriez-vous ? — dit-elle, — pour avoir le plaisir de loger dans un trou, dans une ruine? Mais vous ne feriez, au contraire, que rendre service à mon Sydor ; car il avait dans l'idée de réparer la cabane. S'il s'était trouvé quelqu'un pour y rester et pour l'entretenir, elle aurait duré plus longtemps. Si vous pensez y demeurer, je vous enverrai la fenêtre que nous avons descellée et mise de côté, de crainte que l'on ne nous la vole... Eh bien, cela vous va-t-il?

— Est-ce bien vrai? Vous ne plaisantez point? — répétait Iermola d'un ton de joyeuse surprise.

— Bien au contraire. Je n'ai pas du tout envie de plaisanter.

— Alors, que Dieu vous protége et vous récompense! — s'écria le vieillard en joignant les mains. — Vous verrez que je garderai et soignerai bien la vieille maison ; je la nettoierai, je la réparerai moi-même, et, en reconnaissance, je vous servirai encore, toutes les fois qu'il le faudra. Oh! je serai bien plus heureux ici ; du moins, je serai près de mon enfant ; j'aurai quelquefois de ses nouvelles.

— Allons, tout est arrangé alors. Sydor sera content, vous aussi ; — que nous faut-il de plus? Pour moi, je n'en serai pas fâchée, si vous voulez seulement surveiller un peu le jardin !

— Non-seulement je le surveillerai, mais je le soignerai, vous verrez, je l'entourerai d'une belle, d'une forte haie, pourvu que je trouve de petites branches aux environs.

— C'est bon, c'est bon, — dit Nascia avec un joyeux

rire, maintenant, venez souper chez nous ; vous causerez avec mon mari, vous remporterez la fenêtre, et comme je vous donnerai un peu de bois sec, pour allumer dans la vieille cheminée et en chasser l'humidité, vous pourrez dès aujourd'hui dormir dans votre cabane.

En parlant ainsi, Nascia se mit en devoir de ramasser ses bottes de chanvre, puis appela la servante, et ayant entonné une chanson villageoise d'une voix forte et claire, elle se dirigea à pas lents vers sa cabane, non par l'étroit sentier et par la passerelle qui faisait communiquer les deux jardins, mais par la grande route, parce qu'elle était trop chargée avec son chanvre. La cabane de Sydor Kolenick était précisément au bord du grand chemin, à l'entrée de la seconde ruelle, de sorte que les deux jardins se touchaient à leur extrémités; elle était spacieuse, solide et toute neuve.

Au premier coup d'œil, l'on pouvait apercevoir que le ménage était aisé et florissant. La pièce principale était vaste et belle; de grandes images dorées étaient suspendues dans un coin du mur; la table, large et propre, était couverte d'un linge parfaitement blanc, et l'on y voyait un énorme pain gonflé, doré, très-bien cuit, enveloppé d'une fine serviette. Les cruches d'étain et de terre, les seaux, les baquets, étaient entiers, reluisants et neufs, comme s'ils venaient du marché; tout, en un mot, y était propre, appétissant, cossu, d'aspect riant et confortable.

Le maître de la maison, seul, ne ressemblait ni à sa

femme, ni au ménage ; petit, maigre, fané, rabougri, misérable, il avait un œil rouge, la mâchoire enveloppée d'un linge, une barbe vieille de trois semaines et paraissait avoir quarante ans, bien qu'il n'eût pas encore atteint la trentaine.

— Voici le vieux Iermola de Popielnia, — dit Nascia à son mari qui, assis auprès du feu, fumait sa pipe pour se guérir du mal de dents ; — il offre de louer la chaumière de Procope et, par-dessus le marché, s'occupera du jardin, si vous voulez bien l'accepter pour locataire.

— Iermola ! eh ! oui, je m'en souviens, comment vous portez-vous vieux père, et que venez-vous faire ici ? — dit Sydor, la bouche pleine de salive et parlant avec difficulté.

Nascia ne laissa pas au vieillard le temps de répondre ; car, à toutes ses autres qualités, elle joignait le don d'une éloquence extraordinairement vive et abondante. Elle se mit donc en devoir de raconter aussitôt l'histoire d'Iermola, et comme Sydor avait le cœur compatissant, et se laissait facilement pénétrer par les impressions de sa femme, il prit aussitôt en pitié la triste position du vieillard, et s'étant placé à côté de lui sur la banquette, il se mit à jaser,

— Et d'où donc souffrez-vous ? — dit soudain Iermola, se rappelant qu'il distribuait autrefois des remèdes dans le village. — Je pourrais peut-être vous soulager.

— Je ne sais pas si ce sont les dents ou l'os de la

mâchoire qui me fait tant souffrir. D'abord une de mes dents gâtées a commencé à me faire mal, et maintenant toute la figure et la tête me brûlent et me fendent, tant je souffre.

— N'avez-vous donc pas essayé d'un remède assez désagréable, mais souvent très-salutaire : de fumer une pipe de mousse de chêne au lieu de tabac ?

— Non, vraiment.

— Seulement il faut savoir choisir la mousse, — dit Iermola. — Y a-t-il chez vous du bois de chêne ?

— Je le crois bien ; il y en a plein la cour.

Iermola alla aussitôt en chercher ; il en trouva aisément une bonne poignée, la fit sécher, en ôta les pailles et les fragments d'écorce, puis en remplit une pipe qu'il présenta au malheureux Sydor. A peine la pipe fut-elle allumée, qu'une odeur forte et désagréable se répandit dans la chambre et fit violemment éternuer Nascia ; mais, soit l'effet de ce remède, soit parce que la douleur était sur le point de finir, Sydor cessa bientôt de souffrir et de se plaindre, et les deux époux ne purent assez remercier le vieillard. La joue du patient commença alors à enfler, mais ce n'était que la conséquence naturelle de la maladie.

— Qu'elle enfle, — dit Sydor, — pourvu que je ne souffre plus. Tout à l'heure, j'étais près de me briser la tête contre la muraille.

Ainsi, grâce à une poignée de mousse, Iermola avait trouvé le moyen de se faire un ami. Nascia lui donna la fenêtre enlevée, des brindilles pour allumer le poêle, et des éclats de pin pour brûler en guise de flambeau. Puis elle le fit souper, et, pensant au repas du lendemain, lui remplit sa marmite; après quoi, l'heureux Iermola s'en alla, tout content, occuper sa nouvelle habitation.

Il n'y a rien d'aussi triste qu'une maison restée vide et solitaire, après que la mort y a passé; on croit surtout y sentir le cadavre. La chaumière de Procope était abandonnée depuis plusieurs mois; la moisissure et la rouille commençaient à l'envahir; de petits champignons poussaient dans tous les coins; quelques grains d'herbe et de blé, jetés par le vent dans les fentes et les lézardes, y poussaient des tiges frêles, jaunâtres, pâles, privées d'air et de lumière; l'humidité suintait aux murs; le sol était couvert de mousses grises, et des insectes sans nombre s'étaient nichés dans ces débris.

Mais tout semblait supportable et commode à Iermola, et il était prêt à remédier à tout, à se créer facilement des dédommagements et des ressources, heureux et consolé qu'il était par l'idée de se rapprocher de son enfant, par l'espérance de le revoir.

Il rattacha la fenêtre, alluma le feu, frotta et balaya la chambre, ouvrit la porte, répara comme il put et dressa deux vieux bancs; puis, ayant étendu ses sacs à terre, il se coucha dessus, impatient de se reposer après le long trajet qu'il avait fait, dans une route accidentée, boisée et sablonneuse.

Il passa encore toute la journée du lendemain à

réparer et à nettoyer la chambre; il aida Nascia à travailler au jardin, et dans la soirée, se dirigea vers le jardin du dwor, dont il connaissait bien les dispositions et l'étendue. Il avait attendu que le crépuscule fut tombé, pour qu'on ne le reconnût point, et il évita de se diriger du côté de la grande cour, où si souvent, il avait été reçu d'une façon si inhospitalière; mais il prit un sentier tournant autour du verger, portant, du reste, pour plus de sûreté, son costume et sa besace de mendiant. Cette route étroite qui séparait le jardin des bâtiments de la ferme, laissait apercevoir librement la grande allée du jardin, le dwor et la pelouse sur laquelle Radionek se promenait le plus souvent. On le laissait jouer seul en cet endroit, parce que le verger, peu spacieux, était entouré d'une haute et forte haie, et que, par conséquent, l'enfant n'en pouvait pas sortir. Mais, en ce moment, le jardin était solitaire, et Iermola, regardant attentivement par les interstices de la haie, ne put apercevoir personne autre que le jardinier. Mais il y avait de la lumière dans la chambre de Radionek; le vieillard regarda cette lumière, soupira et s'en revint..

Il se sentait cependant le cœur plus léger depuis qu'il était près de l'enfant, et à même par conséquent de lui venir en aide; il avait retrouvé la force de s'occuper de son petit ménage; il se restaurait et allait dormir presque gaiement. En rentrant, il vit que Nascia n'avait pas oublié son souper, car il trouva sur le poêle un petit pot bien couvert, plein de bouillie de gruau, et qui pouvait lui servir pour deux jours.

La journée du lendemain se passa de même, et Iermola eut soin de se rendre au dwor tous les jours, jusqu'à ce qu'enfin il eut le bonheur d'apercevoir Radionek se promenant tout seul dans le jardin de l'autre côté de la haie.

— Radionek, — s'écria-t-il, — pour l'amour de Dieu, viens à moi et parle-moi ; dis-moi quelque chose, rien qu'une parole !

A cette voix bien connue, quoique basse et presque étouffée, le jeune garçon tressaillit, s'arrêta, et, d'un bond, se trouva au sommet de la haie.

— Mon père ! s'écria-t-il. C'est vous ! que faites-vous ici ?

— Tais-toi, tais-toi, ne me trahis pas... Je suis venu pour te voir.

— Depuis longtemps?

— Depuis quelques jours.

— Où demeurez-vous ?

— Dans l'ancienne chaumière de Procope... Oh! ne me trahis pas ; sois prudent, mon fils ; nous nous verrons tous les soirs. » Radionek tressaillit, rougit de plaisir ; mais, en ce moment, quelqu'un s'approcha, une voix se fit entendre dans le jardin ; le vieillard disparut aussitôt, et Jules fit croire à ses parents qu'il s'était écarté ainsi pour chercher des nids dans la haie. On le réprimanda légèrement pour s'être, en grimpant, exposé à une chute, puis on le reconduisit à la maison, craignant pour lui la fraîcheur du soir et la rosée ;

personne, cependant, ne remarqua le changement qui s'était produit chez l'enfant; Radionek, extrêmement agité, ne dormit pas la nuit entière.

Le lendemain, il ne voulut pas s'amuser ailleurs que dans les allées du jardin. Iermola ne manqua pas de venir dans la soirée; ils trouvèrent un endroit dans lequel la haie était moins épaisse, et ils purent alors causer plus commodément. Mais cette conversation ne put durer longtemps, et le vieillard s'éloigna, mécontent et inquiet. Son cœur, plein d'une grande joie, luttait avec sa conscience; Radionek le priait et le conjurait de l'emmener avec lui, de s'enfuir avec lui loin de Malyczki, car la vie qu'il menait lui était devenue insupportable. La tendresse de ses parents s'écartait de lui de plus en plus tous les jours, et se reportait sur son frère. Il avait cessé d'être leur favori, leur bien-aimé; il devenait pour eux presque un obstacle, une charge; on lui reprochait sa sauvagerie, son chagrin, sa langueur, sa maladie; on l'appelait, en le raillant, le paysan de la famille.

Rien, à la vérité, ne lui manquait, si ce n'est la sympathie, l'affection, la tendresse; mais habitué comme il l'était, au profond attachement de son vieux père, c'était précisément cette pénurie du cœur qui le faisait le plus souffrir.

— Mais, comment puis-je t'emmener? répliqua le vieillard. Ce sont tes parents, pourtant, ils diront que je t'ai enlevé. Tu t'es habitué chez eux à avoir toutes sortes de douceurs; comment pourrai-je te les donner?

Où nous cacherons-nous tous deux ? Ils nous poursuivront ; ils finiront par nous trouver ; alors, toi et moi, nous serons encore plus misérables. »

Mais l'enfant avait réponse à tout, et Iermola commençait à faiblir. Ses parents ne l'aimaient pas comme son père adoptif l'avait aimé ; comment pouvait-il vivre près d'eux ? Il n'avait pas besoin de douceurs, de nourriture recherchée et délicate ; car, pour sa part, il volait aux domestiques leur gros pain noir, qui lui rappelait les modestes festins de ses premières années, et plusieurs fois il avait été raillé et puni, parce qu'il préférait cette nourriture commune et grossière. Il était facile de se cacher, — ajoutait-il, — en s'enfonçant bien loin, bien loin, dans quelque contrée inconnue. Qui pourrait le reconnaître s'il revêtait les habits d'un paysan, par exemple une grosse souquenille de bure ?

A l'idée de cette tentative audacieuse, de cette délivrance soudaine, l'âme de Iermola s'emplit d'espoir et de bonheur ; mais il ne tarda pas à s'attrister, en pensant à l'impossibilité de la mettre à exécution, en sentant naître en lui de légitimes scrupules de conscience. S'il allait mourir en route, à qui laisserait-il la tutelle de l'enfant ? Etait-il juste et prudent de l'arracher à sa famille, à un sort tranquille et assuré ? Le vieillard commençait à se reprocher d'être venu, d'avoir troublé le pauvre Radionek ; il pensait à s'enfuir du village, afin de ne pas exposer plus longtemps l'enfant à cette épreuve.

Il voulait partir promptement, il sentait que Radionek exerçait sur lui une influence de plus en plus puissante; mais le soir, lorsqu'ils causèrent ensemble près de la haie du jardin, il dut visiblement se trahir, soit par un mot imprudent, soit par le son de sa voix tremblante et pleine de larmes; le jeune garçon se sépara de lui, sombre et silencieux, et le vieillard ne put pas deviner alors que Radionek avait pris une résolution définitive. A peine le vieux vagabond fut-il revenu à sa cabane, qu'il commença, à la lueur de sa torche de résine, à rassembler ses hardes et à les emballer dans son sac. Il était encore occupé à ce travail lorsque, soudain, la porte s'ouvrit, et un jeune paysan, de petite taille, se précipita dans la chambre. Le vieillard ne reconnut pas d'abord celui qui se cachait sous cet humble vêtement, mais le cœur lui battit bien fort, puis il poussa un cri : c'était Radionek couvert des vêtements qu'il avait dérobés à un des valets du dwor. Le pauvre vieux père, tout effrayé, joignit les mains avec terreur et frissonna de tout son corps en revoyant son pupille.

— N'ayez pas peur, père, c'est moi ; je viens vous retrouver, — s'écria Radionek en se jetant à son cou.

— Vite, vite, partons avant qu'ils se soient aperçus de ma fuite. Mettez du pain dans votre bissac; nous nous enfoncerons dans les bois, et demain déjà ils ne pourront plus nous rejoindre. Quelque part nous trouverons bien une chaumière, de bonnes gens, le bord d'une rivière, une fosse d'argile, et nous travaillerons encore, nous chanterons encore en tournant nos pots, bon père !

La parole et l'haleine manquèrent au vieillard.

— O mon enfant! mon enfant! qu'as-tu fait? répondit-il.

— Ce que j'ai fait? Hier encore, mon père et ma mère m'ont dit que je n'étais pas digne de leurs soins et de leur amour. Va-t'en, m'ont-ils répété cent fois, — va-t'en retrouver ton vieux potier que tu aimes tant, puisque tu soupires après ton ancien genre de vie; nous nous passerons de toi facilement; nous avons assez de Wladzio. Vous le voyez bien : ce sont eux qui me l'ont conseillé.

Il fallait, certes, un grand attachement d'un côté, une grande faiblesse de l'autre pour que Iermola finît par consentir à une action qu'il ne considérait point autrement que comme un vol; mais il n'avait pas la force de résister aux prières de l'enfant : Radionek le suppliait, l'embrassait, le serrait dans ses bras, tombait à ses genoux. A la fin, le vieillard perdit la tête, et prenant l'enfant par la main, s'élança hors de la cabane.

XIX

LE DRAME CACHÉ DANS LES BOIS

La nuit, si sombre qu'on ne pouvait rien distinguer à deux pas, était heureusement presque tiède et parfaitement tranquille ; on ne sentait pas le plus léger souffle de vent. Depuis longtemps, tous les habitants du village étaient endormis ; parfois seulement retentissait l'aboiement d'un chien attaché sur le seuil de quelque cabane, le chant des coqs enroués qui s'éveillaient dans le voisinage, et, dans le lointain, le cri des oiseaux nocturnes, chouettes et hiboux, qui se répondaient à distance, comme des gardes vigilants placés en sentinelles. Le vieillard et l'enfant traversèrent le village en silence ; ils arrivèrent au carrefour où se croisaient les routes, se signèrent devant le grand crucifix dressé en cet endroit, et prirent au hasard l'un des chemins, traversant une vaste région de marais et de broussailles stériles, à l'extrémité de laquelle on s'enfonçait dans les bois, et par laquelle on pouvait arriver jusqu'en Lithuanie. La prudence leur commandait d'éviter les sentiers tracés ; cependant il importait de suivre une direction certaine. Iermola qui, jadis, avait été un excellent chasseur, parvenait aisément à poursuivre sa route au milieu d'une forêt, en se dirigeant, tantôt par la lumière du ciel, tantôt par les mousses des arbres. Dans le jour, il savait qu'il viendrait facilement à bout de ne point s'égarer, mais il ne pensait guère qu'il lui fût possible, la nuit, en s'écartant de la route pratiquée, de se maintenir toujours dans la même direction. Il s'engagea donc dans un étroit sentier conduisant à un four à poix situé à un mille de là environ, dans une clairière appelée Smolna, et il résolut de le suivre jusqu'au point du jour, où il le quitterait pour se diriger vers le nord, à travers les taillis et les fondrières.

Tous deux marchaient en silence, priant tout bas, chacun de son côté. Radionek semblait renaître ; il relevait la tête joyeusement ; il soutenait les pas de Iermola, et lorsqu'ils furent arrivés à la forêt protectrice qui les environnait de ses fourrés et les couvrait de son ombre, ils commencèrent à respirer plus librement tous les deux.

— Oh ! bon père, — disait le jeune transfuge, — encore deux, trois, cinq jours peut-être de patience, de fatigue et d'efforts, et nous arriverons quelque part dans la pleine, où nous nous établirons, et nous serons tranquilles. Personne ne pourra nous connaître, personne ne nous chassera. Nous aurons assez de pain ; j'ai bien vu ce que vous avez mis dans votre besace... Nous n'avons pas besoin d'entrer dans les villages ; il y a de l'eau dans le bois, et nous ne mourrons pas de soif, quand bien même nous devrions sucer les feuilles des arbres. Le jour, nous nous reposerons, nous dormirons dans des fourrés épais, et nous marcherons toutes les nuits et pendant la matinée.

Le vieillard soupirait en l'entendant parler ainsi, il sentait bien que rien de tout cela n'était si simple ni si facile; il ne voulait pas effrayer l'enfant, mais il se disait que tous deux viendraient à manquer de forces, et que, dans le bois, ils étaient exposés à faire face à mille dangers, à éprouver mille obstacles. Quelque passant, d'abord, rencontrant les deux fuyards, pouvait les arrêter et les remettre aux mains de la justice. Toutes ces pensées, et d'autres plus tristes encore, accablaient l'esprit du vieillard ; mais il s'efforçait de sourire, tout en gardant le silence, et écoutait le joyeux babil, les tendres épanchements de l'enfant, qui en avait été si longtemps privé, que maintenant il ne s'en rassasiait plus, et que son vieux père n'avait pas la force de le détromper ou de le faire taire.

La peur d'être surpris avait sans doute hâté leur marche, car, bien longtemps avant le jour, ils arrivèrent à la clairière de Smolna, où aboutissait le sentier. A partir de là, nul chemin tracé ne se montrait dans le taillis, que sillonnaient seulement, dans tous les sens, les roues des chariots de paysans qui y étaient venus chercher du bois et des torches de résine.

L'aube naissait à peine ; le chemin devenait de plus en plus âpre et difficile ; le vieillard résolut de faire halte, sachant bien qu'on ne viendrait pas les chercher en cet endroit. Ils allumèrent du feu avec des branches et du charbon ramassé près du four, et Radionek, tout joyeux, s'étendit aux pieds du vieillard.

— Non, non, — dit-il, — ils ne me chercheront pas ; ils n'auront même pas de chagrin de mon départ. Est-ce que je leur suis nécessaire ? Ils ne m'ont jamais compris, et moi non plus je ne peux pas les comprendre. Ma mère a Wladzio ; mon père a Wladzio ; ils seront plus heureux sans moi à la maison.

Ici, il ne put cependant s'empêcher de soupirer.

— Un jour, pourtant, — continua-t-il, — plus tard, bien plus tard, j'irai retrouver ma mère. Mais maintenant, j'aurais trop de peine à vivre près d'eux ; je ne veux pas même y penser... Je serais vraiment mort de tristesse. J'étais là enfermé tout seul ; personne ne me parlait jamais comme vous me parliez autrefois, mon père. On me répétait toujours, — que je fisse une chose ou l'autre, — que j'avais des manières de paysan ; que les paysans font ainsi... Oui, c'est vrai, je suis un paysan ; eux, ils sont des maîtres, des seigneurs... Il n'y a que mon petit frère Wladzio que je regrette ; il me connaissait déjà, et il me riait si doucement en me tendant les bras....

— Mon cher enfant, — dit Iermola, — ne parle pas ainsi. Peut-être, en ce moment, ils pleurent là-bas, et ils me maudissent. Tu me fais saigner le cœur ; tu me rappelles que je les ai trahis...

— Eh bien ! parlons de notre bonne vie de Popielnia, mon père. Vous rappelez-vous le temps où nous faisions nos écuelles, nos petits pots, et où nous nous en allions avec Chwedko, à la foire, et comme nous avons été étonnés et contents, le jour où nous avons réussi nos premières cruches vernissées !

— Oh ! ces temps-là ne reviendront plus, — soupira le vieillard.

— Pourquoi donc ne reviendraient-ils pas ? Je n'ai rien oublié, rien oublié du tout. Ils avaient beau me le défendre, je faisais là-bas, en cachette, des petits pots et des écuelles avec la terre glaise que m'apportait Iwaneck, et je saurais encore vernisser les plats et les autres poteries. Nous nous construirons un four ; vous verrez que nous travaillerons.

En causant ainsi, ils s'endormirent tous deux, et lorsque le chant du loriot, qui babillait au-dessus de leurs têtes, les tira de leur sommeil, il faisait tout à fait jour ; seulement sous les grands arbres s'étendait un brouillard épais et humide.

Le vieillard se releva brusquement ; l'enfant le suivit, et ils commencèrent à se diriger vers le nord, d'après la nuance des mousses qui croissaient aux troncs des arbres.

Le cœur de nos grandes forêts, d'ailleurs singulièrement diminuées, fréquemment éclaircies, et souvent à demi abattues et en partie détruites, rappelle encore, par son aspect, la majesté des anciens âges du monde; il s'y croise des taillis si épais, des fourrés si impénétrables que l'on éprouve, en effet, la plus grande peine à les traverser.

C'est là que l'animal sauvage a sa tanière, où il n'entend d'autre murmure que celui des arbres géants qui l'abritent à leurs pieds. Les grands troncs branlants, abattus par les vents, se précipitent les uns sur les autres, et pourrissent en énormes monceaux envahis par les mousses et les pâles herbages; le houblon sauvage les couronne; les plantes grimpantes les enlacent de leurs nœuds.

Çà et là, sous une épaisse couche de feuilles sèches à demi pourries, serpente un ruisseau noirâtre entraînant des tiges d'herbes, des débris de plantes, dans son cours.

Parfois il s'étend et se répand en une large mare d'eau fétide et de vase mouvante, au milieu de laquelle croissent les nénuphars et les joncs; plus loin, il se resserre et coule dans un lit étroit et fangeux, interrompu par les éboulements de terre, les mottes de gazon, les troncs d'arbres.

Aux sombres taillis succèdent les clairières agrestes et les prairies peu étendues; ici, la forêt éclaircie a un aspect plus ouvert et moins sauvage; là, de jeunes plants d'arbres croissent en un épais fourré; plus loin, reparaissent les marais, les buissons ; enfin, vous découvrez la plaine.

Les plus tristes lieux de ces forêts sauvages, sont ceux que l'incendie a dévastés en y laissant de profondes traces de ses fureurs : de grands troncs s'y dressent encore desséchés et noircis ; les branches des sapins s'effeuillent tristement, toutes jaunes et dépouillées ; une herbe rare et maigre commence à poindre sur le sol.

Parfois un oiseau s'envole au milieu de ce majestueux silence ; un écureuil, en sautillant, fait ployer la branche d'un chêne ; un corbeau affamé passe en croassant, une cigogne noire s'enfonce dans l'épaisseur des bois, ou bien un chevreuil effarouché bondit au-dessus des hautes herbes ; puis, la forêt se rendort de son sommeil majestueux, de son sommeil éternel.

Plus vous vous y enfoncez, moins vous y trouvez de traces du passage de l'homme ; d'abord, c'est une route ; ailleurs un sentier ; plus loin, des buissons rompus, des herbes foulées, un tronc coupé, une traînée de copeaux jaunâtres dans les endroits où l'on a tranché des poutres ; une hutte de chasseurs qui ont été à l'affût ; la cabane d'un garde, la fosse d'un charbonnier, les cendres d'un feu de pasteurs ; puis, on n'aperçoit plus que les traces des bestiaux, puis, plus de traces, car l'animal sauvage n'en laisse pas après soi ; l'œil ne peut, lorsqu'il a passé, découvrir le moindre vestige.

Le second jour de leur voyage, lorsqu'ils pénétrèrent plus avant dans le centre de la forêt, qui s'étendait vers le nord comme une grande mer de verdure, ils ne rencontrèrent plus qu'à de rares intervalles ces indices du passage de l'homme; le silence était universel et profond, et il était bien rare que le bruit de la cognée, retentissant dans le lointain, les forçât à s'éloigner rapidement du lieu où il s'était fait entendre.

Le vieillard, se dirigeant toujours d'après l'inspection des mousses et le côté de la lumière, continuait d'avancer vers le nord ; ils n'apercevaient et ne rencontraient personne, et vers le soir, ils s'arrêtèrent sur une petite éminence, ombragée de troncs de pins si serrés et de si épais buissons de coudriers, qu'ils purent hardiment se permettre d'allumer du feu, sans crainte d'être trahis par la fumée ou par l'éclat de la flamme.

Iermola s'avoua alors qu'ils étaient trop loin de Malyczki pour que personne pût retrouver leurs traces. Leurs pieds n'avaient, en effet, laissé aucune empreinte sur la terre glissante et couverte de mousse, sous le sombre dôme de sapins ; le hasard seul pouvait mettre les poursuivants à la piste.

Les deux voyageurs étaient extrêmement fatigués; aussi, après avoir dévoré un morceau de pain sec et bu dans le creux de leur main l'eau du ruisseau des bois, ils s'étendirent à terre, auprès de leur foyer qui brillait d'une flamme rouge et claire. Iermola fit griller quelques pommes de terre qu'il avait apportées avec soi, et ce fut leur repas du soir.

Radionek paraissait toujours joyeux, mais il ne parlait presque plus; il semblait que l'haleine lui manquât quelquefois, car depuis longtemps il était accoutumé à une autre atmosphère, et avait peine à supporter une marche aussi rapide.

Un merle égaré, réveillé par l'éclat de la flamme, leur souhaita le bonsoir; un vent léger, courant sur les cimes, éveilla de vagues murmures dans la profondeur du bois; puis tout s'éteignit, et un silence solennel recommença à régner sur la forêt immense et sombre.

Le troisième jour, ils rencontrèrent des bois moins épais, où les arbres devenaient de plus petite taille; des broussailles basses et emmêlées remplaçaient les futaies de sapins et de chênes; la terre était plus humide, molle et verdissante.

Ils comprenaient qu'ils s'avançaient vers des terrains bas et fréquemment inondés; ils devaient parcourir les bords de quelques vastes marécages; car, çà et là, ils apercevaient de loin de grands espaces couverts de boue, entrecoupés d'étangs saumâtres et de lacs purs.

Il leur devenait impossible de suivre la direction qu'ils avaient d'abord choisie, mais comme ils avaient encore du pain, et comme les forces ne paraissaient point près de leur manquer. Iermola résolut d'incliner un peu à gauche afin d'éviter la rencontre des marécages. Radionek, tout à fait rassuré, proposait de chercher une route fréquentée, de la suivre, de s'arrêter au plus prochain village, et de s'avancer ensuite, sans crainte, dans l'intérieur du pays ; mais Iermola n'osait pas encore tenter à ce point la fortune. Choisissant donc les terrains les plus élevés, à travers les éclaircies de fourrés et de broussailles, ils marchèrent dans la solitude un ou deux jours encore, lorsqu'à la fin de la dernière journée le vieillard, en s'arrêtant pour prendre du repos, remarqua sur les traits de l'enfant une altération si considérable qu'il commença à s'alarmer sérieusement et résolut de se risquer et de chercher lui-même la grande route.

En effet, le pauvre Radionek ne pouvait presque plus marcher ; c'était son courage seul qui le maintenait debout et suppléait à ses forces. Déshabitué des fatigues et du travail, ainsi exposé à des efforts constants au sortir d'une longue maladie, il était à chaque instant sur le point de défaillir pour ne plus se relever.

Il était pâle et oppressé, il se plaignait d'une grande pesanteur de tête. Bientôt il tomba dans un sommeil lourd et profond, dont Iermola eut beaucoup de peine à le tirer.

Il était donc nécessaire de chercher du secours, des hommes, un abri, un village ; et sur ces entrefaites, comme nos deux voyageurs venaient de rencontrer, dans le bois, une hutte de bûcherons, Iermola feignit d'être las et proposa de s'y arrêter, quoique la journée ne fut pas près de finir.

La partie du bois où ils se trouvaient alors, était beaucoup moins sauvage que celle qu'ils avaient traversée quelques jours auparavant, en s'enfonçant dans les fourrés.

Çà et là, une vieille poutre oubliée, des éclats de bois, des copeaux, un tronc ébranché récemment, attestaient que quelques villages devaient être assez proches ; l'air, d'ailleurs, imprégné de l'odeur des fumées et des senteurs des champs, témoignait de l'existence, dans le voisinage, de quelque lieu habité.

Ces divers indices contribuèrent à rassurer un peu le vieillard ; mais, d'un autre côté, voyant l'enfant si douloureusement affaibli, il ne savait que faire, comment s'éloigner, et où aller chercher du secours pour Radionek.

Leur position, terrible et menaçante, se montra alors à lui dans toute son horreur. Cependant, le pauvre vieillard, se recommandant à la toute-puissante miséricorde de Dieu, employa le reste de ses forces à préparer pour l'enfant un lit de feuilles sèches dans un des coins de la hutte, et pris la résolution d'aller à la découverte d'un village dès que le pauvre Radionek se serait endormi. L'enfant affaibli, ayant bu quelques gorgées d'eau, se fut à peine étendu sur sa couche, qu'il s'endormit d'un sommeil de pierre.

Les jambes du vieillard chancelaient aussi, et la tête lui tournait également ; il avait grand besoin de repos et de sommeil ; mais il ne pouvait penser ni à l'un ni à l'autre. S'appuyant sur son bâton, il s'enfonça dans le bois à la recherche du village qui, selon toutes les apparences, ne devait pas être éloigné.

. Dans le lointain, en effet, derrière une longue étendue de buissons et de broussailles, il aperçut bientôt un assez grand village, dont les maisonnettes noircies étaient rangées en demi-cercle sur les bords du lac. Des jardins plantés de grands poiriers l'entouraient ; des puits à levier et à manivelle s'y voyaient dans le lointain ; deux vieilles *cerkiew* à coupoles s'élevaient aux deux extrémités, on n'y découvrait point de *dwor*; mais, au centre, sur un monticule entouré de débris de remparts et de vieux murs écroulés, une petite maison de planches, qui ne devait point être la résidence du seigneur, mais bien celle de l'économe.

Le vieillard, d'après tous ces indices, reconnut que le village qu'il avait devant les yeux n'était point un petit bourg de la Polésie wolhynienne.

La contrée où il se trouvait, quoique ressemblant un peu à sa contrée natale, était plus marécageuse, plus plate et plus sombre. Il s'en convainquit en examinant la forme différente des habitations, les monticules sablonneux, les claires eaux du lac et les mélèzes croissant près de l'église russe; selon toutes apparences, il devait se trouver dans un coin de la Russie dobrynienne ou dans les environs de Pinsk.

Mais le village était trop éloigné pour qu'il pût aller y chercher du secours, laisser l'enfant tout seul dans cette hutte, au moment où la nuit allait venir. Aussi le vieillard revint sur ses pas au bout d'un instant; il s'assit sur le seuil, s'appuya au montant de la porte, et s'endormit ainsi, agité et inquiet, tenant toujours ses yeux attachés sur Radionek, dont le visage, en cette demi-obscurité, était pâle et immobile comme celui d'une statue de marbre. Par moments, il écoutait son souffle, il contemplait son sommeil; puis, brisé de fatigue, il revenait s'asseoir, et ce fut ainsi, qu'accablé lui-même de lassitude et de sommeil, il finit par fermer, sans le vouloir, ses yeux fatigués.

Auprès d'eux, un feu bien allumé, alimenté par des amas de branches et de feuilles sèches, brillait joyeusement et pétilla jusqu'au jour; et à l'aurore, le vieillard, un peu plus tranquille, dormit deux ou trois heures beaucoup plus paisiblement.

Lorsqu'il s'éveilla, il vit avec étonnement le grand soleil, vif et joyeux, briller au-dessus de sa tête, la douce clarté du matin lui sourire à travers les arbres, et une femme jeune encore et belle, quoique très-pâle, le considérant en silence, avec une expression indéfinissable, mêlée de surprise, de doute et de chagrin.

Cette nouvelle venue, qui avait les yeux et les cheveux très-noirs, était de taille haute et svelte; elle était vêtue d'une robe d'indienne de couleur, et portait sur la tête un mouchoir arrangé à la façon des femmes de la petite noblesse; elle tenait à la main un couteau fermé, une corbeille à mettre les champignons, et quelques provisions enveloppées dans un sac de toile blanche.

Iermola fut aussi surpris qu'elle, aussitôt qu'il l'eut

aperçue; il ouvrit la bouche, fut sur le point de s'écrier, de prononcer un nom, puis s'arrêta, hésita, doutant, et s'interrogeant encore.

Mais l'inconnue, reculant de quelques pas, s'écriait au même instant :

— Vous êtes le vieil Iermola?

— C'est vous, Horpyna ; c'est vous, ma chère dame, répondit le vieillard, qui se reprit vivement.

— Que fais-tu ici?

Le malheureux, tout troublé, garda le silence, ne sachant que répondre.

— Tu es seul ici?

— Non....., madame, avec Radionek.

— Vous vous êtes enfuis de Popielnia?... Contez-moi donc ce qui vous est arrivé? »

Iermola n'avait nul besoin de dissimuler, en présence d'une personne qui lui était si bien connue, et qu'il tenait en véritable estime ; il lui fit donc, en quelques mots, une entière confession.

Elle l'écouta attentivement, attristée et indignée parfois, mais surtout fort étonnée, assez mécontente, peut-être, au fond du cœur, de voir survenir un ancien ami qui pût révéler à tous la vérité sur son origine (car elle s'était toujours donnée comme appartenant à la petite noblesse, depuis qu'elle habitait ce pays). Mais elle n'aurait pas voulu refuser au malheureux, ni ses secours, ni ses conseils, car elle avait beaucoup aimé l'enfant, et en outre, elle était compatissante et charitable.

— Inutile de penser aux champignons aujourd'hui, — dit-elle en fermant son couteau ; — vous viendrez au village ; mon mari en est régisseur ; il y a une cabane qui est vide, celle de l'ancien forgeron ; nous vous y installerons en attendant.

Iermola, à ces mots, se jeta à ses genoux qu'il embrassa étroitement, puis il se mit en devoir d'éveiller l'enfant.

Mais, toute la nuit, Radionek avait eu une violente fièvre ; il avait parlé pendant son sommeil, ce que le vieillard n'avait point entendu ; il s'était agité, débattu, et lorsqu'il fallut l'éveiller, on ne put y parvenir ; il se redressa sur sa couche, tout tremblant, jeta autour de lui des regards égarés, ne reconnut point Iermola, et retomba sur son lit, se plaignant, tantôt d'un froid pénétrant, tantôt d'une chaleur brûlante. Il était impossible de s'y méprendre désormais ; l'enfant entrait dans la période de début de quelque violente maladie ; Iermola, épuisé, désespéré, se tordait les mains en poussant des sanglots.

— Il se sera refroidi, fatigué ; il aura bu de mauvaise eau, tandis qu'il était en sueur, — s'écria Horpyna. — Tranquillisez-vous ; cela ne sera rien ; seulement le pauvre enfant sera quelques jours malade.

— Mais comment pourrai-je le transporter au village ? Il vaudrait mieux peut-être le laisser se reposer ici ?

— Certainement ; ne le réveillez pas ; la fièvre passera plus vite, dit la femme de l'économe.

— Je vais retourner chez nous, et vous envoyer de quoi manger, car la faim, à elle seule, peut aussi donner une maladie.

Allumez du feu dans la cheminée; bouchez les fentes de la porte aussi bien que possible; couvrez bien l'enfant et ne bougez pas d'ici ; je lui enverrai de la tisane. »

Iermola se dépouilla de ses vêtements, jusqu'à la chemise, pour couvrir son pauvre enfant, puis il s'assit en pleurant à côté de son lit; Horpyna se hâta de retourner chez elle, car elle aimait Radionek qu'elle avait soigné tout enfant, et elle éprouvait pour lui une compassion sincère.

Au bout de quelques heures, parut enfin le message qu'elle avait envoyé du *dwor*, et qui apportait du pain frais, de l'eau, des herbes salutaires, et de l'eau-de-vie pour Iermola; un jeune garçon l'accompagnait, en outre, et devait rester dans la hutte pour aider le vieillard.

Mais, il fut encore impossible de réveiller Radionek pour lui faire prendre la boisson rafraîchissante qu'Horpina avait préparée.

Son visage brûlait comme le feu; ses yeux, s'ouvrant démesurément, brillaient d'un éclat étrange. La fièvre et le délire augmentaient visiblement.

Dans le bois silencieux, sous les rameaux sombres des vieux sapins, devait se jouer la dernière scène de ce drame intime, de ce drame rustique, qui serait invraisemblable peut-être, s'il n'était pas vrai dans tous ses humbles détails, vrai dans sa triste et touchante simplicité.

Le lendemain du jour où il s'était endormi dans la hutte du forestier, Radionek ouvrit les yeux un instant, il reprit connaissance et sourit au vieillard qui se réjouit et se prit à espérer, mais ce dernier sourire était semblable à la dernière lueur que jette une lampe mourante.

L'enfant commença à s'amuser, à parler à voix basse, racontant tout ce qu'il se proposait de faire lorsqu'il se serait rétabli et reposé ; il se promit de reprendre aussitôt son travail ; rappela tour à tour Popielnia, Huluk, la veuve, les beaux jours passés, Malyczki, et le pénible temps d'épreuves ; il s'efforça surtout de rassurer et d'égayer le vieillard qui pleurait amèrement ; mais, tout en parlant, il s'affaiblit, il s'assoupit de nouveau ; puis il fut repris par une fièvre violente au milieu de laquelle il s'élançait, pleurait, tremblait, comme s'il se fût cru poursuivi par quelque ennemi invisible, et il mourut ainsi, entre les bras de Iermola, sur le sein duquel il voulait s'abriter, et qui le tenait étroitement embrassé.

Le vieillard serra encore longtemps sur sa poitrine

ce beau corps jeune et blanc, déjà glacé, et qu'il ne pouvait pas se décider à rendre à la tombe; il ne prononçait pas un mot; seulement de grosses larmes tombaient de ses yeux, des larmes silencieuses, des larmes amères. Enfin sa poitrine se souleva, et il laissa échapper un grand cri de douleur.

— Mon enfant! mon enfant ! — Puis, il enfonça ses mains dans sa chevelure grise, et s'enfuit, comme un furieux, dans l'épaisseur des bois.

Dans le cimetière de Horodyszcz se trouve maintenant la tombe de Radionek, dont le peuple raconte l'histoire, en l'embellissant de mille circonstances merveilleuses, presque légendaires. On ne voit pas même une pauvre croix de bois noir sur ce tombeau abandonné; mais l'épine blanche et rose le parfume de ses fleurs et le velouté de sa verdure.

A la porte de l'église voisine, s'est tenu longtemps un petit vieillard courbé, décrépit, surnommé par les gens de l'endroit le vieux père aux maigres os, parce qu'il semblait que ses vieux os soutinssent seul sa peau jaunâtre, ridée et douloureusement flétrie.

Le dimanche, les villageois s'assemblaient autour de lui pour rire et pour le railler; car qui n'aurait ri en voyant qu'il tenait constamment dans ses bras une vieille poupée entortillée de chiffons, comme un enfant emmaillotté de langes? Il la berçait sur son cœur, et chantait pour l'endormir, lui donnant parfois un baiser, lui parlant d'une voix douce, et souvent pleurant sur elle... C'est qu'il croyait encore garder, bercer et caresser son enfant chéri, le vieux mendiant aux maigres os, Iermola, le pauvre père.

FIN

TABLE DES CHAPITRES

I	La terre et les hommes	3
II	Fond de tableau	19
III	Ce qu'il y avait au pied des chênes	41
IV	Premiers soins et premiers bonheurs	55
V	A trompeur, trompeur et demi	67
VI	Quand on aime	87
VII	Une vie nouvelle	104
VIII	Les beaux jours	114
IX	Une visite au dwor	135
X	Ce que peut une ferme volonté	150
XI	Une poterie à Popielnia	164
XII	Bonheur de père	175
XIII	La jument grise	195
XIV	Perfectionnement et déception	218
XV	L'autre père	227
XVI	Seul !	249
XVII	En esclavage	263
XVIII	Le dernier voyage	278
XIX	Le drame caché dans les bois	296

PUTOIS-CRETTÉ, LIBRAIRE-ÉDITEUR
Rue de l'Abbaye-Saint-Germain, 13, à Paris.

LES
HÉRÉTIQUES D'ITALIE

PAR

CÉSAR CANTÙ

OUVRAGE TRADUIT DE L'ITALIEN PAR ANICET DIGARD ET EDMOND MARTIN

SEULE TRADUCTION AUTORISÉE, REVUE ET CORRIGÉE PAR L'AUTEUR

4 forts volumes in-8° de 650 à 750 pages

Prix : 30 francs.

Cet important ouvrage, qui a coûté à l'éminent auteur de l'*Histoire universelle* plus de dix ans de travail est à la fois un résumé et le complément de ses immenses travaux sur l'Histoire des siècles ; il en est aussi, croyons-nous, la partie la plus intéressante et la plus féconde en savantes et curieuses recherches. Érudit exercé, travailleur infatigable, chef des parlementaires catholiques dans le royaume d'Italie et champion de l'Église romaine, M. Cantù, a puisé à des sources peu connues, nouvelles et difficilement accessibles à d'autres.

Le premier volume, **les Précurseurs**, est le résumé rapide et en quelque sorte oratoire de l'Histoire de l'Église militante, depuis l'origine du monde jusqu'au XVIe siècle, avec des détails piquants et nouveaux sur les hérétiques du moyen âge, notamment sur les Patarins, sur l'Évangile éternel, etc.
— Le IIe volume, **la Réforme et le Concile de Trente**, entre dans le vif du sujet ; là se développe, dans toute son ampleur, ce double mouvement si important à étudier et si peu connu encore qu'on peut désigner sous un titre commun : la Réforme ; mais qu'il faut cependant définir dans ses deux caractères : Il y a la vraie réforme, celle que l'Église depuis sa fondation jusqu'à nos jours a toujours voulu faire, accomplir, réaliser

dans son ensemble comme dans ses membres. Il y a aussi la prétendue réforme, œuvre des novateurs et des révolutionnaires, ennemis déclarés ou cachés de l'Église, dont le drapeau, connu dès les premiers temps, s'est levé au milieu des violences de tout genre, surtout au xvie siècle. Luther et Calvin ont les premiers arboré ce drapeau ; d'autres l'ont tenu après eux et le tiennent encore aujourd'hui.

M. Cantù a fait l'histoire de l'une et de l'autre réforme, et le second volume, après avoir offert la biographie des adhérents considérables et peu connus de Calvin en Italie au temps de la Renaissance, nous montre comment le concile de Trente a porté le dernier coup à des tentatives d'ailleurs plus hardies qu'heureuses et avortées.

Les deux autres volumes offrent cette double histoire se continuant pendant les trois siècles écoulés, depuis le Concile de Trente jusqu'à nos jours, c'est-à-dire jusqu'à la veille même du Concile de 1870.

Il est inutile d'insister pour montrer que l'étude d'un pareil ouvrage est indispensable aux hommes politiques de quelques partis qu'ils soient, comme aux catholiques fidèles qui veulent se préparer à comprendre et à suivre les travaux des grandes assises de notre foi.

Quant à la manière dont l'illustre historien a conçu le plan de son œuvre, nous ne saurions mieux faire que de le laisser parler lui-même en reproduisant quelques extraits de la préface admirable qui orne le premier volume. Cette préface et la lecture de ce qui est paru, autorisent à dire de l'ouvrage qu'il est un livre de bonne foi. On y trouve les trois grandes qualités qui distinguent les écrivains supérieurs, nous voulons dire, la science, l'originalité et l'impartialité.

Extrait de la préface des Hérétiques par César Cantù.

« La religion ne touche pas seulement à la partie senti-
« mentale de l'homme, elle embrasse l'humanité tout entière ;
« bien plus, toute la société, les mœurs, la législation, la
« vie domestique comme la vie politique, reflètent sa douce
« influence ; en résumé, elle est l'expression la plus profonde

« de la conscience de l'humanité à une époque donnée. Voilà
« pourquoi toute religion est une histoire. La nôtre, en par-
« ticulier, est une de celles dont la connaissance importe le
« plus à l'humanité. On ne peut bien la comprendre dans un
« siècle sans remonter au siècle précédent. Aussi avons-nous
« dû nous reporter au berceau du christianisme, non-seule-
« ment pour y découvrir le principe divin de la civilisation
« moderne, la garantie du droit commun, les bases des législa-
« tions nouvelles, le lien social des peuples, la règle des con-
« sciences, mais encore pour voir l'affermissement et le déve-
« loppement des vérités traditionnelles avec le genre des
« erreurs qui grandiront plus tard, au XIIe et au XVIe siècle
« sur lesquels nous nous arrêterons de préférence. «

Ailleurs on lit encore :

« *Plus j'ai étudié cette époque de la réforme, plus je lui*
« *ai trouvé de ressemblance avec la situation actuelle.* »

« Lorsqu'au XVe siècle des flots de lumière se répandirent
« subitement sur le monde entier, les hommes crurent voir
« s'ouvrir devant eux des horizons inconnus et renversèrent
« le droit ancien sans réussir à en édifier un nouveau. Alors
« comme aujourd'hui, les partis se poursuivirent à outrance,
« sur le terrain de la morale, comme dans la sphère de la foi
« et dans le domaine de l'intelligence ; ils échangèrent entre
« eux des qualifications d'autant plus propres à enfanter des
« haines, qu'elles sont générales et vagues ; ils déguisaient
« des calculs égoïstes sous des phrases sympathiques... Alors
« on proclamait bien haut la liberté de conscience comme on
« proclame aujourd'hui la liberté politique, sans la vouloir
« loyalement et souvent même sans la comprendre.

« Spectateurs non inactifs d'une crise semblable, nous
« sommes en situation de mieux apprécier celle d'alors et de
« juger les accusations, les griefs échangés, la gloire et
« l'infamie prodiguées par caprice et à contre-sens. Il y a là
« un point de vue tout nouveau pour étudier l'histoire de
« l'Italie et en même temps l'histoire de la pensée indépen-
« dante. »

PUTOIS-CRETTÉ, LIBRAIRE-ÉDITEUR
Rue de l'Abbaye-Saint-Germain, 13, à Paris.

VOYAGES EN ORIENT

PAR LE R. P. DE DAMAS

SINAI ET JUDÉE – JÉRUSALEM – GALILÉE

3 beaux volumes in-8°, brochés : **15 fr.**

Reliés en percaline de couleur unie ou dorée sur plat.........	18 fr.
Demi-basane, tranches jaspées, reliure de bibliothèque.........	21 fr.
Belle reliure demi-chagrin, tranches dorées, avec un étui.......	25 fr.

Le nom du P. de Damas a retenti saintement parmi nous, à l'époque de la guerre de Crimée. C'est là sans doute, que cet esprit, à la fois si délicat et si ferme, s'est pris d'amour pour ces contrées de l'Orient vers lesquelles se tournent volontiers aujourd'hui les intelligences de l'Europe civilisée, et où l'on sent comme des frémissements, présage de choses grandes, inconnues, décisives peut-être, pour le sort du monde. Le P. de Damas embrasse la matière sous son aspect le plus complet. A chacune des stations de son voyage, il s'arrête à peindre et à décrire, et, quand il a mis clairement les choses sous les yeux, il s'élève à des considérations supérieures, à des rapprochements instructifs, à de chrétiennes méditations. Plusieurs de ces pages sont remplies de feu, de doctrine, de réflexions profondes et élevées, de vues remarquables sur le passé et sur l'avenir. On y sent battre le cœur du prêtre, du religieux, d'un homme éminent par l'esprit, et on ne les ferme point sans en emporter quelque solide et profitable instruction.

Jamais on n'avait écrit sur l'Orient avec autant de charme et de vérité, ni réuni tant de précieux souvenirs de ces pays extraordinaires, de ces lieux vénérables et si profondément intéressants. Il semble qu'on les parcoure soi-même avec l'auteur jusqu'à la fin de l'ouvrage.

CHATILLON-SUR-SEINE. — IMPRIMERIE E. CORNILLAC.

www.ingramcontent.com/pod-product-compliance
Lightning Source LLC
Chambersburg PA
CBHW070628160426
43194CB00009B/1401